키부츠에 가면
세계가 보인다.

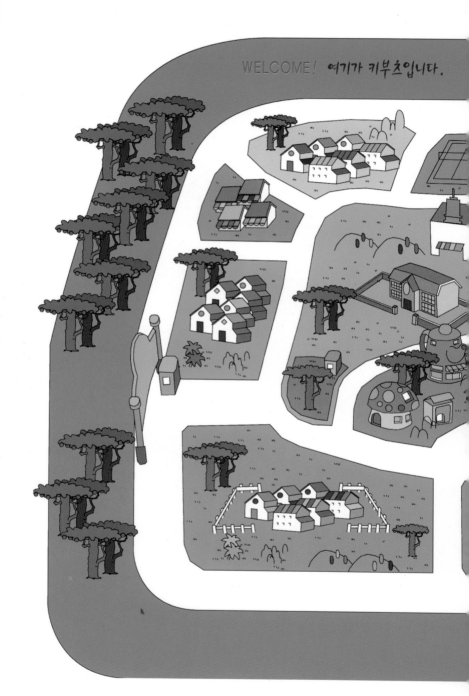

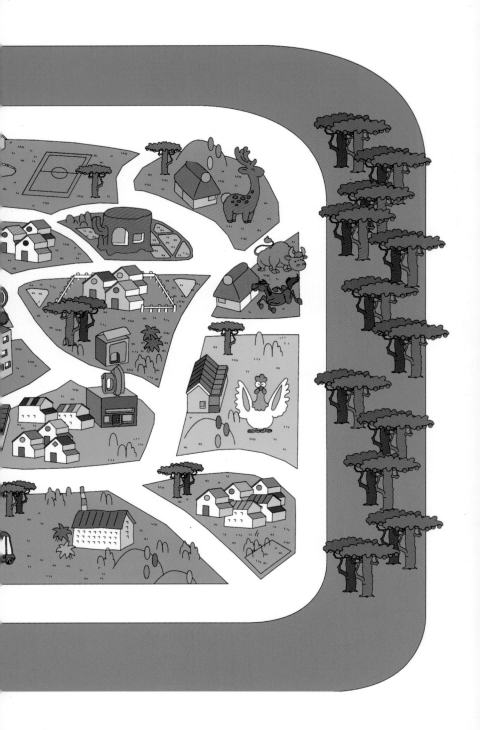

키부츠 이모저모 생활상

아기자기하게 꾸며진 어린이집

식당

키부츠에서 어린이들의 교육은 부모뿐만 아니라
공동체의 책임이다.

일년내내 잘 가꾸어진 잔디와 정원이 있는 키부츠 멤버들의 집

세탁소 - 세탁과 다림질은 물론 수선까지 한다.

농기구 주차장

주유소

목공소 - 키부츠에서 쓰는 가구정도는 자체적으로 만든다.

발런티어의 일, 여행 그리고 여가생활

두세달에 한번씩 발런티어를 위한 여행

일하면서 사람들과 교제를 나눈다.

사해 - 아무리 뚱뚱해도 뜰 수 있어요!

수영장 - 하루의 피로를 수영장에서 말끔히…

극장 - 최신 영화를 보러 시내에 갈 필요가 없다.

키부츠에서 '한국의 밤'을 개최
한복입은 나의 모습에 반했대요!

도서관 - 히브리어, 영문도서와 음반, CD등이 구비되어 있다.

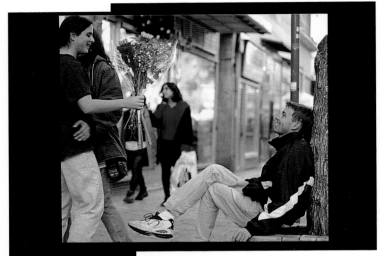

이스라엘의 젊은이

통곡의 벽에서 기도하는 유대 종교인

지중해와 현대식 건물이 조화를 이루는 텔아비브

한송이 꽃을 피우기 위하여… (물한방울의 소중함)

거룩한 도성 예루살렘- 기독교와 유대교의 성지

와디켈트 - 예루살렘에서 여리고 가는
길목에 위치한 유대광야

팔복교회

THE MEDITERRANEAN

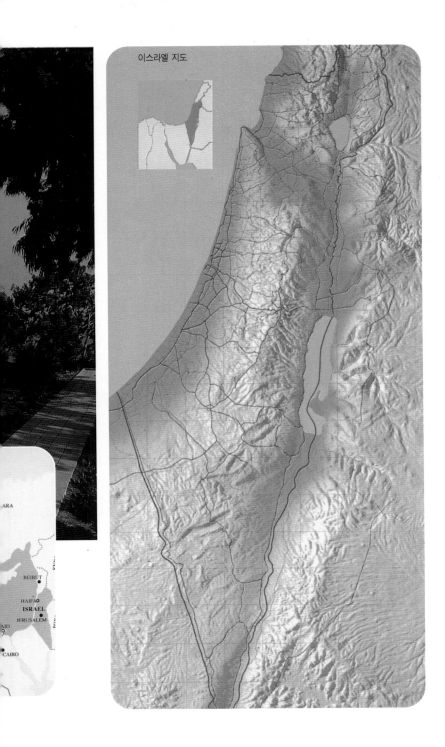
이스라엘 지도

탐나 - 세계에서 가장 오래된 구리광산

벧샨 - 로마시대에 번성했던 도시의 흔적들

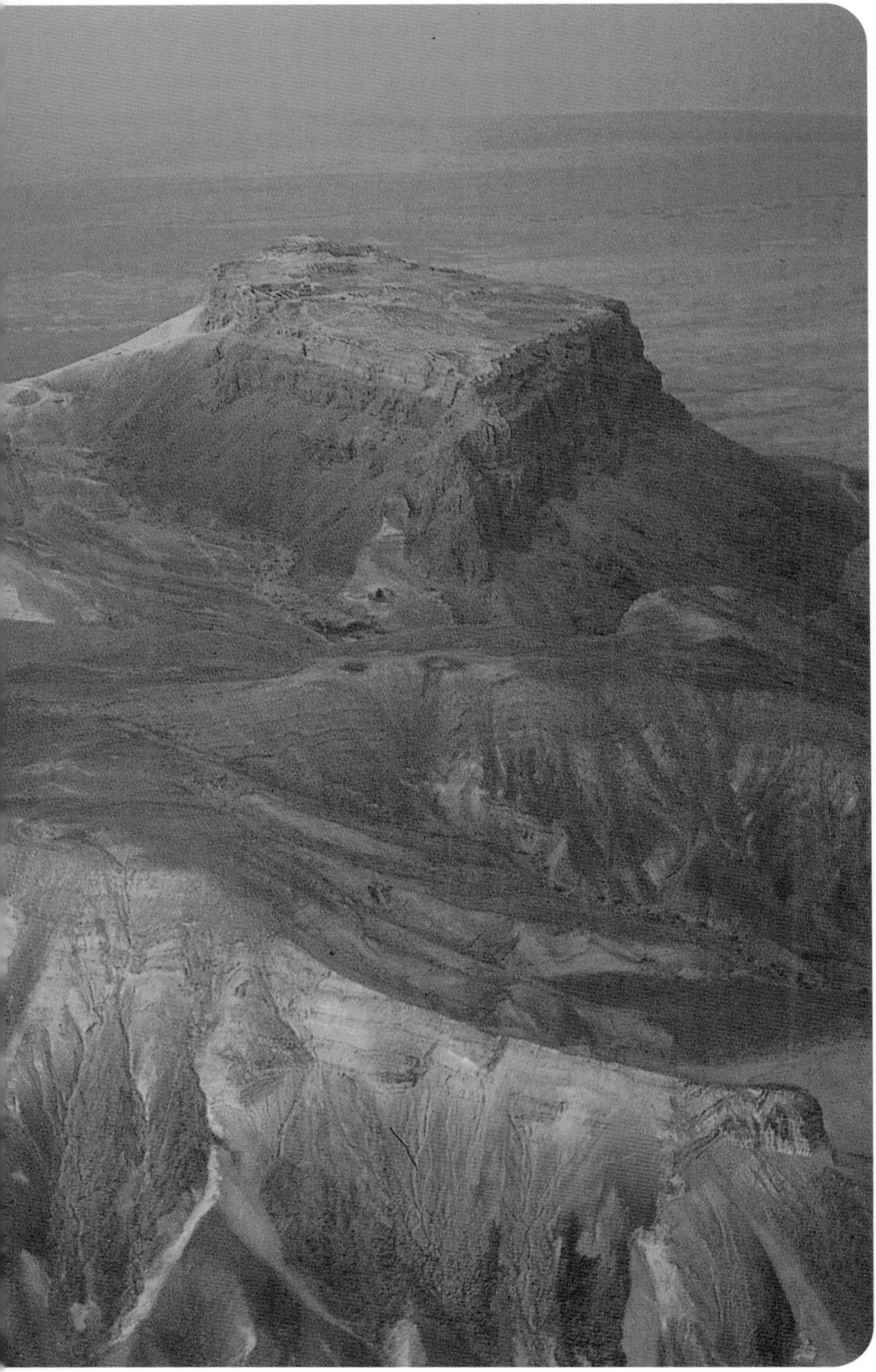

키부츠에 가면
세계가 보인다

손혜신 지음

선·미디어

키부츠에 가면
세계가 보인다

1998년 5월 30일 1판 1쇄
2001년 5월 20일 2판 3쇄

지은이 / 손혜신
펴낸이 / 김원중
펴낸곳 / 도서출판 선미디어
　　　　네오그래픽(주)
　　　　서울 중구 예장동 10-1 네오빌딩
전　화 / (02)2285-3003(代)
팩　스 / (02)2285-3008
전자우편 / sun701@chollian.net
등　록 / 1998년 5월 27일 (제2-2576호)
ISBN　89-88323-00-9

값 / 8,000원

CONTENT

C
O
N
T
E
N
T

< 추천의 글>

Dear friends,

It is my pleasure to introduce to you the Kibbtuz unique concept and unique way of life and also to encourage Korean youngsters to try and experience personally of what is considered to be a "Unparallel Human Experiment".

The Kibbutz society and the Kibbutz principles were founded by group of young people in Israel, almost 90 years ago. These young people were willing to change the traditional lifestyle and to absorb new comers thus creating the Kibbutz (in Hebrew United Group) an open, dynamic society with certain basic principles ; common property (land, water resources, production facilities) equality in distribution of income and total responsibility for the needs of its members in all areas including ; education welfare services at the highest level, cultural needs etc.

During the years, the Kibbutzim(now there are 273 Kibbutzim in Israel) have undergone many changes -- from an agricultural society to mixed economy including agriculture, industry, tourism, services, the liberal professions and even to hi-tech centers . There also many changes in their members personal life, the structure of the budget that members receive, the structure of the educational system, the way they are using their leisure time and more .

But still to live in Kibbutz is to be a part of a very intimate society, in a way of large caring and loving family, living in harmony with nature .

The Kibbutz society of today is a community builds its life-pattern around shared values and shared social, cultural and economic activities .

I myself have been a member of a Kibbutz in southern part of Israel, and I don' t have any doubt recommending any young man and woman from every country in the world and from Korea specially, to go and be a part personally at this unique social experience even for a short time .

I am sure that such experience will enrich each personnel perspective of life, meaning of life, and being part of the society .

Arie Arazi

A. Arazy

Ambassador of Israel

< 추천의 글 >

여러분!

한국 젊은이들에게 독특한 삶의 방식인 키부츠를 소개하고 "어디에서도 찾아
볼 수 없는 인간적인 경험"을 할 수 있도록 권장할 수 있는 기회가 주어져서 기쁘
게 생각합니다.

키부츠 사회와 이념은 약 90년 전에 이스라엘의 젊은이들에 의해 세워졌습니
다. 이 젊은이들은 전통적인 생활방식을 기꺼이 바꾸고자 했고, 새 이민자들을 흡
수해 키부츠를 만들었습니다 (키부츠란 히브리어로 연합된 그룹이란 뜻입니다).
키부츠는 개방적이고 역동적인 사회로서 다음의 기본원리를 가지고 있습니다. 공
동의 재산 (토지, 수자원, 생산시설 등), 소득의 공평한 분배, 교육, 최상의 복지서
비스, 문화적 욕구에 이르는 모든 분야에서 키부츠멤버의 필요를 충족시켜주는 책
임을 가지고 있습니다.

현재 이스라엘에는 273개의 키부츠가 있습니다. 최근 수년동안 키부츠는 많은
변화를 겪었습니다. 농업중심의 사회에서 농업, 공업, 관광, 서비스, 자유전문직,
그리고 심지어는 최첨단기술사업까지 포함하는 복합경제로의 변화입니다. 키부
츠멤버의 개인생활에도 역시 많은 변화가 있습니다. 멤버들이 받는 생활비에서부
터 교육제도, 여가생활을 보내는 방법 등에서 많은 변화가 있습니다.

그러나 키부츠에서 산다는 것은 매우 친밀한 사회의 일원이 된다는 것이며, 거
대하고 사랑이 넘치는 가족 안에서 자연과 조화를 이루며 산다는 것을 뜻합니다.

오늘날의 키부츠 사회는 사회적 문화적 경제적 활동과 가치를 공유하는 생활방식을 세우는 공동체라 할 수 있습니다. 저 개인적으로는 이스라엘 남단에 있는 키부츠의 일원이었습니다. 전 세계에의 젊은이들, 특별히 한국의 젊은이들에게 짧은 기간만이라도 이 독특한 사회경험의 일부가 되어보라고 주저없이 권합니다. 그러한 경험이 여러분 미래의 삶을 풍성히 해 줄 것이라 확신합니다.

아리에 아리지

A. Aray

이스라엘 대사

< 추천의 글>

I am pleased to have this opportunity to write an introduction to this book on the kibbutz. I hope that as a result of reading this, you will have a better idea of what the kibbutz volunteer experience is all about and you will decide to join us.

The Kibbutz Volunteer Program is an opportunity for young Koreans to come and stay on the unique society that is called kibbutz: to live among the members and together with volunteers from many other countries of the world. The volunteer works in the various branches on the kibbutz, just like the kibbutz member. You could find yourself picking bananas in the plantation, milking a cow, feeding chickens, making irrigation pipes in a kibbutz factory, or possibly working in the restaurant style communal dining room.

The work is very important, and you are expected to take it seriously. After all, as you receive free board and lodging, and all your needs are taken care of, this is what pays for your keep.

Another exciting part of the program is to take part in a two week intensive English study program while staying on the kibbutz. As we don't expect that you know any Hebrew, by improving your English you will find it much easier to converse with the Israelis(most of them speak English) and just as important then you will be able to get along with all those volunteers from Denmark, England, United States and Germany.

As the Director of the United Kibbutz Movement's Overseas Department, I personally place great importance to this program. I am very proud of what we have achieved since my first visit to Korea in December 1996.

Over a relatively short period of time we have got to know the Korean youth much better, and through the good office of our representative in Seoul. I feel that Koreans also have learned to understand us Israelis as well.

Over the last 30 years, more than one million youngsters from as many countries as are in the United Nations, have come to spend some time on kibbutz. The program is important to us for a number of reasons:

1) The volunteer plays an integral part in the kibbutz work force and thus ensures that the mission is accomplished(whether it be meeting a specific order in the plastics plant, or getting the apples of the tree and to market while they are still ripe.)

2) The kibbutz is a unique place, a society that has been developed over the years as the best example of communal living; where each member gives according to this capability, and receives according to his needs. We want other people to share this experience and to understand what stands behind our way of life.

3) We are still a young country(this year we will be celebrating our 50th Anniversary). We are proud of what we have accomplished in such a short time. We want you to come and see what we are doing; how we are turning the desert into an oasis; how we preserve the places that are holy to the three religions; Judaism, Christianity and Islam.

So, if you have between two to six months to spare, your are not afraid of getting your hands dirty at work, you would like to meet young people from other countries, and live a unique lifestyle that doesn't exist anywhere else in the world··· come and join us as a volunteer on kibbutz. We are looking forward to receiving you.

Yigal Sela

Director, Overseas Department
United Kibbutz Movement

< 추천의 글>

저는 여러분에게 키부츠에 관한 소개를 할 수 있게 되어 기쁘게 생각합니다. 이 책이 키부츠 발런티어 경험에 대한 보다 깊은 이해를 도모하여, 키부츠에 참여하려고 생각하는 여러분을 도울 수 있으면 하는 바램입니다.

키부츠 발런티어 프로그램은 '키부츠'라고 하는 독특한 사회 안에서 한국 젊은이들이 와서 머무를 수 있는 좋은 기회를 제공합니다. 여러분들은 키부츠 멤버와 세계 여러 나라에서 온 발런티어들과 함께 생활하게 됩니다. 발런티어는 키부츠 안에서 멤버들처럼 다양한 일을 합니다. 바나나 농장, 목장, 양계장, 키부츠 공장 혹은 모두가 함께 식사를 하는 식당 등 일은 매우 중요하므로 여러분은 주어진 임무를 성실히 해야 합니다. 그 대가로 식사와 숙박 시설을 제공받고 필요한 물품들이 제공됩니다

키부츠 프로그램에는 2주간의 집중 영어 연수 코스가 있습니다. 여러분이 히브리어로 말할 필요는 없지만 이 프로그램을 통해 영어 실력을 높임으로서 키부츠 멤버인 이스라엘 사람들과 보다 자연스럽게 대화하고(대부분의 이스라엘 사람은 영어를 잘 합니다) 덴마크, 영국, 미국, 독일 등 세계 여러 나라에서 온 발런티어들과 잘 어울릴 수 있을 것입니다.

키부츠 연합운동 해외본부(The United Kibbutz Movement's Overseas Department)의 국장으로서 저는 이 프로그램에 큰 의의를 둡니다. 지난 1996년 12월에 한국을 처음 방문해서 키부츠 프로그램을 시작했고 이제까지 이룩한 것을 매우 자랑스럽게 생각합니다. 비교적 짧은 시간이었지만 한국 젊은이에 대해서 잘 이해하게 되었고 서울에 있는 대표부의 노력으로 한국도 이스라엘을 이해하는 법을 많이 익혔다고 느낍니다.

지난 30년 동안 1백만 명이 넘는 세계 각국의 젊은이들이 키부츠로 와서 생활하고 갔습니다. 이 프로그램은 다음과 같은 이유로 중요합니다.

1) 발런티어는 키부츠 내의 작업장에서 매우 중요한 역할을 합니다. 따라서 그 일이 플라스틱 공장에서 하는 것이건, 사과나무에서 사과를 따는 것이건 그 일이 완수되어야 한다는 사명감을 가지고 일해야 합니다.

2) 수십 년 동안 '공동체 생활'에 대한 가장 좋은 본보기가 되어 온 키부츠는 매우 독특합니다.

모든 멤버는 각자의 능력에 맞게 일 하고 필요한 것을 제공받습니다. 우리는 이 독특한 경험을 다른 사람들과 함께 나누고 우리의 정신적 바탕이 무엇인지를 이해하기 바랍니다.

3) 이스라엘은 신생국가입니다(올해 1998년이 건국 50주년이 되는 해입니다). 이 짧은 시기에 우리가 이루어 놓은 것을 자랑스럽게 생각합니다. 여러분, 이스라엘로 오셔서 우리가 무엇을 했는지 보십시오. 어떻게 사막을 오아시스로 바꾸어 놓았으며 세계 3대 종교인 유대교, 기독교, 이슬람교의 성지를 어떻게 보존하고 있는지 보십시오.

만약 여러분이 2개월에서 6개월 정도 여유 시간이 있고 노동을 귀하게 여긴다면, 세계 여러 나라의 젊은이를 만나고 싶다면, 그리고 세상 어디에도 없는 독특한 삶을 경험하고 싶다면 키부츠로 오십시오

여러분을 만나게 되기를 기대합니다.

이갈 셀라

Ygal Selu

키부츠 연합운동 해외본부 국장

위기의 시대는 준비의 시대이다

IMF시대 대학을 졸업해도 취직이 되지 않자 많은 취직 재수생들이 고시촌으로 몰린다는 뉴스를 접한다. 이들은 다시 고3으로 되돌아가 머리 싸매고 책과 씨름한다. 외무고시, 행정고시, 사법고시에만 합격하면 편안한 일생이 보장되기 때문이다. 그렇지만 고시에 도전해서 최후 승리의 월계관을 차지하는 사람들은 전체의 몇 퍼센트나 되는가?

또 이러한 고시에 합격하여 안락한 삶이 보장된다고 가정하자. 과연 이러한 직업이 21세기에도 유망한 직종으로 남아 있을 것인가? 세상은 아주 급속도로 변하고 있다. 혹시 불행하게도 21세기에도 대한민국에 관료적이고 비민주적인 요소가 계속적으로 남아 있다면 이러한 직업은 평생 밥줄을 보장해 줄 것이다. 그러나 변화하는 세계에 이런 직업은 더 이상 그리 매력적일 것 같지 않다. IMF시대이기 때문에 그럴 수밖에 없다고 하기 이전에 나는 이 시기를 어떻게 보내야 할 지 다시 생각해 보자.

내일의 세계는 결코 어제와 같을 수 없다. 70년대, 80년대 직장에는 타자수가 있었다. 그러나 요즘에는 누구나 PC를 사용하기 때문에 타자수라는 직종은 사라지고 말았다. 지금은 주말이면 고속도로가 주차장으로 변하지만 20년 전 아니 10년 전만 해도 전혀 예측할 수 없던 일이라 넓은 도로를 건설할 필요를 느끼지 못했다. 그렇다면 우리가 지금 준비하지 못해서 앞으로 후회하게 될 일이란 무엇이 있을까?

위기의 시대에는 되도록 모험을 하지 않고 안정성만을 찾고 소심해지기 쉽다. 그러나 젊은이라면 IMF 이후의 시대를 준비하기 위하여 더 멀리 더 넓게 볼 필요가 있다.

우리는 '아는 것이 힘'이라는 말에 공감하듯이 '모르는 것이 약'이라는 말에도 쉽게 동감한다. 그러나 '모르는 것이 약'이라는 말은 모르는 자들의 궁색한 변명에 불과하다. 1998년 4월 30일자 신문에는 "우리 나라 직장인의 TOEIC 성적이 시험을 치른 8개국중 꼴찌에 가까운 7위를 차지했다"는 기사가 실렸다. 1위는 말레이시아. 그리고 프랑스, 스페인, 중국, 멕시코 순이었다.

국제화 시대에 맞추어 살아가야할 때에 아직도 우리들의 국제 감각은 멀기만 하다. 어려운 시대일수록 자신만의 특기 즉 전문성을 살리고 어학실력을 갖추어야 살아남을 수 있다. 폭 넓은 경험을 위하여 젊은이라면 적어도 6개월은 해외에서 체류해 보아야 한다. 그것은 여유있는 소수만의 특권이 아니라 용기있는 사람은 누구나 도전해 볼 수 있다. 키부츠 발런티어가 이러한 기회를 여러분에게 제공해 준다.

다른 나라의 젊은이들과 어울려 함께 땀 흘리며 일하고 여행하면서 넓은 세상을 경험해보자. 미지의 세계로의 도전, 이것은 젊은이들만의 특권이다.

1장
젊은이들이 키부츠에 가야하는 7가지 이유

젊은이들이 키부츠에 가야 하는 7가지 이유

① 해외 체험은 필수니까

인터넷과 E메일은 우리가 지구촌 시대에 살고 있음을 더욱 실감하게 해주고 있다. 국제화 시대에 경쟁력을 갖추기 위해서는 무엇보다도 국제 감각을 익혀야 한다. 그런데 이 국제 감각이라는 것이 안방에 앉아 있으면 저절로 습득되는 것이 아니다. 다른 것은 간접 체험을 통하여 배우고 익히는 것이 가능하지만 국제 감각만큼은 실제로 내가 부딪혀 보고 익히지 않으면 나의 것이 되지 않는다. 다른 사람이 아무리 뛰어난 노하우를 나에게 전수해 준다 하여도 내가 터득하지 않은 노하우는 써먹을 수도 없고 설령 써먹는다 해도 쉽게 밑천이 드러날 수밖에 없다.

그러면 국제 경쟁력은 어떻게 만들 수 있는가? 그것은 국제 무대로 내가 직접 나가는 것이다. 우선 해외 여행을 떠나자. 여행 자율화 이후 많은 젊은이들이 배낭 메고 아시아, 유럽, 미국을 돌아다녔다. 배낭족은 여행을 통하여 내가 태어나고 자라 온 한국 밖의 새로운 세계에서 여러 가지 것을 보고 느끼고 자극 받아 돌아왔다. 내가 생각해 왔던 것과는 다른 세계도 있구나. 그러면서 나를 표현하고 또 남의 것을 알기에는 턱없이 부족한 언어 실력을 발견하고 한국 교육의 문제점에 대해 흥분했을 것이다.

해외 여행은 더 이상 사치가 아니다. 해외 여행은 특정인에게 국한된 것이 아니라 젊은이들의 선택 과목이 되었다. 그러나 이것보다 한걸음 더 나아가야 하겠다. 해외 여행을 통하여 새로운 문화를 보는 것으로 그 쳐서는 안된다. 단 며칠간의 여행은 국제 경쟁력을 갖추기에 너무나 부족하다. 해외 여행은 돈만 있으면 이십대가 아니라도 언제나 해 볼 수 있다. 그러나 젊은이가 아니면 해 볼 수 없는 것이 있다. 이제는 내가 직접 해외에서 살아보는 기회를 만들어야 하겠다.

수십 번의 여행을 해도 이름난 관광지만 다녀와서는 그 사회의 진짜 얼굴을 알 수가 없다. 몇 번의 여행보다는 단기간이라도 해외에서 체류하는 것이 훨씬 이득이 된다. 외국 생활을 해보면 그 나라를 알 수 있고, 나와 우리나라를 객관적으로 바라볼 수 있는 시각을 기를 수 있다.

IMF로 우리나라 전체가 몸살을 앓고 있다. 이런 때일수록 더 멀리 바라보자. 이제 나의 무대는 우리나라에 국한된 것이 아니다. 세계 어느 나라 사람과도 어울릴 수 있는 국제화된 실력을 갖추어야 살아남을 수 있다. 지금 당장은 살아남을 수도 있겠지만 긴 안목을 가지고 나의 미래를 구상하는 것이 필요하다. 위기의 순간에 적절하게 준비하지 않으면 좋은 시절이 온다고 해도 그것이 '나의 때'가 되지는 않는다. 그러면 무엇을 준비할 것인가? 21세기는 지구촌 시대가 될 것이다. 세상은 더욱 하나가 되고 교류가 활발해진다. 이러한 때에 나도 지구촌의 한 일원이 되어 활동을 하려면 많은 것들을 준비할 필요가 있다.

위기의 시대. 여기에서 스트레스만 받지 말고 눈을 세계로 돌리자. 직접 내 눈으로 다른 사람들은 어떠한 문화에서 어떠한 생각을 하며 어떻게 살고 있는지 목격해 보자. 내가 자라 온 대한민국과 내가 받아 온 주입식 교육의 틀을 과감하게 벗어나서 다른 세상을 보자. 그리고 수동적인 관점 대신 창조적인 관점을 갖자. 과거 지향적인 사고 대신 미래 지향적인 사고를 갖자. 우리가 살아야 할 21세기의 모습을 그려보자. 준비 없이 있다가는 오늘의 한국처럼 IMF의 불똥에 쩔쩔매는 일이 계속될 것이다.

해외 여행은 선택, 해외 체험은 이제 필수이다. 해외에서 적어도 6개월은 체류할 수 있는 기회를 만들자.

② 씨니까

젊은 시절에 한 번쯤 외국 생활을 해 본다는 것은 인생의 좋은 경험이다. 누군들 그것이 좋다는 것을 몰라서 한국 밖으로 나가지 않느냐고 반문할지도 모르겠다.

우리가 빚더미에 올라앉은 줄도 모르고 흥청망청 하던 때가 있었다. 그래서 해외 어학 연수와 유학을 이유로 많은 이들이 수많은 달러를 들고 떠났다. 물론 이것은 일부 돈 많은 사람들 이야기라고 하겠지만 우리 모두의 부끄러운 자화상이었음을 부정하지는 말자.

이제는 보다 검소하고 합리적인 방법으로 세계화를 경험해야 하겠다. 젊은이라면 누구나 갈 수 있는 곳이 키부츠이다. 키부츠의 기원은 이스라엘 독립 이전으로 거슬러 올라간다. 이스라엘에 이상적인 사회를 만들겠다는 꿈을 가진 유대인들이 만든 공동체가 키부츠이다. 키부츠는 모든 멤버들이 함께 일하고 분배받는 원칙을 민주적인 방법으로 운영한다. 공동체라는 특수한 환경은 외부인이라도 동등하게 함께 살 수 있는 기회를 마련해 준다. 키부츠에는 세계 각국에서 온 많은 젊은이들이 자원 봉사자(발런티어)로 일하고 있다. 발런티어는 짧게는 2개월 길게는 1년씩 키부츠에 체류하면서 키부츠 멤버와 함께 일하고 일과가 끝난 오후에는 태양을, 주말에는 여행을 즐긴다.

키부츠에서는 발런티어에게 의식주를 제공해 주고 얼마간의 용돈(한 달에 100달러 정도)도 준다. 그러므로 키부츠 발런티어가 되면 이스라엘에서 체류하는 동안에 거의 돈이 들지 않는다. 이스라엘을 다녀올 왕복 항공요금만 준비하면 돈 안 들이고도 외국 생활을 맛볼 수 있다. 왕복 항공요금은 체류 기간과 연령에 따라 다른데 약 140-160만 원 정도이고, 학생은 학생 할인 적용을 받으므로 일반인보다 더 싼값에 다녀올 수 있다.

또한 많지는 않더라도 키부츠에서 주는 용돈을 쓰지 않고 모으면 적어도 6개월에 600-700달러는 모을 수 있으므로 여행경비를 따로 준비하지 않아도 이스라엘과 주변 국가를 여행할 수 있다.

③ 영어가 튀니까

이왕 외국에서 체류하려면 영어권으로 가야 하지 않을까 생각하는가? 당연하다. 이스라엘의 공식 언어는 히브리어이다. 하지만 이스라엘의 특수한 상황 상 영어가 모국어인 나라를 제외하고 영어가 가장 잘 통하는 나라가 이스라엘이다. 이스라엘은 세계 각국에서 이민온 유대인으로 구성되어 있어서 세계 각국의 언어가 사용되고, 히브리어 못지 않게 영어가 공식적으로 사용된다.

이스라엘의 정치, 경제, 학술 분야에서 영어를 구사하지 못하는 사람은 없으며, 거리에서 영어로 길을 물어 보면 대부분의 사람은 영어로 대답해 줄 정도는 된다. 이스라엘은 국토가 좁고 자원도 적은 신생국가이기 때문에 그들에게 외국어란 무엇보다도 중요한 경쟁력이다.

이스라엘의 언어 환경도 그렇지만 키부츠 발런티어들은 세계 각국에서 온 젊은이들이므로 누구나 영어를 구사한다. 발런티어로 생활하기 위해서는 세계 공용어인 영어로 의사 소통을 해야 한다. 한국인 발런티어들도 하루 24시간 영어로 생활한다. 우리나라에서는 미국 영어만을 배우지만, 키부츠에서는 영국 영어와 다양한 악센트가 섞여 있는 유럽식 영어를 모두 접하게 되므로 훨씬 폭 넓은 영어를 배울 수 있다.

영어 외에도 다른 언어를 접할 수 있다는 것이 키부츠 생활의 장점이다. 키부츠 발런티어의 국적은 너무나도 다양하다. 영어가 아닌 불어, 독어, 스페인어, 러시아어, 그리고 일본어까지 모두 접할 수 있는 곳이 키부츠다. 만일 불어권에서 이민온 유대인들이 주로 사는 키부츠라면 이 키부츠에서 사용하는 언어는 히브리어, 불어, 영어이다. 이스라엘에는 3-4개 국어에 능통한 사람들이 많이 있다. 이들과 같이 살아 본다는 것만으로도 충분히 자극을 받을 것이며 또한 언어도 배울 것이다.

　이스라엘 사람이라면 누구나 알고 있는 이야기를 하나 소개하겠다. 아랍 마을에 살던 쥐 한 마리가 유대인 마을로 이사를 왔다. 마을의 가장 큰집을 골라서 정착한 시골 쥐. 슬슬 저녁준비를 하려고 나서는데 쥐구멍 앞에서 고양이를 만나 혼비백산하고 쥐구멍 안으로 다시 들어왔다. 아무리 기다려도 고양이는 움직일 기미가 없고. 이때 밖에서 "멍멍" 소리가 나기에 시골 쥐는 안심하고 밖으로 나갔더니 웬걸 아까 그 고양이가 아닌가!

　"분명히 고양이가 아니라 개 짖는 소리였는데 이게 어찌된 일이요?" 유대인 마을의 고양이 왈, "이스라엘에서는 누구나 2개 국어는 구사한다네!"

④ 세계 각국의 애인을 사귈 수 있으니까

이미 앞에서 이야기한 것처럼 키부츠 발런티어가 되면 세계 각국에서 온 발런티어들과 함께 생활하며 우정을 나눌 수 있다. 그들과 생활하면서 언어를 연습해 보는 것 못지 않게 중요한 것은 세계 여러 나라의 친구를 사귀고 한국에 돌아온 이후에도 지속적인 관계를 맺을 수 있다는 점이다.

이제 한달씩 걸려 외국 친구와 펜팔을 하는 시대는 지나갔다. 빠른 E 메일로 간편하고 지속적인 교류를 계속할 수 있게 되었다. 영국, 프랑스, 독일, 스웨덴, 아르헨티나에 나의 열렬한 팬이 하나쯤은 있어서 그곳에 가면 반겨 줄 친구가 있다는 것처럼 기분 좋은 일이 있을까. 전세계를 돌아다니지 않아도 키부츠 발런티어로 있으면서 세계 각국에 손쉽게 나의 네트워크를 만들어 두면 앞으로 서로의 정보를 교환할 수 있는 좋은 기지국을 만드는 셈이다.

"아빠, 기지국이 몇 개예요?"

"어느 나라에 대해 알고 싶은지 말만 해봐."

미래의 나의 아이에게 엄마 아빠의 친구가 세계 어디에나 있음을 자랑스럽게 알려주자.

외국에서 산다고 무조건 외국어를 잘할 수 있는 것은 아니다. 세계의 다양한 나라에서 온 발런티어들과 영어로 의사 소통을 할 수 없다면 경험의 절반은 이미 포기해야 한다. 발런티어로 생활하면서는 자신의 영어를 확인하고 조금 더 향상시키는 것이지 영어를 처음부터 시작하는 것이 아니다. 만일 자신의 답답한 영어에 충격과 도전을 받고 한국에 돌아와서 새롭게 영어에 도전해 보기로 결심한다면 그것도 나쁘지는 않다.

젊을 때에 다른 나라의 젊은이들과 함께 어깨를 맞대고 일하고 여행하고 생활해 보는 경험, 가장 큰 재산이 될 것이다.

⑤ 들어가기 쉬우니까

아직도 해외에 나가려면 장벽이 많다. 유학이나 상용의 목적이 아니라면 단기간 외국에서 체류하기란 쉽지 않다. 유학이나 상용이 아닌 단기 체류의 경우 체류 국가로부터 비자를 받는 것은 어렵다. 호주의 워킹홀리데이 비자도 조건이 까다로워서 만 25세 미만으로 본인이 갑근세를 냈다는 증명을 해야 비자를 받을 수 있다. 세계 여러 나라에서 한국 사람들이 정당한 비자를 받지 못하고 불법 체류 또는 불법 취업을 하고 있는 것이 사실이다.

키부츠 발런티어로 가는데는 생활 영어를 구사할 능력만 있으면 아무런 조건이나 서류 심사가 없다. 키부츠 발런티어는 정식으로 이스라엘 정부로부터 발런티어 비자를 받으므로 참가 절차가 쉽고 체류가 합법적이다.

사전에 비자를 받아야 하는 어려운 과정을 통과하여도 외국에서 일자리를 구하는 것이 또한 만만치 않은 일이다. 그러나 키부츠 발런티어는 한국에서 출발하기 전에 미리 한국 대표부를 통하여 키부츠를 배정 받고 가기 때문에 현지에서 일자리를 찾는 수고를 하지 않아도 된다.

외국에서 체류할 기회가 있다 하더라도 아주 사소한 일에 경비를 지출하여야 한다. 호텔에 머물지 않는 한 단기간 체류하려면 우선 아파트를 얻어야 하고 필요한 가구나 물품을 구입해야 한다. 가구가 딸린 아파트는 물론 가격이 더 비싸다. 하루 세끼 식사를 준비하는 것이며 세탁 문제 등 자질구레한 일이 시간을 빼앗는다. 키부츠 발런티어로 있으면 이런 일이 자동으로 해결된다. 먹여 주고 재워 주고 용돈까지 주고 키부츠 내의 모든 문화시설을 무료로 이용하고 갈아입을 간단한 옷만 챙겨 가면 6개월을 체류해도 더 이상의 준비물은 필요하지 않다.

⑥ 최고(最古)의 여행지니까

발런티어 경험에서 빼 놓을 수 없는 것이 여행이다. 이스라엘은 오래된 역사의 나라답게 어느 곳이나 역사의 보물이 묻혀 있고 유적지들은 잘 발굴 보존되어 있다. 아프리카와 유럽, 중동을 연결해 주는 교량 역할을 하는 이스라엘은 어느 시대에나 지중해와 세계의 패권을 잡는 국가가 차지해 왔다. 그렇기 때문에 이스라엘의 역사는 곧 세계사이며, 이스라엘 여행은 단순한 지역 여행이 아니라 고대 인류사로의 시간 여행이다.

유럽 문화의 기초는 기독교이다. 기독교의 발생지이며 성경의 나라 이스라엘을 여행하면 성경의 사건이 생생하게 살아서 전달된다. 그러므로 이스라엘에는 일년 내내 세계 각국에서 오는 성지순례객들의 발길이 끊이지 않는다.

이스라엘은 좁은 국토에 다양한 자연 환경을 가지고 있는 나라이다. 한겨울에 북쪽의 헬몬산에서는 스키를 즐기고 같은 시간에 남쪽 홍해에 위치한 에일랏에서는 수영을 즐길 수 있다. 잘 가꾸어진 이즈르엘 골짜기와 황량한 광야의 대비. 한국과 유럽에는 없는 이스라엘 광야가 주는 독특한 세계가 있다. 세계에 하나 뿐인 사해에서는 가만히 누워 있기만 하면 바닷물 위에 둥둥 뜨는 신비한 체험을 할 수 있다.

이런 이스라엘을 어찌 매력적인 최고(最高) 그리고 또 최고(最古)의 여행지라고 하지 않을 수 있는가.

발런티어로 일하며 받는 용돈을 절약해서 이번에는 주변 국가로 여행을 떠나자. 이스라엘에서 육로로 갈 수 있는 나라는 이집트와 요르단이다. 이집트와 요르단은 가장 오래된 인류의 유산을 가지고 있는 나라 중의 하나이다. 피라미드, 스핑크스, 룩소의 신전, 페트라, 이스라엘, 이집트, 요르단을 여행하고 난 다음에 유럽 여행을 하면 참 시시하다.

"이 아름다운 성당의 역사는 3백년 입니다."

이미 3천년 전의 장엄한 역사 현장을 돌아본 발런티어들에게 3백년 정도는 비교가 안된다. 이스라엘은 물가가 비싸지만 다행히 이스라엘 주변 국가의 물가는 매우 싸기 때문에 여행 경비가 적게 든다. 육로로 갈 수는 없지만 이스라엘에서 비행기로 1시간 이내에 갈 수 있는 나라로 터키와 그리스가 있다. 그리스와 터키에 남아 있는 찬란한 고대 문명에 대하여는 두 말할 필요도 없으며, 이들 두 나라의 물가도 이스라엘보다는 싸다.

유럽에서 온 발런티어들은 대체로 지독한 자린고비형 여행을 한다. 이들은 이스라엘에 오는 경비를 부모님이 대주지 않고 자신이 벌어서 왔기 때문에 돈을 함부로 쓰지 않는다. 완전 거지처럼 여행하는 그들을 보면 우리도 그렇게 못 할 것 없다는 생각이 든다. 돈 싸 들고 가지 말자. 돈은 풍요한 경험의 기회를 빼앗아 간다. 왜 고생하며 여행을 해야만 하느냐고? 그것은 당신이 젊기 때문이다. 젊기 때문에 당신이 이러한 체험에 도전해야 하는 이유인 것이다.

7 평등하니까

키부츠는 '모든 사람이 공평하게 일하고 분배받는다'는 원칙에 의하여 만들어진 공동체이다. 키부츠에는 계급이 없고 이것은 함께 생활하는 발런티어에게도 적용된다. 발런티어는 노동자가 아니다. 키부츠에서는 학벌, 성별, 출신지로 사람들을 판단하고 구별하지 않는다.

이스라엘은 관료적이고 계급적인 성격이 비교적 적은 나라이다. 키부츠는 더욱 그러하다. 좋은 역할 모델을 보아야지만 배울 수 있다. 평등한 공동체를 경험한 발런티어들이 한국에 돌아와서 학연, 지연으로 출세하려는 생각을 버린다면 우리 사회는 점점 좋아질 것이다.

우리의 민주주의·자본주의 역사는 매우 짧다. 허겁지겁 서양의 옷을 입다 보니 우리는 겉모습만 같으면 같아지는 줄 알았다. 서로에 대한 존중과 신뢰, 그리고 기본적인 양심과 도덕성은 망각한 채 서양의 겉모습만 취하여 왔다. 이제는 함께 사는 사회를 위해 내가 양보하고 노력해야 할 때이다. 나 혼자만 잘 살아 보겠다는 생각은 지독하게 못살던 시절 가난을 벗어나려는 몸부림 때문이었다. 그러나 우리는 하나의 운명 공동체이다.

키부츠의 멤버들은 나 혼자 잘 살겠다는 생각 대신 조금씩 양보하고 함께 나누면서 한세기 동안 공동체를 이끌어 왔다. 한국에도 많은 공동체가 있지만, 대부분의 공동체는 풍요롭지 못한 사람들이 모여서 살기 때문에 한국의 공동체는 함께 가난하게 사는 것이라는 인상을 준다. 그러나 키부츠는 함께 살아도 여유 있고 풍요롭게 살 수 있음을 보여주고 있다.

키부츠 멤버들은 함께 사는 것이 얼마나 소중한가를 아는 사람들이다. 우리에게는 소외된 이웃들이 많이 있다. 또 통일을 해서 돌봐야 될 가난한 미래의 우리 이웃들이 있다. 이들과 함께 나눔의 삶을 살기 위하여 공평한 세상을 만들어 가기 위하여 젊은이들이 직접 공동체의 경험을 해 보기를 권한다.

■ 키부츠로 떠나기 전 점검 사항

• 목표는 무엇인가?

목표를 기록하는 사람은 기록하지 않는 사람보다 성취율이 높다. 키부츠에 왜 가는지 목표를 분명히 하고, 이스라엘 체류 기간 중에 무엇을 할 것인지 그리고 무엇을 했는지를 기록할 노트를 준비한다.

• 목표를 실현시키기 위해 어떠한 계획을 가지고 있는가?

한국을 떠나기전 6개월간 최선을 다해 영어 실력을 향상시키고, 6개월간 키부츠에서 생활하겠다는 계획을 가지고 있다면 큰 계획을 세우고 세부적인 계획을 세우라.

■ 키부츠 생활하기

• 규칙적인 자기 점검

자신의 계획표가 적힌 노트를 항상 점검한다.

외국 생활도 한두 주만 지나고 나면 곧 적응하여 새로울 것이 없는 일상의 생활이 되어 버리고 만다.

일주일, 한달 단위로 체크하여 자신이 원래 계획한대로 이루어지고 있는가, 수정할 사항은 없는가 확인한다.

• 여행 계획 세우기

어디로 어떻게 여행할 것인지 미리 여행을 다녀온 발런티어에게 정보를 얻는다. 이집트나 요르단으로 여행을 갈 경우에는 여행경비등을 사전에 철저히 준비한다.

• 키부츠에 얼마나 체류할 것인가?

처음에 계획한 기간 만큼 키부츠 생활을 하고 돌아갈 지를 점검한다. 계획없이 외국에서 지나치게 오래 체류하다 보면 도리어 한국에 돌아와서 적응하기가 힘들어 질 수도 있다. 적당하다고 생각될 때 귀국을 결정하는 것이 중요하다.

2장
키부츠란 어떤 곳인가?

■ 키부츠의 설립 배경

"이스라엘 개척정신의 요람
평등사회의 실현을 위한 실험정신의 불꽃
땀과 노동의 숭고한 숨결
사막 한가운데 꽃피운 꿈의 오아시스... "

16세기부터 1917년까지 팔레스타인을 통치한 오스만 터키와 그 뒤를 이은 영국의 위임통치 시절(1917-1948)에 팔레스타인의 통치자들은 유대인이 팔레스타인에 정착하지 못하도록 엄격하게 단속했다. 따라서 이스라엘이 독립하기 이전 유대인들이 팔레스타인에 정착하기 위해서는 함께 힘을 모아 협력하는 키부츠 형태가 적합했다. 또한 러시아 혁명에 가담했다가 실패한 유대인들도 새로운 땅에 새로운 유토피아를 건설해 보려는 꿈을 갖고 팔레스타인을 찾아왔다.

초창기 키부츠

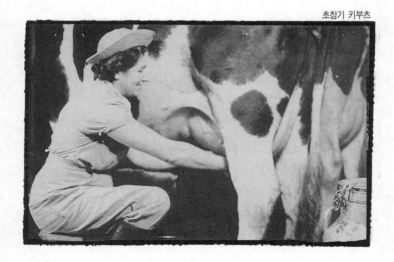

키부츠는 우리에게 '협동 농장'으로 알려져 왔는데, 문자적으로는 '그룹(group)'이라는 뜻이다. 함께 모여서 일하고 함께 소득을 분배하는 사회주의 원칙에 의하여 키부츠는 자발적으로 만들어졌으며 공산주의처럼 억압과 통제에 의한 집단은 아니다.

18세기와 19세기 초 팔레스타인에는 이미 중동과 유럽에서 이주해 온 다양한 유대인들이 살고 있었다. 현대적인 의미에서의 유대인 이민은 1882년부터 시작되었다.

이스라엘의 독립 이전에 동부 유럽의 유대인들은 5차례에 걸쳐 이민을 왔다. 1차 이민단은 1882-1903년에, 2차 이민단이 1904-1914년, 3차 이민단이 1919-1923년, 4차 이민단이 1924-1932년, 5차 이민단이 1933-1939년에 이스라엘에 정착하였다.

1차 이민단은 유대인 정착지의 기초로서 농업적 기반을 다지기 위해

이주해 온 이들이었으나 이상만 있었지 실제로 어떻게 정착해야 하는지
는 잘 몰랐다. 2차 3차 이민단으로 이스라엘에 정착한 사람들이 키부츠
와 모샤브를 만든 개척자들이다. 러시아에서의 유대인 학살(1903)을 피
해서 또는 러시아 혁명에 가담했다가 실패한 이들이 이민 대열에 끼어서
이스라엘에 정착했다. 이들은 교육받은 지식인들로 사회주의에 헌신된
이상적인 개척자들이었다. 황량한 팔레스타인의 토지가 그들의 눈에는
젖과 꿀이 흐르는 땅, 약속의 땅으로 보였던 것이다. 그들은 땅만 개척한
것이 아니라 2천년간 사용되지 않았던 히브리어를 일상의 언어로 만들
었다.

이들 개척자들은 수세기 동안 버려진 척박한 땅을 개간하여 새로운 정
착지를 세우고 농업 경제의 기반을 다졌다. 이러한 과정에서 생겨난 공동
체가 바로 " 키부츠(KIBBUTZ)"이다. 혼자의 힘보다는 여러 명이 함께 힘
을 모아 협력하는 키부츠 형태가 새로운 땅에 정착하는데 적합했던 것이
다.

이렇게 해서 태어난 최초의 키부츠는 1910년에 갈릴리 호수 남쪽에 세
워진 "키부츠 드가니아(Deganiah)"이다. 이로부터 현재까지 이스라엘 전역
에는 약 269개의 키부츠가 있다.

■ 키부츠의 기본 이념

• 생산과 소비의 공동소유 원칙
• 상호 책임과 협조

• 자체 노동의 원칙
• 민주적 자치

  키부츠는 회원이 참석하는 회의를 통해 운영된다. 각종 위원회의 위원들은 회원들에 의해 선출되며 키부츠의 경제 사회 활동 책임을 맡는다. 개별 키부츠는 전체 키부츠 연합 운동과 조직상의 유기적 관계를 가진다.

■ 키부츠의 이상(理想), 그것은 "평등한 사회 실현"

"키부츠는 어느 시대 어떤 사회에서도 이루지 못했던
  유토피아적 이상을 실현하려는
  유대인들이 만들어낸 시대적 산물이다. "

  빈부의 차이가 없고 철저히 민주적으로 운영되는 평등한 사회, 이것이 키부츠가 추구하는 이상향, 유토피아이다.
  키부츠에서는 개인의 사유재산을 인정하지 않는다. 키부츠 내의 모든 재산은 공동소유이다. 따라서 공동으로 생산하고 판매하며 소유하는 경제 형태를 띠게 된다. 사유재산이 인정되지 않는 대신 키부츠에 소속된 모든 주민들은 의식주, 자녀교육, 의료혜택, 생필품 등등 삶에 필요한 거의 대부분을 키부츠로부터 제공받게 된다.
  키부츠의 내부조직은 주민이 직접 참여하는 민주적인 체제로 구성되어 있다. 주요한 사안은 주민총회에 의해 결정되며 총회의 회장을 비롯하여 키부츠의 살림살이를 맡는 각종 위원회의 위원들은 주민들에 의해 선출된다.

■ 농업에서 공업까지

"키부츠는 고도의 기술을 개발하여
소득을 증대시킬 수 있는 다양한 작물을 생산하고 있다."

키부츠는 농업으로 시작한 공동체이지만 이스라엘은 물과 옥토, 노동력이 부족하여 농업만으로 수익을 올리는 데는 한계가 있었다. 키부츠는 농업에서 점차 공업에 비중을 두게 된다. 그렇지만 키부츠가 농업을 완전히 포기한 것은 아니다. 키부츠는 고도의 기술을 개발하여 소득을 증대시킬 수 있는 다양한 작물을 생산하고 있다. 키부츠에서 생산된 농산물은 이스라엘 총 농산물의 삼분의 일을 차지하고 있다.

키부츠는 각기 특성에 맞는 공업을 개발하여 소득을 올린다. 식품이나 유제품을 가공하는 공장, 직물, 가죽, 장난감, 전기제품, 가구 등을 생산하는 공장 등 그 종류도 다양하다. 또한 키부츠는 관광객을 위한 식당이나 게스트 하우스를 운영하기도 하는데 전국 곳곳에서 키부츠 게스트 하우스(Kibbutz Guest House)를 쉽게 찾을 수 있다. 키부츠에 가본 적이 없는 여행자라면 호텔보다 저렴한 키부츠 게스트 하우스를 이용하는 것도 좋다. 키부츠 구경까지도 겸할 수 있으므로. 키부츠 공업은 이스라엘 공업인구의 6% 정도만을 차지하지만 전체 이스라엘 수출의 7%를 차지한다.

이스라엘 남쪽 광야에 위치하고 있는 '요트바타'라는 키부츠는 규모가 큰 유제품 가공 공장을 운영하고 있다. '요트바타'에서 생산되는 우유와 야구르트 등의 유제품은 전 이스라엘에서 소비되고 있으며 이 키부츠는 텔아비브나 하이파와 같은 도시에 '요트바타'의 이름으로 큰 식당을 운영하고 있다. 경영을 잘하여 도시의 식당들보다 높은 소득을 올리는 예라고 할 수 있다.

브엘쉐바 근처에 있는 A키부츠는 재정형편이 비교적 좋은 경우인데, 그들은 전체 수입의 50%를 키부츠 공장에서 생산하는 농업용구에서, 나머지 수입의 50%는 농업에서 얻고 있다. 이 공장에서 생산되는 제품의 30%는 국내시장에서 소비되고 70%는 수출하고 있다. 이 키부츠에서 생산되는 농축산물은 밀, 감자, 당근, 마늘과 오렌지, 자몽 등이며 마늘의 경우 다져서 냉동포장하여 판매하기 때문에 가공하지 않은 마늘 그대로를 판매하는 것보다 더 큰 수익을 올리고 있다. 동부 유럽에서 이민 온 이민자로 구성된 A키부츠의 회원들은 성실한 노동과 끊임없는 기술개발로 비교적 풍요로운 삶을 유지하고 있다. 이렇게 재정적으로 견실한 키부츠가 있지만 모든 키부츠가 그런 것은 아니며 일부 재정적인 어려움을 겪는 곳도 있다.

■ 키부츠 운영

키부츠는 평균 3백에서 6백여 명의 회원으로 구성되며 천 명이 넘는 회원을 거느린 큰 키부츠도 있다. 모든 키부츠는 재정과 자원에 있어서 그 형태가 각각 다르며, 개개의 키부츠는 사회·문화·경제적인 측면에서 독립적이다. 연맹이 키부츠를 통제하거나 간섭하지는 않는다.

키부츠는 회원이 직접 참여하는 민주주의 체제로 운영되는 자치단체이다. 키부츠에는 공동체를 총괄하는 대표간사와 그를 돕는 재정, 복지 등을 담당하는 간사가 있다. 키부츠의 살림을 맡는 간사들은 회원들의 투표에 의하여 선출되며 임기는 약 2~3년이다. 키부츠의 재정과 복지 문제는 각 위원회에서 결정하며, 중요한 사항은 전체 회의를 통해 결정된다. 키부츠의 신규 회원 가입이나 키부츠의 규정 변경과 같은 중요 사항은 키부츠 회원 2/3의 찬성이 있어야 통과된다.

토라(Torah)

좁은 의미로는 모세 5경(창세기, 출애굽기, 레위기, 민수기, 신명기)을 가리킨다. 넓은 의미로는 유대인이 지키는 율법을 총체적으로 가리키며 성문토라(구약성경)와 구전토라(탈무드)로 나뉜다.

■ 아주 특별한 대가족

" 키부츠의 장점 중 하나는 키부츠 울타리 안에
  여러 세대가 함께 모여 산다는 것이다. "

키부츠는 특별한 사회계약에 근거하여 사람들이 자발적으로 모인 공
동체로 대부분의 회원들은 키부츠 안에서 경제활동에 참여한다. 키부츠
울타리 안에서 모든 생산과 공급이 이루어지는 이 독특한 공동체는 확대
된 대가족, 작은 씨족 또는 부족사회를 연상시킨다.

키부츠의 장점 중 하나는 키부츠 울타리 안에 여러 세대가 함께 모여
산다는 것이다. 키부츠에서는 핵가족화되어 있는 서양사회와는 달리 할
아버지부터 손자까지 삼대가 모여 산다. 키부츠 안에서 외롭고 쓸쓸한
노년이란 있을 수 없다.

키부츠는 어린아이들을 키우기에는 더 없이 좋은 자연 환경을 가지고
있다. 키부츠의 아이는 한 가족의 아이일 뿐만 아니라 키부츠 전체의 아
이이기도 하다. 키부츠 아이의 양육은 부모의 책임일 뿐만 아니라 전 키
부츠의 공동책임이라고 여긴다. 신선한 공기와 푸른 잔디밭, 마음껏 뛰
어 놀 수 있는 놀이터와 작은 동물원까지 키부츠는 도시가 줄 수 없는 자
연환경을 어린이에게 제공한다.

■ 누구나 일하는 사회

"키부츠에서는 우아한 옷차림을 한 사람을 보기가 어렵다."

키부츠에서 회원은 공식적으로 하루에 8시간씩 일한다. 하루의 일과
는 일의 성격에 따라 다르기는 하지만 보통 오전 5시에서 6시에 시작한
다. 낮은 뜨겁기 때문에 일과를 일찍 시작하고 오후 2~3시경이면 일과를
마치고 집으로 돌아간다.

여성들도 노동에서 제외되지 않는다. 아이들은 어린이집에서 돌보아
주고 식사는 식당에서, 빨래는 세탁소에서 해주므로 주부들은 가사 노동
에서 해방되어 남자들과 똑같이 일을 한다. 그러나 갓난아이가 있는 엄
마는 일을 한두 시간씩 적게 한다. 키부츠에서 여성은 유아원이나 식당
과 같은 전통적으로 여성의 영역이라 여겨져왔던 곳에서 일하는 경우가

많기 때문에 남녀가 공평하게 일한다는 원칙이 늘 지켜지고 있지는 않다.

노인들도 건강이 허락되면 손쉬운 일을 찾아서 한다. 키부츠의 원칙 중 하나는 회원들의 노동으로 공동체를 운영해 가는 것이다. 키부츠의 원칙에 따르면 노동의 대가로 돈을 지불하지 않으므로 임금을 주는 노동자를 고용할 수 없다.

키부츠에서는 우아한 옷차림을 한 사람을 보기가 어렵다. 실용적인 노동복이 그들의 일상복이다. 반바지에 샌달을 신은 키부츠멤버의 차림새는 도시인보다 소박하다. 그렇지만 안식일 저녁식사 때에는 한껏 멋을 부리고 식당에 나타난다.

전문직에 종사하는 주민의 경우는 키부츠가 아닌 외부의 작장을 구해 다닐 수도 있다. 그 경우 얻어지는 수입은 키부츠에 귀속된다.

키부츠 자체적으로 필요한 전문 인력을 조달할 수 없는 경우에는 외부에서 전문인을 고용하기도 한다. 예를 들면 의사나 회계사 등을 들 수 있다.

흥정을 잘해야!

예루살렘 Old City의 가게에서 물건을 살 때에는 흥정을 잘 해야 한다. 흥정 여부에 따라 부르는 가격의 반 이하로도 살 수 있다. 상인들은 "My friend , I will give you best price!"라고 말하지만 바가지를 쓰고 안 쓰고는 흥정하기 나름.

■ 공평한 분배의 원칙

" 키부츠에서는 남녀노소 할 것 없이 함께 일하고
  함께 소득을 나눈다. "

키부츠의 원칙 중 하나는 필요에 따른 분배이다. 주택은 회원이 키부
츠에서 봉사한 기간, 가족의 수에 따라 정해진다. 새로 집을 지을 경우
크고 좋은 집은 원로 회원들에게 주어지고 자녀가 있는 젊은 회원들은
그보다 작은 집에 살곤 한다. 어린이들은 낮 시간 동안 또래의 친구들과
함께 생활하고 오후에 가정으로 돌아온다. 고등학교를 졸업하면 부모와
함께 살지 않고 그들만이 생활할 수 있는 공간이 주어진다. 같은 키부츠
울타리 안에 있어도 부모로부터 독립을 하는 것이다.

의복이나 가구와 같은 물품은 키부츠에서 정한 기준에 따라 분배되지
만, 설탕, 비누와 같은 생필품은 필요에 따라 무료로 공급된다. 그러나
필요에 따른 공정한 분배의 원칙에 대하여 만족하지 못하는 회원이 늘어
감에 따라 이제는 무료 공급이 줄어들고 회원들이 자신의 비용으로 물건
을 구입하고 있는 추세에 있다.

키부츠에서 노동은 가치 있는 일이나 노동이 돈으로 환원되거나 평가
되지는 않는다. 이 말은 회원들이 노동의 대가로 임금을 받지 않는다는
말이다. 회원들은 노동에 참가하기는 하지만 고용인이 아닌 소유주이다.
그들의 소득은 키부츠로 들어가고 매년 키부츠 총회에서 정하는 대로 개
인 예산액을 할당받는다. 땅 위에 유토피아를 건설하려는 이상주의자들은
빈부의 차이가 없는 공동체 생활을 가장 이상적인 형태로 보았다. 그래서
키부츠에서는 남녀노소 할 것 없이 함께 일하고 함께 소득을 나눈다.

경우에 따라서 전문직에 종사하는 회원은 키부츠 밖에서 직장을 얻을 수도 있다. 그럴 경우 그는 외부에서 번 소득을 모두 키부츠에 입금하고 자신은 키부츠가 분배하는 것에 따라 재분배 받는다. 회계 전문가나 의사 등 키부츠에서 필요한 인력을 자체적으로 지원할 수 없을 때는 외부에서 전문인을 고용하기도 한다.

■ 돈이 필요 없는 곳

키부츠 내에서는 돈을 사용하지 않는다. 회원들이 일하는 대가로 공동시설을 이용한다. 즉 식당, 세탁소, 어린이집에 대한 사용료를 내지 않는다. 월급도 돈으로 받지 않고 컴퓨터에 크레디트로 기록되며 일체의 생활비를 낼 필요가 없다. 키부츠라는 울타리 안에서 모든 일이 이루어지므로 키부츠 밖으로 나갈 일이 거의 없다.

■ 변화하는 키부츠

" 세계 어떤 나라에서도 키부츠와 같은 실험정신이
   이토록 오래 지속되어 오지는 못했다. "

이상주의, 시온주의의 꿈을 안고 시작한 키부츠도 이제는 시대가 바뀌어 변하고 있다. 물질문명이 발달하여 풍요로워진 오늘날에 가난하고 어려웠던 시절의 사회주의 이념은 설득력을 잃었고 따라서 키부츠도 점차

자본주의 체제를 따르는 과도기에 놓여 있다.

40년 전, 30년 전, 약 20년 전만 해도 키부츠의 삶의 질은 키부츠 밖의 생활보다 수준이 높았었다. 키부츠는 고립되고 낙후된 지역을 개발하여 가꾸는 선구자적인 역할을 감당했다. 그러나 사회의 발전 속도가 빨라지면서 키부츠는 경쟁력을 잃어 가기 시작했다. 여러 가지 복합적인 요인이 있겠지만 70년대, 80년대 초 극심한 이스라엘의 인플레이션으로 키부츠의 부채가 누적되었다.

시대가 변하면서 키부츠의 이념도 시대에 맞게 수정이 요구되고 있다. 그 한 예가 사유재산의 인정이다. 이제는 개인의 능력에 따라 소득에 차등을 두는 능력제가 시도되고 있다. 성과급제는 회원들 자신에게 만족을 줄 뿐만 아니라 키부츠의 경쟁력을 높이는 방법이기도 하다.

전에는 공동의 경비로 처리되던 것이 이제는 개인 경비로 계산된다. 각 가정은 계량기를 설치하여 전기, 수도 요금을 사용한 만큼 부담한다. 일반인에게는 자연스러운 것이겠지만 키부츠의 원칙을 생각해 본다면 이것은 대단히 충격적이며 혁명적인 변화라 할 수 있다. 이렇게 전체가 아니라 개개인이 경비를 지출하면서 키부츠는 많은 경비를 절감할 수 있게 되었다.

이스라엘이 국가로 탄생하기 이전 그리고 이후에도 키부츠는 사회보다 한발 앞서는 개척자의 위치에 있었다. 외국에서 온 유대인 이민자들은 키부츠에서 정착에 필요한 적응훈련을 받고 도시로 이주하곤 했다. 세계 어떤 나라에서도 키부츠와 같은 실험정신이 이토록 오래 지속되어 오지는 못했다.

키부츠는 새로운 시대에 맞는 새로운 생존전략을 모색하고 있다. 모두가 공평한 사회. 실천하기는 어렵지만 이것은 키부츠만이 할 수 있는 몫이다.

■ 키부츠의 시설

키부츠가 어떤 모습일까 상상이 되질 않는 사람은 먼저 우리의 농촌 마을을 떠올려 보라. 그리고 그 안에 살고 있는 주민들이 외부의 큰 도움 없이도 자급자족할 수 있는 농토와 그 밖의 여러 가지 시설들을 그려 넣어라. 그렇게 해서 만들어진 모습, 그것이 바로 키부츠와 흡사한 모습이다. 현재 이스라엘에는 약 269개의 키부츠가 있는데 규모나 시설은 키부츠마다 각기 다르다.

한 키부츠 당 평균적인 주민의 수는 300~600명 정도이고 이 보다 크거나 작은 키부츠들도 있다. 그리고 재정적인 면에서도 수익이 높은 사업을 잘 운영하여 경제적으로넉넉한 키부츠가 있는가 하면 그렇지 못한 키부츠도 있다.

키부츠 안에는 어떤 시설들이 있을까? 살펴보면, 공동체가 거주하는데 필요한 기본적인 것들은 다 갖추고 있다. 예를 들자면 공동식당, 세탁소, 유치원, 학교, 병원, 상점, 수영장, 스포츠 시설, 이발소, 목공소, 우체국, 도서관, 동물원, 식물원 등등이 있다. 그 밖에 키부츠에 특성에 따라 농장, 목장, 양계장, 양어장, 공장, 호텔 등등을 운영하는데 필요한 시설들을 갖추고 있다.

• 공동식당

키부츠 중앙에 위치한 공동식당은 가장 활기가 넘치는 곳이다. 회원들이 꼭 들려야 하는 이곳에는 키부츠의 역사를 보여주는 오래된 사진이 붙어 있기도 하고 각종 공지사항이 적혀 있는 게시판, 우편함이 설치되어 있다.

모든 회원들은 각 가정에서 식사를 하지 않고 공동식당에서 식사를 한다. 식당은 셀프서비스로 이루어진다. 아침과 저녁식사의 메뉴는 매우 간단하다. 아침에는 빵과 잼, 다양한 치즈 종류, 삶은 계란, 오이, 토마토, 야구르트 등이 나오고, 점심에는 풍성하고 따뜻한 음식이 준비된다. 주요리로 닭고기, 칠면조, 생선, 소고기 요리 중에서 한두 개와 따뜻한 수프, 밥, 감자, 스파게티, 다양한 야채 사라다 등이 있다. 채식주의자들을 위한 요리도 따로 마련된다.

커피와 차 등 뜨거운 음료와 찬 음료수를 선택하여 마실 수 있다. 소다수는 달지 않고 탁 쏘는 맛이 처음에는 이상하지만 더운 여름에는 오히려 물보다 시원하다.

대부분의 식당은 돈을 내지 않지만 요즈음은 개인경비를 계산하는 키부츠가 늘고 있다. 그러나 식당에서 돈을 내는 것은 아니고 컴퓨터에 개인의 번호를 입력하여 공제하는 방식을 사용한다. 또한 저녁을 공동식당

에서 먹지 않고 가족끼리 집에서 먹는 키부츠가 늘어나고 있다. 키부츠
가 점차 가족 중심으로 변하고 있음을 보여주는 단면이다.

• 어린이집

아이가 태어나면 2~3개월간만 어머니가 돌보고 그 이후에는 어린이
집에서 돌봐 준다. 어린이집은 연령별로 나뉘어져 있는데, 대개 2~3명
의 보모가 5-6명의 아이들을 세심하게 보살펴준다. 하루의 일과가 끝나
면 부모들은 아이들을 가정으로 데려간다. 키부츠는 아이들끼리 어린이
집에서 자도록하는 곳과 아이들이 부모와 함께 자도록 하는 키부츠로 나
뉜다. 원래 키부츠는 어린아이들의 양육이 키부츠 공동의 책임이라고 여
겼기 때문에 어린이집에서 또래 아이들끼리 자는 방식을 택했으나, 부모
와 자녀간의 접촉에 대한 중요성을 인식하면서 아이들이 부모와 함께 자
는 방식으로 변하고 있다.

부모가 아이들과 함께 한 집에서 자는 것이 우리들에게는 너무나 당

연한 것으로 여겨지지만, 키부츠의 설립이념은 가정 단위가 아니라 공동체 단위로 아이를 양육해야 한다고 여겼기 때문이다.

● 학 교

회원수가 많은 큰 규모의 키부츠는 자체적으로 초등학교를 운영하기도 하지만 대부분은 키부츠 밖의 일반학교로 통학을 한다. 키부츠에서 멀리 떨어진 대학으로 진학할 경우에는, 주중에는 학교의 기숙사나 아파트에서 지내고 주말에 키부츠로 돌아온다.

● 세탁소

세탁이 필요한 옷은 옷감의 종류와 색깔별로 구별되어 있는 세탁함에 넣으면 된다. 자신의 옷을 찾기 위해서는 세탁물을 맡기기 전에 미리 이름이나 고유번호를 옷의 솔기 부분에 적어 둔다. 세탁소 안에는 회원들의 이름이 기록된 사물함이 비치되어 있고 세탁이 끝난 옷은 그곳에 보관하므로 찾아가면 된다. 옷의 수선과 다림질까지 해준다.

● 잡화상

일상용품과 과자, 음료수, 과일 등을 파는 가게가 있는데 '콜보'라고 부른다. 회원들은 물건을 사고 컴퓨터에 입력을 하지만 발런티어들은 돈을 내거나 쿠폰으로 물건을 산다. 부가세가 붙지 않으므로 시내보다 물건 값이 싸다.

● 클 럽

모아돈이라 불리며 차와 다과 등이 제공되고 TV, 잡지가 비치되어 있다.

• 도서관

히브리어와 영어로 된 도서 , CD가 구비되어 있고 공부를 할 수 있는
방도 있다.

• 클리닉 (Clinic)

간단한 치료는 키부츠에서 받을 수 있다. 상주하는 간호사가 있고 ,
의사는 진료시간에만 온다.

• 작은 동물원

어린이들을 위한 작은 동물원에는 토끼, 닭 ,양, 사슴 등의 동물이 있다.

■ 키부츠에서의 여가활동

"안식일 밤에 젊은이들이 가장 선호하는 곳은
  당연히 디스코장이나 퍼브(Pub)이다. "

   키부츠의 문화생활은 유대인들의 절기와 밀접한 관계를 가지고 있다.
일반적인 유대인들의 생활과 마찬가지로 키부츠의 생활도 6일간 일하고
안식일인 토요일은 쉬는, 매우 규칙적인 일주일 단위의 사이클을 가지고
있다. 주중에는 일과시간이 끝나면 가족끼리 시간을 보낸다.
   안식일이 시작되는 금요일은 평일보다 일과가 일찍 끝나고 금요일 저
녁은 공동식당에서 안식일 식사를 함께 즐긴다. 키부츠 식당에서 가장
맛있는 식사를 맛볼 수 있는 시간이 이 시간이다. 안식일 저녁에는 평소
와는 다른 메뉴가 제공된다. 저녁식사 후에는 '모아돈'이라고 부르는 클

럽에서 차를 마시거나 영화를 본다. 키부츠에는 다목적으로 사용되는 강당이 있는데 각종 문화 행사가 이곳에서 열린다. 키부츠마다 조금씩 다르기는 하지만 주중에 또는 안식일 저녁에 강당에서 영화가 상영된다. 영화는 오래된 영화부터 최신 영화까지 다양하게 선보인다. 전에는 대부분 영화상영이 무료였지만 최근에는 키부츠 멤버들이 각자 경비를 지불하는 제도로 바뀌고 있기 때문에 관람료를 내는 곳이 늘어나고 있다. 관람료를 낸다 해도 시내 극장의 반값 정도에 불과하다.

안식일 밤에 젊은이들이 가장 선호하는 곳은 당연히 디스코장이나 퍼브(Pub)이다. 디스코장은 평일에는 문을 열지 않고 금요일 밤에만 열리며 맥주 혹은 포도주를 마시거나 춤을 출 수 있다.

유대인의 명절은 종교적인 성격을 띠고 있지만 대부분의 키부츠는 종교적이지 않기 때문에 종교적인 측면보다는 유대인의 전통으로서의 명절로 지킨다.

여름이 긴 이스라엘에서 수영은 여름을 즐길 수 있는 좋은 스포츠이다. 초록색을 찾아볼 수 없는 주변환경과는 달리 잘 가꾸어진 잔디와 파란 수영장의 깨끗한 물이 있는 키부츠 사람들도 거의 붐비지 않기 때문에 마음껏 수영을 즐길 수 있다. 수영을 안해도 종려나무 그늘 밑에서 느긋하게 선탠과 낮잠을 즐기면서 키부츠의 여유로움을 느낄 수 있다. 영화에서나 볼 수 있는 수영장을 무료로 마음껏 이용할 수 있는 곳은 오직 키부츠뿐. 도시에서는 꿈도 꿀 수 없는 전용수영장인 셈이다.

테니스 코트는 있지만 실내 체육관 시설을 갖춘 곳은 많지 않다. 축구장에서 한낮에 축구를 하는 것은 금물. 덥기 때문에 운동은 선선한 저녁 시간을 이용하는 것이 좋다. 조깅을 원한다면 키부츠의 경계를 따라 뛰어라. 푸른 환경과 신선한 공기는 키부츠만의 특징이다.

> 사람 붐비지 않고 깨끗한 키부츠 수영장. 내 집 수영장처럼 마음대로 쓸 수 있는 기회를 놓치지 말아라. 만일 수영을 못한다면 키부츠에 있을 때 꼭 배워서 본전을 뽑자!

■ 통계로 보는 키부츠

• 키부츠 멤버 숫자와 규모 (1994년)

멤버 수	키부츠숫자	%	전체 인구	%
1,000명 이상	10	3. 7	11,900	9. 6
900-999	2	0. 7	1,900	1. 5
800-899	5	1. 9	4,300	3. 5
700-799	20	7. 4	14,900	12. 0
600-699	29	10. 8	18,600	14. 9
500-599	46	17. 1	25,600	20. 5
400-499	43	16. 0	19,100	15. 3
300-399	45	16. 7	15,700	12. 6
200-299	33	12. 3	8,500	6. 8
100-199	21	7. 8	3,200	2. 6
0-99	15	5. 6	900	0. 7
총 계	269	100. 0	124,600	100. 0

• 키부츠 분포도 (1995년)

지 역	숫자	%	인구수	%
갈릴리	56	20. 8	26,700	21. 4
요르단 골짜기	21	7. 8	10,000	8. 0
이즈르엘 골짜기	48	17. 8	26,400	21. 2
골란 고원	10	3. 7	2,400	1. 9
중앙 산악지대	59	21. 0	31,500	25. 3
네게브	66	24. 6	25,600	20. 6
가자와 요르단 서안 지	9	3. 3	2,000	1. 6

• 키부츠 공업 (1995년) 단위: US $

분 야	판 매 액	수 출	공 장수
플라스틱	1,156,300,000	486,000,000	89
금속	532,100,000	149,000,000	79
식품 가공	506,700,000	180,000,000	34
건축자재	84,400,000	12,000,000	21
섬유	165,400,000	63,000,000	29
인쇄	149,600,000	22,000,000	16
전기	132,300,000	47,000,000	30
가구	113,200,000	8,000,000	20
제약	120,600,000	41,000,000	26
렌즈	29,400,000	18,000,000	9
귀금속	20,000,000	15,000,000	21
공업 서비스	12,000,000		15
총 계	3,122,000,000	1,041,000,000	389

• 키부츠 농업 (1994년)

	전체 이스라엘	키 부 츠	%
경작지			
관개지	482,500 에이커	207,500 에이커	43.0
비관개지	404,000 에이커	146,800 에이커	36.3
과수원			
감귤류	76,053 에이커	10,991 에이커	14.5
그외	97,129 에이커	28,253 에이커	29.1
양어	11,610 톤	11,469 톤	98.9
고기용 축우	60,599 두	17,576 두	29.0
우유용 축우	279,617 두	113,929 두	40.7
우유	1,049,262 리터	538,102 리터	51.3
양계	172,861 톤	78,136 톤	45.2
칠면조	92,440 톤	33,937 톤	36.7

키부츠 지도

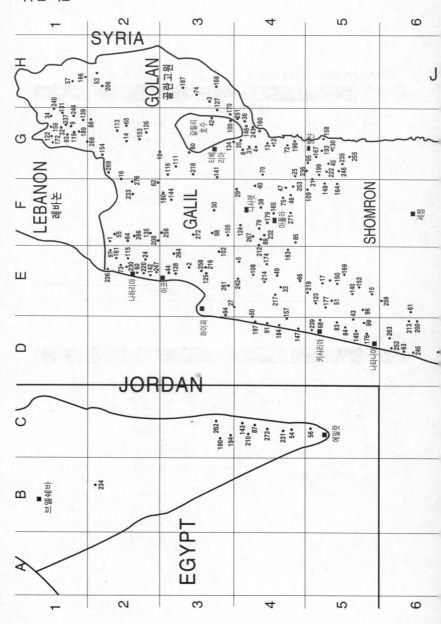

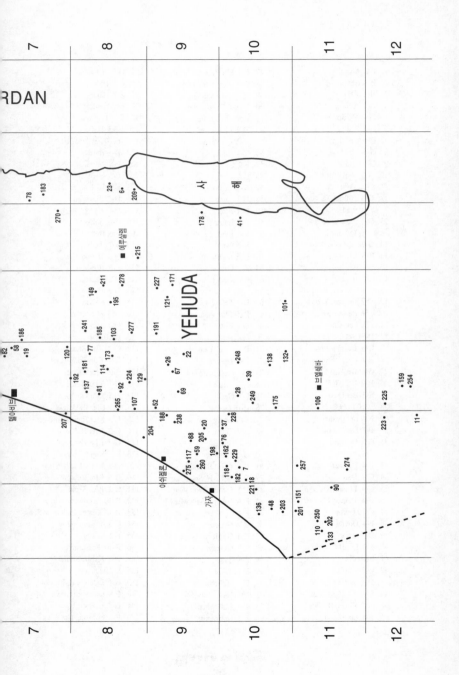

143. C-4 Lotan	191. E-9 Netiv HaLamed-He	239. D-5 Sedot Yam
144. F-3 Lotem	192. D-7 ,8 Netzer Sereni	240. G-1 Senir
145. D-5 Maabarot	193. G-5 Neve Etan	241. E-8 Shaalvim
146. G-4 Maagan	194. C-3 Neve Harif	242. E-4 Shaar HaAmakim
147. D-4 Maagan Mikhael	195 E-8 Neve Ilan	243. G-4 Shaar HaGolan
148. F-5 Maale Gilboa	196. G-4 Neve Ur	244. G-1 Shamir
149. E-8 Maale HaHamisha	197. D-4 Neve Yam	245. D-6 Shefayim
150. E-5 Maanit	198. C-9 Niram	246. G-5 Sheluhot
151. B-11 Magen	199. G-5 Nir David	247. E-2 Shomrat
152. E-5 Maggal	200. D-6 Nir Eliyyahu	248. D-10 Shomriya
153. G-2 Mahanayim	201. B-11 Nir Oz	249. D-10 Shoval
154. G-2 Makiyya	202. B-11 Nir Yizhak	250. B-11 Sufa
155. G-1 Manara	203. B-10 Nirim	251. G-4 Tel Kazir
156. G-1 Mayan Barkh	204. C-8 Nizzanim	252. D-6 Tel Yizhak
157. D-4 Mayan Zevi	205. C-9 Or HaNer	253. F-4 Tel Yosef
158. G-5 Maoz Hayyim	206. H-2 Ortal	254. D-12 Telalim
159. D-12 Mashabbe Sade	207. C-7 Palmahim	255. G-5 Tirat Zevi
160. G-4 Massada	208. F-2 Pelekh	256. F-3 Tuval
161. E-2 Mezzuva	209. G-8 Qalya	257. C-11 Urim
162. C-10 Mefallesim	210. C-4 Qetura	258. E-3 Usha
163. E-4 Megiddo	211. E-8 Qiryat Anavim	259. E-6 Yad Hanna
164. F-5 Merav	212. F-4 Ramat David	260. C-9 Yad Mordekhay
165. F-4 Merhavya	213. D-6 Ramat HaKovesh	261. E-3 Yagur
166. H-1 Merom Golan	214. E-4 Ramat Hashofet	262. C-2 Yahel
167. G-5 Mesillot	215. F-8 Ramat Rahel	263. D-6 Yakum
168. H-3 Metzar	216. E-3 Ramat Yohanan	264. E-3 Yasur
169. E-5 Metzer	217. E-4 Ramot Menashe	265. D-8 Yavne
170. G-3 Mevo Hamma	218. G-3 Ravid	266. F-2 Yehiam
171. E-9 Migdal Oz	219. E-5 Regavim	267. F-4 Yifat
172. G-1 Misgav Am	220. E-2 Regba	268. G-1 ,2 Yiftah
173. D-8 Mishmar David	221. B-10 Reim	269. G-2 Yiron
174. E-4 Mishmar HaEmek	222. G-5 Reshafim	270. F-7 Yitav
175. D-10 Mishmar HaNegev	223. C-12 Retamim	271. F-4 Yizreel
176. D-5 Mishmar HaSharon	224. D-8 Revadim	272. F-3 Yodefat
177. E-5 Mishmarot	225. D-12 Revivim	273. C-4 Yotvata
178. F-9 Mizpe Shalem	226. E-2 Rosh HaNiqra	274. C-11 Zeelim
179. F-4 Mizra	227. E-9 Rosh Zurim	275. C-9 Zikim
180. F-3 Moran	228. C-10 Ruhama	276. F-2 Zivon
181. D-8 Naan	229. C-10 Saad	277. E-8 Zora
182. C-10 Nahal Oz	230. E-2 Saar	278. E-8 Zova
183. G-7 Naaran	231. C-4 Samar	
184. D-4 Nahsholim	232. F-4 Sarid	
185. E-8 Nahshon	233. F-2 Sasa	
186. E-7 Nahshonim	234. B-2 Sede Boker	
187. H-3 Natur	235. G-5 Sede Eliyyahu	
188. C-9 Negba	236. G-5 Sede Nahum	
189. G-1 Neot Mordekhay	237. G-1 Sede Nehemya	
190. C-2 Neot Semadar	238. C-9 Sede Yoav	

3장
키부츠 발런티어란 무엇인가?

■ 키부츠 발런티어 (Volunteer)의 시작

**"유럽의 젊은이들은 독특한 공동체를 경험하고
여행을 하기 위하여 키부츠로 온다."**

1960년대 유럽의 젊은이들은 신생국가 이스라엘의 농촌을 돕기 위하여 자원봉사자로 키부츠에 와서 일하기 시작했다. 그들은 키부츠를 위하여 자원봉사로 일하고 쉬는 시간에는 뜨거운 태양 아래 여행하기를 즐겼다.

키부츠라는 독특한 공동체를 체험해 보고 휴일에는 자유로운 여행을 즐기는 발런티어들과 그들에게 의식주를 제공하고 부족한 노동력을 보충하는 키부츠간의 상부상조의 제도는 현재까지 계속되고 있다.

발런티어는 대부분 유럽에서 온 젊은이들이지만 미국·캐나다의 북미 대륙과 아르헨티나·멕시코의 남미 대륙에서 온 이들도 있다. 아프리카 대륙에서는 남아프리카 공화국의 백인들이, 아시아에서는 일본과 한국의 젊은이들이 발런티어로 참가한다. 물론 자격 제한은 없지만 제 3 세계 가난한 나라의 젊은이들은 아직 이 프로그램에 참여하고 있지 않다.

발런티어는 키부츠 멤버들의 회의에 참여하여 의사결정을 할 권한은 없지만 키부츠의 시설은 멤버와 동일하게 이용할 수 있다.

■ 이스라엘 키부츠연합 한국 대표부 개설
키부츠 관련 업무 이스라엘 대사관에서 키부츠연합 한국 대표부로 이관

> "적은 비용으로 드넓은 세상에 나가 견문을 넓히고
> 싶은 이들을 위한 열려있는 프로그램이다."

1997년 12월 3일 한국에 정식으로 「이스라엘 키부츠연합 한국대표부」(United Kibbutz Movement Korea Representative)가 탄생했다. 따라서 그 동안 잠정적으로 이스라엘 대사관에서 맡아 온 키부츠 관련 업무는 이스라엘 키부츠연합 한국대표부에서 맡게 되었다.

한국에서 공식적으로 키부츠 연수 프로그램이 시작된 것은 1997년 1월부터이다. 이 프로그램은 처음 이스라엘 대사관 주관으로 시작되었고 1997년 한 해 동안 약 400명 정도의 한국 젊은이들이 참가했다. 이제 키부츠연합 한국대표부가 개설됨으로써, 앞으로 키부츠 연수 프로그램은 더욱 더 활성화되고 다듬어져 한국 젊은이들의 유익한 벗으로 자리 잡게 될 것이다.

최근 몸져누운 한국 경제 상황은 더 많은 젊은이들로 하여금 한국 밖으로 눈을 돌리게 만드는 계기가 되고 있다. 최악의 취업난으로 방황하는 이들에게 키부츠는 미래를 위해 준비하는 시간이 되고 있으며, 적은 비용으로 드넓은 세상에 나가 견문을 넓히고 싶은 이들을 위한 열려있는 프로그램이다.

키부츠연합 한국대표부는 노벨상 수상자를 상당수 배출한 나라 이스라엘, 그 이스라엘의 정신이 살아 숨쉬는 곳 키부츠로, 우리 젊은이들을 안내할 것이다. 키부츠 연수는 적은 비용으로 건전한 노동의 가치를 체

험하고 용돈도 벌고 영어도 배우며, 세계 여러 나라에서 온 젊은이들과
의 폭넓은 문화교류를 통해 '세계시민'으로서 갖추어야 할 자질을 익히
는 데 큰 도움을 줄 것이다.

- 주소 : 서울시 마포구 도화2동538(성지빌딩 17층)
- 전화번호 ☎ 02)718-6112 • 팩스: 02)701-8720
- 약 도

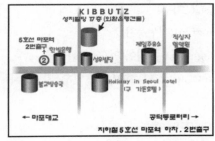

1. 키부츠 자원봉사 프로그램(Kibbutz Volunteer Program)

키부츠(Kibbutz)에 자원봉사자로 참여한 사람을 가리켜 발런티어
(Volunteer)라고 한다. Kibbutz Volunteer는 전 세계 각지에서 온 자원봉사자
들과 함께 하루 6~8시간 키부츠내의 여러가지 일들을 돕는 것이 주된 역
할이다. 이에 키부츠에서는 자원봉사자들을 위해 숙식과 용돈
($70~$150/월기준)을 제공하고 수영장을 비롯한 스포츠 시설 등을 무
료로 사용할 수 있게 해 준다. 그 밖에 휴가와 Volunteer Trip도 주어진다.

주로 이스라엘과 지리적으로 가까운 유럽의 여러 나라 젊은이들이 많
이 참여하고 그 밖에 미국, 캐나다, 멕시코, 아르헨티나, 브라질, 호주, 뉴질
랜드, 남아프리카 공화국, 러시아, 터어키, 한국, 일본, 대만 등등 수많은 나
라의 젊은이들이 Kibbutz Volunteer로 참여하고 있다. 참여 가능기간은
2~6개월이다.

2. 지원자격

- 만 18세 ~ 32세의 신체 건강한 성인 남녀
- 간단한 생활영어가 가능한 사람
- 최소 8주이상 참가 가능한 사람

3. 프로그램 종류(3가지)

- Regular Program(자원봉사)
- English Program(6주 영어 연수+자원봉사)
- Hebrew Program(3개월 히브리어 연수+자원봉사)

4. Regular Program

Regular Program은 하루 6~8시간 정도 키부츠 내의 일을 돕고 그 대가로 키부츠에 체류하는 동안 숙식과 용돈($70~$150/월기준)을 제공받는다. 또한 키부츠 안에 있는 수영장, 스포츠시설 등을 무료로 사용할 수 있다.

휴일도 주어지는데 매주 토요일과 공휴일에 쉬게 되고 그와는 별도로 한 달에 2~3일의 휴가가 있다.

또한 대부분의 키부츠에서는 한 두 달에 한 번 정도 자원봉사자들을 위해서 1~3일 정도의 Volunteer Trip을 마련해 놓고 있다. 물론 그에 따른 비용은 키부츠에서 부담한다.

5. English Program

키부츠에 도착하여 처음 6주간 영어 연수를 받게 된다. 영어로 생활해야 하는 키부츠 생활에 좀 더 빨리 적응할 수 있도록 도와준다. 주로 영어가 미숙한 일본이나 한국인 자원봉사자가 참가한다.

영어 수업은 하루 2시간씩 받게 되고 주 5일 진행된다. 회화 위주의 수업을 위해 소그룹(6~7명)으로만 진행된다. 6주간 영어연수 비용은 US $390 이다.

인터뷰에서 English Test성적이 C등급인 지원자는 본 English Program에 원칙적으로 참가해야 하고 성적에 관계없이 본인이 희망할 경우에는 A나 B등급자도 참가할 수 있다.

English Program 참가자는 처음 6주 간은 하루 2시간 영어 수업과 병행하여 하루 6시간의 자원봉사 활동도 하게 된다. 그 밖에 키부츠 생활과 관계되는 사항은 Regular Program참가자와 같다.

6. Hebrew Program

Hebrew Program은 3개월 과정이다. 키부츠에 따라 수업 방식에 약간의 차이는 있을 수 있지만 보통 하루 2시간의 히브리어 수업과 6시간의 자원봉사 활동으로 이루어짐을 원칙으로 한다. 3개월 간의 수업료는 US $320 이다. 그 밖에 키부츠 생활과 관계되는 사항은 Regular Program 참가자와 같다.

7. Kibbutz Volunteer Program의 장점

미래를 준비하고 앞으로의 인생을 설계해야 하는 젊음, 그들에게는 무엇 보다 넓은 세상의 체험이 간절히 요구된다. 우리 아닌 다른 여러 삶의 모습들을 통해 편협하고 근시안적인 삶의 계획에서 벗어날 수 있게 해 주기 때문이다.

하지만 집을 떠나 해외로 나가서 생활해 본다는 것이 그렇게 말처럼

쉽지가 않다. 이것은 젊은이라면 누구나 느끼는 절실한 답답함이다!

키부츠 자원봉사 프로그램은 이러한 답답함을 후련하게 씻어주고 젊은 시절 한 번쯤은 해 봐야 할 값진 체험의 장으로 자리 잡은 지 이제 30년이 넘었다.

일자리 체류비 걱정 없이, 여러 나라 젊은이들과 함께 영어로 이야기하고 먹고 자고 일하고 운동하고 맥주와 함께 춤도 추고 배낭메고 여행도 하고 그리고 평등한 공동체 키부츠의 일원이 돼 보기도 하며.

키부츠 프로그램은 지구촌 젊은이들에게 드넓은 세계와 다양한 문화 체험의 세계로 이어주는 징검다리가 돼 줄 것이다.

■ 키부츠 발렌티어의 생활

• 예치금 (Deposit)

키부츠에 따라 다르지만 대부분의 키부츠가 예치금을 받는다. 금액은 보통 $30~$50 정도이다. 키부츠 내의 기물을 파손했거나 최소 체류기간 이전에 키부츠를 나올 경우, 예치금에서 일정 금액을 공제한다. 그렇지 않은 경우에는 키부츠를 나올 때 전액 되돌려 받게 된다.

• 세 탁

세탁은 직접 하지 않아도 된다. 키부츠 내에 있는 세탁소에 맡기면 무료로 처리해 준다. 1주일에 한 번 지정된 날짜에 맡기면 2~3일 후 받을 수 있다. 처음 키부츠에 가면 세탁물을 분리해서 넣는 방법, 세탁물에 발런티어 번호를 기입하는 방법, 세탁물 찾는 방법 등을 알려줄 것이다.

■ 하는 일

**"즐겁고 재미있는 여행을 하기 위해선
간단한 영어회화 구사 능력이 반드시 요구된다."**

키부츠는 하나의 작은 마을과 같다. 따라서 한 키부츠 안에는 여러 가지 시설들이 있다

일터는 과수원, 식당, 탁아소, 목장, 양계장, 상점, 세탁소, 양어장, 호텔, 공장 등등 매우 다양하다. 발런티어로 참여하게 되면 이러한 곳에서 일을 하게 된다. 일은 보통 처음 맡은 한 가지 일만 계속하는 것이 아니라 바꿔 가며 하도록 되어 있어, 여러 분야에서 다양한 근로체험이 가능하다.

일은 일단 힘들다고 생각해야 한다. 하지만 누구나 다 할 수 있는 그런 일이다. 일이 힘들어서 중도에 포기하고 돌아온 사람은 아직 거의 없다. 연약한 여학생도 잘 적응하고 돌아오니 말이다. 문제는 정신 자세다. 키부츠가 전원적이고 목가적이라고 해서 편히 쉬면서 외국 친구들과 영어공부나 하고 돌아오겠다는 생각을 갖고 떠나서는 안된다는 것이다. 발런티어의 주된 임무가 하루 6~8시간 일하는 것이라는 사실을 잊어서는 안된다. 세상에 공짜가 어디 있겠는가. 숙식, 용돈은 그냥 주는 것이 아니다.

- **식 당** : 식기세척기(dish washer)를 통과한 그릇 정리 및 청소
- **주 방** : 요리에 필요한 재료 다듬고 썻기, 주방 기구 정리 및 청소
- **어린이집** : 주로 보모의 보조 역할, 아이 돌보기, 청소

- **세탁소** : 세탁물 분류와 정리, 다림질, 옷 수선
- **공 장** : 물품 조립, 운반, 정리
- **목 장** : 기계화되어 있으므로 사람 손을 필요로 하는 일
- **농 장** : 과일 따기, 운반

그 외에 다양한 일

■ 여가 시간

"모든 사소한 일은 매니저에게 알리고 도움을 청하면 된다."

발런티어 경험자들에 의하면 낯설고 새로운 키부츠 환경에 적응하는 데 2주 정도 시간이 걸린다고 한다. 그 이후에는 일보다 오히려 일과 시간 이후를 어떻게 하면 무료하지 않고 유익하고 즐겁게 보내느냐가 문제가 된다고 한다.

일은 대부분 아침 일찍 시작한다. 일의 종류에 따라 시작하는 시간은 조금씩 다르지만 보통 오전 6시를 전후해서 시작하여 오후 2시를 전후해서 끝난다. 하루의 주어진 일과 시간(6~8시간)을 마치고 나면 자유시간이다. 이 때는 그야말로 자신이 원하는 대로 자유롭게 보낼 수가 있고, 키부츠 밖으로 외출도 가능하다. 키부츠에는 수영장, 스포츠 시설, 도서관, 디스코테크, 퍼브(Pub) 등이 있는데, 발런티어는 이런 시설들을 여가 시간에 무료로 이용할 수 있다.

■ 쉬는 날과 휴가

> " 한 달에 2~3일 휴가가 주어지며 사용하지 않을 경우
> 그 다음달 휴가와 합쳐서 사용할 수 있다. "

발런티어는 1주일에 하루, 안식일(토요일)에 쉬게 된다. 유대인들은 안식일을 철저히 지키는데, 안식일은 매주 금요일 오후부터 토요일 저녁까지이다. 이 때 모든 유대인 상점과 공공기관이 문을 닫고, 공공교통수단이 운행을 중단한다. 따라서 이스라엘에서는 일요일부터 목요일까지가 평일에 해당된다.

그밖에 한 달에 2~3일 휴가가 주어지는데 사용하지 않을 경우, 그 다음달 휴가와 합쳐서 사용할 수 있다. 한 가지 주의할 것은 휴가를 받기 위해선 적어도 5~6일 전에 발런티어 매니저에게 신청해야 한다. 바로 닥쳐서 요청하면 안 들어줄 수도 있다.

몸이 아프면 발런티어 매니저의 허락을 받고 쉴 수가 있는데, 이 기간은 휴가에 포함되지 않는다. 주의할 것은 발런티어 매니저의 허락을 받고 쉬어야 뒤탈이 없다. 아파서 본인이 직접 하기 어려우면 동료에게 부탁해서라도 발런티어 매니저에게 알려야 한다.

하루의 Day-off 쉴 만한 곳을 찾아라!

Gan Hashilosha(Sachne) ★★★★★

벧산(Beth Shean)골짜기에 위치한다. Nir David 키부츠와 Beit Alpha 키부츠 사이에 있다. 넓은 잔디와 나무가 있고 계곡을 막아서 만든 수영장은 겨울에도 따뜻한 물이 나온다.

■ 발런티어 매니저(또는 발런티어 리더)

"모든 사소한 일은 매니저에게 알리고 도움을 청하면 된다."

발런티어의 모든 일을 돌보고 책임지는 사람이 발런티어 매니저(또는 발런티어 리더)이다. 발런티어의 대부(또는 대모)격인 매니저는 친절하게 발런티어의 모든 것을 도와주지만 간혹 무뚝뚝한 사람도 있다. 그럴 경우에는 아쉬운 발런티어가 매니저에게 다가갈 수밖에 발런티어 매니저는 발런티어가 어디서 일을 할지 배정하고, 숙소를 정해 주고, 세탁물, 우편물을 관리한다. 발런티어의 여행계획을 짜고 인솔하는 일도 당연히 매니저의 역할.

그러므로 모든 사소한 일은 매니저에게 알리고 도움을 청하면 된다. 일터나 룸메이트를 바꾸는 문제, 휴가를 받거나 변경하는 등. 매니저의 또 다른 중요한 일은 발런티어의 비자를 연장해 주는 일이다. 발런티어 비자가 만료되기 2~3주 전에 증명사진과 함께 여권을 주면 매니저는 발런티어 확인서를 키부츠본부로부터 받아서 내무부에 제출한다. 키부츠를 옮길 때 행선지를 매니저에게 알리고 가면 옮겨간 키부츠로 우편물을 보내 준다.

■ 안전금고(Safety Box)

돈, 여권, 항공권, 귀중품 등은 발런티어 매니저의 사무실에 있는 안전금고에 보관해야 한다. 숙소에 두었다가 잃어버리면 찾을 길이 막막하다.

안전금고에 보관할 때에는 발런티어 매니저와 자신이 서명한 보관품 명세서를 받아 두는 것이 좋다.

■ 전화하기

발런티어 숙소에는 공동으로 사용하는 전화나 공중전화가 있다. 한국으로 전화할 때는 전화카드를 사서 전화를 할 수도 있고 한국수신자부담(Collect Call)으로 전화를 할 수도 있다. 수신자부담의 전화비는 비싸고 지명통화는 더욱 비싸다. 집으로 전화를 할 경우 교환원이 통화할 상대방의 이름을 물어 보면 지명하지 않는 것이 좋다.

이스라엘에도 전화회사간의 경쟁이 치열해지면서 전화요금이 내리는 추세에 있다. 한국으로 직접 국제전화를 걸 경우 012를 사용하면 비교적 저렴하다. 공중전화에도 전화번호가 있어서 착발신이 가능하므로 일단 한국으로 전화해서 번호를 가르쳐 준 다음에 한국에서 그 공중전화로 다시 전화를 하는 방법도 있다.

하루의 Day-off 쉴 만한 곳을 찾아라!

Hamat Gader ★★★★★

갈릴리 호수의 동남쪽. 야르묵강의 경계에 위치. 한국 여행자들에게는 잘 알려지지 않은 곳. 야외 온천과 악어 양식장이 있다. 온천 바닥에서 물방울이 솟아오르는 것이 보인다(한국식 목욕탕이 아님). 로마시대의 유적지도 남아 있다. 하루종일 놀면 그 동안의 피로도 풀 수 있고 피부 미용에도 최고! 티베리야 센트럴 버스 스테이션에서 오전에 출발하는 버스를 타고 가면 된다. 입장료가 다소 비싸기 때문에 본전 생각이 나지 않으려면 아침 일찍 출발하는 것이 좋다. 여름도 좋지만 추운 겨울에는 더 좋다. 수영복 준비해 가지고 갈 것.

"본인이 원할 경우 다른 키부츠로 옮겨갈 수 있다."

키부츠는 아주 인간적인 평등한 공동체이지 강제 수용소가 아니다. 따라서 일과 시간 이외의 시간에는 키부츠 밖으로 외출이 자유롭고, 본인이 원할 경우 마음에 드는 다른 키부츠로 옮겨 갈 수 있다. 그러나 키부츠를 옮길 경우에는 아무 때나 수시로 옮겨서는 안된다. 적어도 최소 체류기간이 지난 후에 옮기도록 해야 한다. 최소 체류기간이란 한 키부츠에서 발런티어가 머물러야 하는 기간을 말한다. 대개 1개월 혹은 2개월인데, 2개월인 경우가 많다.

발런티어는 Kibbutz Volunteer Visa (B4 Visa)를 받아야 하는데, 이 비자 (Visa)를 발급받는데 드는 비용은 대부분 체류하는 키부츠에서 부담한다. 그런데 만약 최소 체류기간 이전에 다른 키부츠로 옮기거나 키부츠를 나올 경우에는, 비자 발급 비용을 발런티어 개인에게 부담시킨다. 따라서 부득이한 사정으로 최소 체류기간 이전에 체류중인 키부츠를 나올 경우에는 용돈이나 예치금 (Deposit) 중에서 비자 발급 비용만큼 제하고 받게 된다.

키부츠를 옮기고 싶을 때에는 2~3주 전에 미리 발런티어 매니저에게 이야기를 하고 텔아비브 키부츠 프로그램 센터에 전화나 팩스로 연락을 하면 된다. 그러면 직원들이 친절하게 도와줄 것이다.

키부츠 이동시에는 반드시 키부츠 프로그램 센터에 자신의 체류 키부츠 명을 통보해 두는 것이 좋다. 그래야 만일의 경우 한국이나 현지 우리 공관에서 소재를 파악하여 도와 줄 수 있기 때문이다.

■ 숙소 / 식사

발런티어는 하루에 6~8시간 노동을 제공하고, 키부츠로부터 숙식과 용돈을 제공받는다. 숙소(Volunteer House)는 보통 2~3인 1실이다. 방에는 침대와 책상 등이 있고 이불, 시트, 베개도 제공된다. 그런데 숙소의 시설은 키부츠마다 차이가 많다. 방에 전화, 샤워실, 화장실 등이 모두 있는 거의 호텔 수준의 숙소를 갖춘 키부츠가 있는가 하면, 컨테이너 박스나 통나무집을 숙소로 제공하는 곳도 있다.

식사는 키부츠 공동식당에서 한다. 아침과 점심은 식당에서 먹지만 저녁은 가족끼리 집에서 먹는 형태를 취하는 키부츠가 늘어나고 있다. 이럴 경우 발런티어들만 식당에서 식사를 하거나 발런티어 숙소에서 저녁을 먹는다.

■ 체류기간

체류기간은 2~6개월이다. 원칙은 그렇지만 간혹 1년 혹은 그 이상 체류하는 발런티어도 있다. 만약 6개월 이상 키부츠에 머물고 싶으면 발런티어 매니저나 장기체류하고 있는 다른 발런티어와 상의해 보라. 많은 아이디어와 도움을 받을 수 있을 것이다.

평소에 발런티어 매니저와 좋은 친분 관계를 맺어 두는 게 좋다. 여러모로 유익한 점이 많을 것이다. 무엇보다도 발런티어 역할을 모범적으로 잘 수행하여 좋은 이미지를 남겨라. 이것이 만사형통의 초석이 될 것이다.

■ 과음 / 마약 금지

적당한 음주나 흡연은 문제가 되지 않지만, 과도한 음주로 타인에게 피해를 주거나 마약을 하다가 적발되면 키부츠에서 추방당하게 된다.

특히 한국 남성들은 주의를 요한다. 외국의 음주문화는 우리와 다르기 때문에 우리식으로 지나치게 술을 마시면 자칫 알코올 중독자로 오해를 받을 수 있다. 지나친 음주로 실수하는 일이 없도록 해야 할 것이다.

■ 발런티어와 종교

키부츠의 사람들은 대체적으로 종교적이지 않다. 안식일에 키부츠에서 행해지는 예배나 종교적 행사는 거의 없다. 한국에서 교회나 성당을 다니던 크리스천은 어디서 예배를 드릴 수 있을까? 키부츠 내에는 그리고 키부츠 밖의 도시에도 예배를 드릴 곳은 없다. 유대인들은 기독교를 인정하지 않기 때문에 유대인 중에서 기독교인은 극히 소수이다.

이스라엘 내에 있는 교회는 대부분 유대인 소유가 아니라 외국인 소유이다. 외국인은 종교의 자유가 있다. 선교의 목적이 아니라면 어떤 예배의식을 가져도 간섭하지 않는다. 키부츠에 머무는 한 크리스천은 예배에 참여하기가 어렵다. 혼자서 신앙생활을 규칙적으로 하는 것을 권하는 것 외에는 방법이 없다.

그러나 예루살렘에는 한인교회가 있다. 예루살렘을 여행한다면 한인교회의 예배에 참석해 보는 것이 좋을 것이다. 물론 따뜻하게 맞이하여 준다.

짧은 옷은 안돼요!

유대교와 모슬렘, 기독교에서 거룩하게 여기는 장소에서는 소매 없는 옷과 무릎 위로 올라가는 반바지 차림의 여행자가 들어오지 못하게 막는다. 미리 긴 옷을 준비하자. 예루살렘의 통곡의 벽, 성전산의 오마르 사원과 알악사 사원, 갈릴리의 가버나움 회당, 나사렛 수태고지 교회

■ 히치하이킹 (Hitchhiking)

"히치하이킹은 위험하므로 삼가하는 것이 좋다."

키부츠에서 인근 도시로 연결되는 버스가 자주 있지 않기 때문에 히치하이크를 하게 될 경우가 생긴다. 교통비 안 들이고 이동할 수 있다는 장점 때문에 발런티어들이 선호하는 경향이 있지만 위험하므로 삼가해야 한다. 가끔씩 납치, 강간 사고가 발생한다.

여자 혼자 히치하이크를 하는 것은 매우 위험하고 여자들끼리만 하는 것도 위험하다. 남자들도 안심해서는 안된다. 때로는 이상한 남자(?) 운전사도 있기 때문이다. 만일 꼭 히치하이크를 해야만 될 상황이라면 낮에는 두 명 이상이 함께 하되, 밤에는 가급적 하지 않는 것이 좋다.

■ 생활영어 습득

"체면을 버리고 적극적으로 배우려는 자세가 필요하다."

하루하루를 영어로 생활해야 하는 곳이 키부츠다. 따라서 키부츠 생활은 영어 실력을 향상시킬 수 있는 절호의 기회이다. 키부츠 안에 모인 여러 나라 젊은이들과 같이 먹고 자고 일하고 여행하고 이야기를 나누다 보면, 영어도 늘고 새롭고 다양한 문화와 만날 수 있다.

그러면 영어실력이 어느 정도 향상될까? 많은 사람의 공통된 질문이다. 영어실력이 늘기는 하지만 개인별로 큰 차이가 있다. 가기 전에 영어실력이 어느 정도인가에 따라 크게 좌우되고, 가서 얼마나 효율적이고 적극적으로 노력했느냐에 따라 크게 차이가 날 수 있다.

영어실력 향상을 원한다면 키부츠에서 생활할 때 가능한 한 외국 친구들과 가깝게 지내라. 자신의 성격이 내성적이라 할지라도 키부츠에선 적극적이고 사교적으로 변신해야 한다. 이번 기회에 나의 성격을 활달하게 바꾸어 보자. 모든 사람과 스스럼없이 친구로 지낼 수 있어야 말을 할 기회가 많아지고 그래야 영어가 는다. 아무도 영어를 가르쳐 주지 않는다. 시간이 지나도 내가 노력하지 않으면 열매는 없다.

영어권에서 왔거나 영어를 잘하는 외국 친구를 사귀어 자신의 영어 선생님으로 만드는 것이 좋다. 무엇보다 영어로 말하고 듣는 시간을 많이 갖도록 하라. 그래야 귀가 뚫리고 입이 열린다. 혼자서 한국에서 늘 하던 방식으로 그 곳 키부츠에서도 혼자서 문법이나 독해책과 씨름하는 사람이 있는데 좋은 방법은 아니다.

영자신문도 보고, 영어뉴스도 듣고, 케이블 TV도 보고, 영어로 일기 쓰기를 권한다. 만일 영어를 잘 알아듣지 못했으면 "Excuse me", "Pardon", "Sorry" 등을 사용해 다시 물어본다. 괜히 알아듣는 척 했다가 나중에 망신당하는 것보다는 훨씬 낫다. 어차피 영어를 모국어로 사용하지 않는 만큼, 자신의 완벽하지 못한 영어를 부끄러워할 필요는 전혀 없다. 체면을 버리고 적극적으로 배우려는 자세가 필요하다.

이스라엘에는 270개의 키부츠가 있고, 한 키부츠에 한국인이 4~5명씩 배정된다. 대부분의 해외 어학연수가 한국인이 많아 큰 실효성을 거두지 못하는 경우가 많은데, 키부츠는 그렇지 않다. 키부츠의 장점을 십분 활용하길 바란다.

■ 비 자 (Visa)

비자는 미리 준비하지 않아도 된다. 한국과 이스라엘은 비자 면제 협정에 따라 이스라엘 입국시 3개월 비자(B2 Visa)를 받는다. 발런티어는 키부츠에서 다시 Kibbutz Volunteer Visa (B4 Visa)를 받는다. 이 비자로 키부츠 밖에서 일자리를 구하는 것은 불법이다. 만일 불법 취업을 하다가 적발될 경우에는 벌금을 내고 추방당하게 된다.

Kibbutz Volunteer Visa는 유효기간이 3개월이기 때문에, 3개월이 지나면 갱신을 해야 한다. 발런티어 매니저에게 요청하면 비자 받는 수속을 대행해 준다.

비자를 갱신할 때는 사진이 필요하므로 출발 전 증명사진을 충분히 가지고 가는 것이 좋다.

■ 발런티어 현황

지금 현재 세계 여러 나라에서 많은 젊은이들이 키부츠 발런티어로 참여하고 있다. 그 중에서도 유럽인들이 많은 편인데, 그것은 지리적으로 이스라엘과 유럽이 가깝고 유럽인들이 여행을 좋아하기 때문이다

여행을 좋아하는 사람에게 최고의 고민거리는 여행 경비이다. 그런데 키부츠 발런티어에게는 이런 것이 전혀 문제가 되지 않는다. 숙식은 물론 용돈까지 제공되기 때문이다. 한 장소에서 여러 나라 사람들과 함께 생활하고, 다양한 일터에서 이것저것 유익한 체험을 쌓을 수 있는 곳, 그곳이 바로 키부츠다. 앞으로도 세계 젊은이들의 발걸음은 끊임없이 키부츠로 이어질 것이고 키부츠는 그들의 가슴에 소중한 추억을 남겨 줄 것이다.

퀴즈

세계에서 가장 낮은 곳에 위치한 바다는?

이스라엘과 요르단의 사해(Dead Sea)는 요르단강으로 유입되었다가 유출되는 곳이 없다. 요르단강 해발 -400m로 지구상에서 가장 낮은 곳에 위치한 바다이고, 염도가 높아서 아무리 헤엄을 못 치는 사람도 몸이 물에 잘 뜬다.

4장
키부츠 발런티어 생활 체험기

"Experience is the Best Teacher "

호텔 캘리포니아에서 시작된 키부츠 생활

발런티어 매니저인 보비의 안내를 받아 간 곳은 2주 동안 생활할 호텔 캘리포니아였다. 독자들은 이스라엘에 무슨 미국 호텔 캘리포니아 지점이 생겼는가 하고 의아해하겠지만 건물 벽면에는 스프레이로 분명히 Hotel California라는 이름이 쓰여 있었다. 2층짜리 간이 침대가 2개 그리고 큰 서랍장이 놓여진 곳에 들어선 나 그리고 함께 간 홍종(Joe), 종건(Gun)은 조금은 실망스러운 눈빛으로 서로의 얼굴을 말없이 쳐다보았다. 하지만 임시거처인 이곳에서 2주일을 보낸 후 보다 시설이 좋은 곳으로 옮길 수 있다는 말에 다소 안심했다.

11시간 남짓한 비행, 공항에서의 입국수속, 그리고 3시간의 고속도로 여행은 우리들을 지치게 하기에 충분했다. 대충의 짐정리를 끝내고 막 잠자리에 들려는 순간 누군가가 문을 노크했다. 옆방에 살고 있는 에스텔과 사라였다. 동갑내기(19세)인 이 두 소녀는 새로운 발런티어가 왔다는 소식에 Pundak(디스코텍)에서 허겁지겁 달려온 것이었다. 나의 첫 이국 소녀와의 만남은 약간의 술 냄새를 풍기는, 하지만 앙증스러운 이들로부터 시작되었다.

이스라엘의 북쪽에 위치한 이곳 키부츠 벧하에멕(Bet-Haemek)은 규모가 큰 곳에 속하는데 약 50명 정도의 발런티어들이 있다. 큰 규모답게 바

한국사람을 끔찍히 좋아했던(?)에스텔과 함께

나나 농장, 아보카도 농장, 양계장, 실크 공장, 연구소, 식물원, 목장, 병아리 부화장 등 다양한 일터들이 있다. 일에 따라 좀 틀리긴 하지만 보통 오전 6시에서 오후 2시까지 일을 하고 한 달에 세 번 휴가(day off)를 받는다. 물론 매주 토요일(이스라엘의 안식일)은 휴일이며 한 달에 약 100$ 정도의 용돈이 지급된다. 아껴쓰면 여행하는 데도 적지 않은 도움이 되는 돈이다.

나는 병아리 부화장에서 일하게 되었는데 매주 두 번 부화되는 병아리의 암수를 감별하고 수를 세어 박스에 담는 것이 주된 일이었다. 처음엔 원통에서 밀려나오는 수만 마리의 병아리에 정신이 없을 정도지만 한국인의 손재주는 이곳에서도 유감없이 발휘된다. 일주일에 두 번 병아리와의 전쟁을 제외하면 하루 4시간 정도의 일을 하였기 때문에 다른 일에 비하여 많은 자유시간이 있었다.

함께 일하는 사람 중에는 아랍사람들(이들의 국적은 이스라엘이다)도 있었는데 특히 일랄(Hilal)은 영어도 잘하여 나와 금세 친해지게 되었다.

네 번이나 그의 가족으로부터 환대를 받았는데, 첫날에 쉴 사이 없이 나오는 음식을 먹느라 고생한(?) 다음부터는 아예 굶고 갔을 정도였다. 헤어지는 날에 눈물까지 글썽이던 일랄이었지만 나중에 난 그로 인해 공항에서 큰 낭패를 보게 되었다. 이스라엘을 출국할 때는 철저한 소지품검사가 이루어지는데 그만 그가 아랍어로 써 준 주소가 문제가 된 것이다. 나와 보안요원의 지루한 줄다리기는 30분 넘게 계속되었다.

일과 태권도 교습 그리고 파티를 통해 사람들과 사귀고

새로운 집단 속에 들어갔을 때 가장 어려운 점은 인간 관계의 형성이다. 더구나 세계 각지의 다양한 문화 배경을 가진 젊은이들이 모인 키부츠는 그러한 점이 극명하게 나타난다. 약 50명이 옹기종기 모여 산 벤하에멕의 발런티어들 또한 다양한 지역에서 왔는데 대부분이 유럽출신으로 스웨덴, 네덜란드 그리고 영국인이 많다. 다음으로 아메리카 대륙의 미국, 캐나다, 멕시코인들이 있고 요즈음 늘어나고 있는 한국과 일본 출신의 발런티어들이 있다.

유럽과 아메리카 대륙 출신들은 대부분 영어를 능숙하게 구사하고 비슷한 문화를 공유하고 있기 때문에 쉽게 유대관계를 형성한다. 우리는 그들과 다른 점도 있지만 공통점도 가지고 있다. 이국문화에 대한 호기심이 가득한 젊은이라는 것과 운동·음악·춤·노래·여행 등과 같은 것에 대한 열정이다.

일은 가장 자연스럽게 이들과의 인간관계를 형성시켜 준다. 석 달 가까이 병아리 부화장에서 일하는 동안 나는 일상의 부대낌 속에서 이들과 쉽게 친숙해질 수 있었다. 그것은 대화를 통해서라기 보다는 서로의 일을 공유하고 행동을 지켜보면서 저절로 형성되는 것이었다. 한 번은 함께 일하는 에스텔이 자기 바지 엉덩이에 한국말을 써 달라고 졸라서 홍종이 '이쁘지!'라고 써 주었는데 그날부터 그녀는 만나는 사람마다 그것을 자랑했다. 우리에겐 파안대소할 일이지만 그렇게 자연스럽게 가까워지는 것이었다. 조금은 짓궂지만 말이다.

어느 키부츠에서나 태권도 교습은 가장 인기있는 강좌이다. 국위선양도 되고 단시일 내에 친해질 수 있으니 '도랑치고 가재줍는 격'이다. 키부츠에 온 지 일주일도 되지 않아 태권도 1단인 홍종은 태권도 2단인 나를 고문(?)으로 영입하여 호텔 캘리포니아 마당에 태권도장을 차렸다. 그날부터 매일 저녁에 실시된 이 강좌에 많은 발런티어들이 모여들었는데 특히 여자 발런티어들이 더 열성적이었다. 멕시코출신 까까머리 모이는 하루 저녁 스트레칭을 연습(stretching)하고 다음날 도망가긴 했지만 말이다. 가장 열심인 녀석은 네덜란드에서 온 껑다리 친구였다. 나중에 조의 수제자가 되었고 태권도 사범이 되고 싶다는 그는 홍종이 떠날 때쯤엔 태극 8장까지 할 수 있었다. 그 답례로 그는 홍종의 영어담당 교사가 되었고 그는 3개월만에 탄탄한 영어실력을 쌓을 수 있었다.

유난히 파티가 많은 것도 키부츠생활의 특징 중 하나일 것이다. 생일파티·작별파티·환영파티 등 거의 매일 열리는 이런 행사는 서먹서먹함을 없애고 서로에 대한 이해를 넓힐 수 있는 최고의 시간이다. 파티라고는 하지만 케이크를 사고 선물교환을 하는 그런 요란스러움은 없고 자기가 먹을 술은 스스로 가지고 와서 주로 대화를 나누는 파티로 우리와는 조금 다르다. 한국인들이 개최하는 파티는 특히 인기 있는데 무엇보다 맛있는 한국 음식을 먹을 수 있기 때문이다. 영국인 게리와 네덜란드 친구들은 돼지갈비에 단단히 반했다. 거기에다 우린 술을 공짜로 대접했다(맥주 한 병씩이면 된다). 이러한 것이 바로 한국적 파티라는 것을 각

인시키면서 말이다.

노래와 춤 그리고 술을 통한 어우러짐은 일주일에 두 번 열리는 키부츠 내의 디스코텍에서도 이어지는데 이곳엔 Pundak(우리말로 작은 여관) 이라는 텍이 있었다. 60평 남짓한 이곳은 일종의 인종 전시장이다. 스콜, 스프라우트, 치얼스, 싸하, 건빠이, 지화자 등 각기 다른 건배 제의가 나오지만 의사소통은 역시 영어이다. 키부츠에선 확실히 술자리가 많긴 하지만 흥청망청 마셔대는 경우는 거의 없다.

키부츠에서 영어를 배웠다

한국에 돌아온 이후 만나는 사람마다 공통적으로 나에게 물어보는 것이 있다. "이스라엘에서 영어를 배울 수 있냐?"고. 그 질문 속에 부정적인 대답을 은근히 기대하면서 말이다. 하지만 그에 대한 나의 대답은 'Yes' 이다. 키부츠에서 영어공부는 순전히 자신의 의지와 시간 투자에 달려 있다. 이것이 전부라면 한국에서 공부하는 것과 별반 차이가 없을 것이다. 하지만 키부츠의 장점은 집단생활을 통해서 영어사용을 생활화할 수 있는 인위적인 환경을 만들어주는 것이다. 물론 영어를 모국어로 하는 나라에서 어학 연수하는 사람들과 비교할 수는 없을 것이다. 나의 키부츠 프로그램 참가 목적은 무엇보다 새로운 경험을 얻는 것이었고 영어회화는 덤으로 향상되길 희망했었다. 결과적으로 두 가지 모두에 있어서 정말 값진 시간이 되었다. 단언하건대 회화실력이 갖추어진 만큼 많은 것을 얻을 수 있는 기회가 생긴다.

키부츠 생활 초기에 영어를 배우려는 한국인 발런티어들에는 두 가지 부류가 있는데 도서관에서 책과 씨름하는 유형과 외국인과 함께 여행과 놀이를 하는 등의 어울림을 선택하는 유형이다. 독자들도 다 아시겠지만

분명 후자가 보다 효과적인 학습방법이고 이를 위해선 한국에서 어느 정도 회화실력이 갖추어진 상태에서 오는 것이 좋다. 키부츠연합 한국대표부에서 회화테스트를 하는 것도 바로 이러한 이유 때문일 것이다.

영어교사가 넘쳐나는 곳이 또한 키부츠이다. 발런티어에게 직접 부탁하면 흔쾌히 영어교사가 되어준다. 나도 두 명에게서 회화를 배웠는데 바로 바실과 캐서린이다. 남아프리카공화국에서 온 바실 아저씨는 완벽한 미국식 영어를 사용하는데 수업시간엔 Free Talking을 시키고 작문숙제를 내어준다. 특히 문법엔 굉장히 엄격하다. 캐서린은 영국에서 온 팔등신 미녀이다. 그녀에게선 주로 발음하는 법을 배웠는데 지금도 그 시간이 그립다. 누구보다도 고마운 사람은 룸메이트인 폴(스웨덴)과 옆방에 살던 브로체이다. 브로체는 네덜란드에서 온 소녀인데 우린 급속히 친해졌으며 여가 시간 대부분을 그녀와 보내곤 했다. 자연스럽게 영어를 구사하는 시간은 늘어갔고 나중에 우린 다른 키부츠로 함께 옮겨갔다.

그녀는 나의 친구이자 영어교사의 역할을 해주었다.

키부츠 생활에서 또 하나의 즐거움은 여행

본래 여행을 좋아하지 않았던 나는 이스라엘과 이집트에서 여행의 묘미를 깨닫게 되었다. 각기 다른 풍경, 독특한 냄새, 새로운 삶의 모습 등 주로 혼자의 여행이 가져다 준 기쁨은 갖은 고생을 보상하고도 남는다. 지금도 내 몸채만한 배낭을 메고 구석구석 돌아다니던 시간들이 파노라마처럼 떠오른다. 길을 물었더니 꽤 먼 거리라며 택시비까지 주려던 이스라엘의 아가씨, 예루살렘의 올리브산에서 바라본 야경과 이틀을 함께 동행하고 헤어짐을 못내 아쉬워하던 이노우에(Inoue), 나사렛에서 음식을 나누어주며 기타를 치던 독일의 젊은이들, 하이파(Haifa)의 카르멜산 수도원에서 만난 몹시도 수줍어하던 아랍 여자대학생과 케이블카. 이 모든 곳들은 휴가(day off)를 모아 여행한 장소들이다. 한 번은 이스라엘의 텔아비브의 한 해수욕장을 거닐다 한가로이 낚시를 즐기는 노부부를 만났다. 낯선 이방인에게 간이의자와 빵을 건네던 노부인은 이내 정치문제로 화제를 돌렸다. 수천 년만에 찾은 이 땅이 바로 꿈에 그리던 유대인의 낙원이며 한 치의 땅도 이교도들에게 양보할 수 없다고 힘주어 말하는 모습에서 영토분쟁이 쉽게 해결되지 않으리라는 생각이 들어 입맛이 조금 씁쓸했다.

이집트 여행의 첫 도착지는 카이로였다. 자동차가 왕(王)인 이 나라의 교통문화는 직접 보지 않고는 도저히 상상할 수 없다. 특히 고고학박물관과 힐튼호텔이 위치한 타흐리르광장에서 길을 건너는 것은 일종의 모험이다. 물론 횡단보도도 있고 경찰도 있다. 그러나 사람 건넌다고 멈추는 자동차는 없다. 또한 카이로나 유명관광지에서 배낭 메고 서 있는 것은 "내가 바로 봉이오"라고 광고하는 것과 같다. 몇 번이나 파피루스 공장과 바가지 여행사로 끌려가고 나서야 비로소 정중하게 거절하는 법을 깨우쳤다. 한 번은 예루살렘 여행중에 만났던 덴마크 여자 두 명을 카이로의 호텔(이집트의 호텔은 정말 싸다)에서 다시 만났는데 한참을 선채 웃기만 했다. 알렉산드리아에 도착하자마자 나는 수산물로 유명한 아브키로 마을로 향했다. 우리 돈으로 100원 정도 하는 마이크로버스(우리나라의 봉고차)를 탔는데 돈 몇 백 원 아끼려다 바들바들 떨면서 갔다. 이집트인들의 운전은 영화에서나 볼 수 있는 곡예 그 자체였다. 반쯤 잠긴 태양의 끝자락에 어슴푸레 드리워진 피라미드 사이로 낙타를 타고 갔던 기자(Giza)의 사막, 선거 캠페인 장에서 만난 신식 이집트 여성으로서 유창한 영어로 가이드를 자청했던 친절한 라니아 요마. 아쉬움을 뒤로 하고 나는 일주일만에 다시 이스라엘로 돌아왔고 사해에 위치한 가장 유명한 키부츠인 에인 게디로 갔다. 이곳에서 크리스티나 그리고 브로체와 다시 합류했다. 나는 에인게디 키부츠의 유일한 한국인으로 게스트하우스에서 서빙과 디쉬워싱을 했으며 한달 정도 더 머물렀다.

4개월이라는 짧지 않은 시간이었지만 내가 쓴 돈은 비행기표 삯과 약간의 용돈이 전부였다. 고추장을 좋아하는 유럽인들이 의외로 많고 그들도 또한 우리와 별반 다르지 않다는 것을 체험했다. 그들과 조화로운 어울림을 배울 때 문화시민으로서의 세계화가 이루어진 것이리라. 시간과 용기가 있고 새로운 경험을 원하는 젊은이라면 과감히 도전하기를 권한다.

이 재연
Kibbutz Bet Haemek, Ein Gedi(1997년 11월 – 1998년 2월)
단국대학교 영문과 재학중(91학번)

젊어 고생은 사서도 한다는데

그래 어디 떠나보자

내가 키부츠 프로그램에 대해 알게 된 것은 작년 봄이었다. 중학교 세
계사 시간에 이스라엘에 관해 배우면서 키부츠란 말을 들어본 적은 있지
만 막상 키부츠 프로그램을 접하게 되자 매우 호기심이 생기게 되었다.

예전에 영국으로 잠시 어학연수겸 해서 여행을 다녀온 적은 있었으나
현지인들과 함께 생활하며 대화할 수 있는 기회는 그리 많지 않았기 때
문에 약간은 실망했던 여행이었다. 그러나 키부츠 프로그램에서는 또래
의 젊은이들과 함께 일하며 생활할 수 있다는 점이 무엇보다도 매력적이
었다. 또한 외국 여행에서 가장 큰 문제가 되는 비용 역시 다른 여행이나
연수에 비해 매우 저렴해서 주위에서도 긍정적인 반응을 보였다.

친구들 중 몇 명은 그 먼 곳까지 가서 왜 고생하느냐고 말렸으나, 젊
어 고생은 사서도 한다는 생각도 있었고 중동 지역은 특히나 접해보기
힘든 곳이므로 이런 기회가 아니면 갈 수 없을 것이라는 생각에 가기로
결심을 했다.

처음에는 외국에 가서 영어도 배우고 그곳의 외국인 친구 발런티어들
과 여행도 할 수 있으리라는 막연한 기대를 가지고 신청을 하였다. 그러
나 오리엔테이션에서 키부츠 프로그램은 놀러가는 것이 아니라, 정당하
게 노동을 하며 그 대가로 숙식과 용돈이 약간 주어지는 것이므로 환상

을 가지고 가면 도저히 적응할 수 없다는 말을 들었을 때는 약간 망설여지기도 했다. 여지껏 학생으로 지내면서 과외 외에는 변변한 아르바이트 한 번 못해보았기 때문에 타국에 가서 견디지 못하면 어쩌나 하는 걱정이 점점 들기 시작하였다.

그러나 주위 사람들에게 이미 키부츠 프로그램에 참여한다고 말을 다 해 놓았기 때문에 고생할까봐 못가겠다는 말을 도저히 할 수가 없었다. 무엇보다도 저렴한 비용으로 외국에 2개월간이나 머무를 수 있다는 점 때문에 약간의 고생은 감수할 수 있다는 생각이 앞서게 되었던 것이다.

아름답게 잘 꾸며진 키부츠에 감탄하고

벤구리온 공항에 도착하여 연수과정을 밟기로 한 그룹과 연수 없이 곧바로 키부츠로 가기로 한 그룹으로 나뉘어졌다. 나는 연수장소인 에인 하셜로샤 키부츠로 가게 되었는데 가는 동안의 이스라엘의 풍경은 우리나라 시골과 비슷했다.

밤늦게 키부츠에 도착한 우리는 먼저 숙소를 정하고 짐을 풀었다. 이스라엘에 도착한 다음날은 금요일이었으며, 이스라엘은 토요일이 휴일이기 때문에 우리의 수업은 일요일부터 하기로 되어 있었다. 이스라엘이 다른 나라와 가장 틀린 점은 휴일이 토요일이라는 점이다. 안식일이라 불리는 이 날은 정식으로는 금요일 일몰부터 토요일 일몰까지이며, 독실한 유대교도들은 이날은 아무 일도 안하고, 기도하며 거룩히 지낸다고 한다. 게다가 휴일인 이날은 공공기관을 비롯한 거의 모든 상점이 문을 닫고 심지어는 버스 조차도 운행하지 않기 때문에 마비상태가 된다.

우리가 있던 때는 이스라엘의 1년 중 가장 더운 여름기간(7~8월)이

도로 표지판이 잘되어 있어서 길을 찾기는 어렵지 않다.

었고, 그 키부츠는 이스라엘의 남부에 위치한 더운 지역으로 한낮에는
거의 40도까지 올라갔다. 하지만 우리 나라와는 달리 건조하여 습기가 없
기 때문에 한낮의 뜨거운 태양만 피하면 선풍기도 거의 필요없을 정도로
쾌적한 편이었다. 처음 휴일인 토요일에 우리는 우리를 돌봐 줄 두 명의
영국여성들과 이야기를 나누며 키부츠의 이곳 저곳을 둘러볼 수 있었다.
이스라엘의 키부츠는 매우 깨끗하다. 특히, 식당 수영장 등의 현대적인
시설에 실내는 에어컨이 가동되고 있기 때문에 쾌적하여 한여름에도 지
내기에 불편이 없다. 온통 잔디와 나무 꽃들로 이루어진 초원과도 같은
곳에 고단층의 집들이 담없이 간결하게 서 있으며 십여 마리의 개들과
여러 종류의 새들이 어우러져 마치 낙원과도 같은 곳이 내가 본 키부츠
의 첫인상이었다.

처음 식당에 아침 식사를 하러 가보니 널찍하게 지어진 식당 안에는
뷔페 식으로 음식이 차려져 있었는데 아침에는 싱싱한 야채와 빵, 요구
르트 등의 유제품과 커피가 놓여져 있었다. 야채를 날것으로 먹는 습관

이 거의 없었던 나로서는 생채소들(오이, 토마토, 양파, 상추 등)을 그냥 먹자니 조금 이상하였지만 나름대로 적응해 나갔다. 나중에는 이런 음식만 먹으면 다이어트에 피부미용까지 저절로 되겠다 싶어 즐겁게 먹을 수 있었다. 키부츠의 음식 중 특히 야채는 그곳의 농장에서 직접 재배한 것으로 신선도와 품질이 최상급이었다.

다음날 새벽, 영어 선생님인 에스더와 클레어가 수업이 곧 시작된다며 깨우러 왔다. 일찍 일어나는 것이 익숙하지 못한 우리들은 거의 반쯤 조는 상태에서 식사를 마치고 수업을 시작해야만 했다. 수업은 보통 7시쯤에 시작하여 12시에서 1시에 끝나게 되어 있었다. 나는 수업이 지루하게 느껴졌지만 다른 모범생들은 열심히 하였고 그곳 발런티어(대부분 영국인)들과 친해지려 애쓰며 그들과의 대화로 영어 회화 실력을 쌓고 있었다.

수업이 끝난 후의 시간은 보통 오후에는 수영장에서 수영을 하고 밤에는 바에 가서 놀거나, 트럼프를 하거나, 수다를 떨면서 보냈다. 이렇게 평범한 일상을 보내면서 한 일주일이 지나자 슬슬 지루해지기 시작하였다. 연수기간은 2주였고 이 시기에 대부분의 학생들은 1박 2일이나 2박 3일의 일정으로 근처의 휴양도시인 에일랏이나 예루살렘으로 여행을 떠나기도 하였다.

그럭저럭 재미있는 연수기간을 끝내고 우리는 각자 배정된 키부츠로 떠나게 되었다. 처음에 연수과정에 들어올 때는 많은 인원이 함께 와서 든든했으나, 막상 서너 명씩 떨어져 가게 되니 약간의 두려움과 걱정이 앞섰다.

노동이란 그렇게 쉬운 것이 아니구나!

내가 갈 키부츠는 라못 므낫세라는 곳으로서 이스라엘의 중북부지방에 위치해 있다. 나와 4명의 한국 학생들은 에스더의 말에 따라 버스를 타고 약 5시간이나 걸리는 그곳으로 향했다. 가는 여정 중에 창 밖으로 보게 된 지중해와 근처 마을의 풍경은 매우 아름답고 풍요로워 보였다. 이스라엘은 남부와 북부의 기후·생활 환경이 완전히 다른 편으로 남쪽은 매우 덥고 건조하며 대부분 사막으로 이루어져 있으나 중부와 북부는 고원지대로 이루어져 있어서 매우 아름답다.

우리가 라못 므낫세에 도착했을 때 우리는 전에 있던 키부츠와는 비교도 안 될 정도로 호화롭고 세련된 건물과 넓찍한 정원 목장 등에 몹시 설레였다. 우리가 처음으로 간 곳인 식당은 예전 키부츠의 그것보다 약 2배는 크고 훨씬 호화롭게 꾸며져 있었다. 일할 곳을 결정한 후 우리는 발런티어들이 머무르게 될 숙소를 보았는데, 다른 시설과는 달리 지저분한 것을 보고 걱정이 되기 시작하였다. 꽤 괜찮은 숙소도 있었으나, 그러한 곳은 이미 장기간 머무르는 발런티어들이 사용하고 있었다.

나는 덴마크 여학생과 같은 방을 사용하게 되었는데, 그녀를 본 첫인상은 너무 황당하여 같이 생활할 수 있을지 의심이 되었다. 발런티어는 한국인 5명과, 덴마크인 10여 명, 핀란드인 5명 등 대부분 북유럽계인들로 구성되어 있었다. 북유럽 젊은이들의 옷차림은 우리가 소위 펑크족이라 부르는 스타일로 남녀 구별 없이, 대부분 머리를 밀고 날씨가 덥기 때문에 남자는 짧은 반바지, 여자는 브래지어에 짧은 반바지만을 입고 있었다. 그러니 동양에서 온 우리들은 그들의 태도에 계속 놀랄 수밖에 없었다. 그러나 인상과는 달리 친절한 사람도 몇몇 있었고, 특히 핀란드인들은 덴마크인에 비해 보수적이고 우리와는 정서가 잘 맞아서 친하게 지

밭에 물을 주어야 농사를 지을 수 있는 이스라엘(배경으로 스프링쿨러가 보임)

낼 수 있었다.

비록 매우 지저분한 숙소였지만 그래도 40여 일을 지낼 곳이라 생각하며 대청소를 한 후에는 그럭저럭 지낼 수 있을 것 같아 보였고, 나외에도 한국인이 4명이나 있으니 지내기에는 그리 나쁠 것 같지가 않았다. 청소를 하고 짐정리를 마친 다음날, 우리는 그곳 담당자의 배려로 여독(?)을 풀기 위해 하루 휴가를 받아 키부츠를 둘러보게 되었다. 키부츠 경계 밖에는 광대한 밭이 있고 키부츠 안에는 양과 소, 말을 키우는 목장과, 유치원, 세탁소, 우유공장, 사료공장, 수도관 등을 재생하여 사용하는 공장 등이 있었다. 이외에도 수영장, 디스코텍, 게스트하우스가 있었다. 그곳의 정원 또한 너무 넓어서 정원을 돌보는 데 십여 명의 일손이 필요했다.

조용하고 평화로운 키부츠를 보니 우리들 다섯은 서로 잘 지낼 수 있을 것 같다는 생각이 들었다. 우리에게 주어진 일은 식당, 재생 공장에서의 일이었는데 나는 식당 주방으로, 남자들은 공장으로 배치되어 다음날 새벽 6시부터 일을 시작하게 되었다. 비몽사몽간에 식당으로 간 나는 엄청난 야채를 2시간이나 씻어야 했으며, 내 동료는 식기세척기에 매달려서 정신없이 식기와 커다란 조리기구를 날라야만 했다.

나는 힘든 주방일보다는 공장이 낫겠다 싶어서 공장으로 바꾸어 달라고 요청했다. 공장에서는 보통 힘든 야외일은 남자가 하고 실내에서 부품을 조립하는 쉬운 일은 여자가 하고 있었으며 그곳에서 일하는 사람은 대부분 키부츠회원으로 비교적 친절한 편이었다. 만일 맡은 일이 맘에 들지 않으면 발런티어 매니저에게 바꾸어 달라고 말을 하면 된다.

키부츠에서 받는 용돈은 키부츠마다 차이가 있다. 키부츠에서 공짜로 공급되는 것은 세끼의 식사와 빵, 우유, 휴지, 약 정도이다. 일은 대부분 오후 1~3시 정도면 끝나며 할 일이 없으므로 군것질을 하게 되는데 과자나 음료수 역시 매우 비싸므로 그다지 많이 사먹을 수가 없었다. 과자나 음료수 대부분 맛있는 것은 외제이다 (이스라엘의 세금은 보통 17.5%로 외제일 경우 무척 비싸다). 키부츠 내의 상점은 여는 시간이 정해져 있기 때문에 이 시간에 필요한 것을 사야 한다.

새로운 것을 체험하는 여행의 맛

약 1주일 후 우리는 근처의 항구도시인 하이파에 놀러 가게 되었다. 항구도시인 하이파에서는 유일하게 안식일에도 대중교통을 이용할 수 있어서 이것 저것 구경도 하고 모처럼 외식도 할 수 있었다. 유쾌한 휴일을 보낸 후 우리는 재충전하여 다시 일할 수 있었고 여행 계획도 세우게 되었다.

한 달을 일하고 나는 동료보다 먼저 홀로 여행을 떠나게 되었는데 2박

3일의 여정으로 갈릴리 호수와 골란 고원을 갔다. 여자 혼자 여행을 한다고 친구들은 걱정을 많이 했으나 생각과는 달리 불편하지는 않았다. 오히려 혼자이기 때문에 빨리 이동할 수 있으므로 편한 점도 있었다. 그러나 사진을 찍을 때는 매우 불편했다. 처음 여행을 간 갈릴리 호수는 무척 커서 맑은 바다와 같은 느낌을 받았고 근처의 유적지들 역시 잘 관리되고 있었다. 나는 혼자여행을 해야 하므로 그곳 여행상품을 이용하여 골란고원과 유적지들을 보게 되었는데 영어로 하는 여행이라 약간 힘들었지만 짧은 시간 안에 많은 것들을 볼 수 있었고 자세한 설명도 들을 수 있어 괜찮았다. 이틀간 그곳을 여행하던 중에 우연히 같이 어학 연수를 했던 사람들을 볼 수 있었다. 그들은 키부츠가 갈릴리 호수 근처에 있어서 가끔 시내로 나온다고 했다.

갈릴리 호수와 골란 고원의 유적, 요르단강(처음에는 평범한 냇물로 착각하였다)을 돌아본 후 나는 머무르던 키부츠로 와서 그곳 일행들과 합류하여 여행을 떠나게 되었다.

터키의 물가가 매우 싸다고 들었기 때문에 우리는 터키를 여행하고 싶었으나, 항공료가 너무 비싼 탓에 이스라엘을 적당히 둘러보고 비교적 저렴한 이집트로 가기로 했다. 사실 이스라엘은 경비만 고려하지 않으면 한 나라 안에서 사막, 초원, 고원, 바다와 오랜 유적 등 많은 것을 볼 수 있어 관광지로는 좋은 편이지만 물가가 너무 비싸 학생인 우리들로서는 그다지 오래 머무를 수가 없었다.

예루살렘, 텔아비브, 에일랏을 거쳐 이집트로의 여행계획을 세운 우리들은 먼저 예루살렘으로 갔다. 이스라엘은 일반적으로 물가가 매우 비싼 편이지만 예루살렘 구시가지 내의 아랍인 거리는 마치 우리나라의 일명 도깨비시장(?)과도 비슷한 분위기로 물가가 매우 저렴하다.

여행책자에는 구시가지의 아랍인 거리는 매우 위험하여 여행자들은 낮에만 머무르도록 권장하고 있었으나 마침 내가 예루살렘을 방문하기 약 1주일 전 예루살렘 폭탄테러 사건 때문에 예루살렘 전체의 경비가 매우 삼엄하여 오히려 관광객인 우리들이 다니기에는 안전하였다. 비록 이스라엘에서 테러가 종종 일어나기는 하지만, 이는 대부분 아랍 극우주의 파들이 유대인을 대상으로 하는 것이므로 테러 장소도 유대인이 거주하는 장소이며, 관광객 특히 동양인은 건드리지 않으므로 안심해도 된다고 한다.

그곳에서 우리는 아랍시장의 블랙마켓에서 환전을 하고 저렴한 가격에 필름 등을 살 수 있었다. 예루살렘은 구시가지와 신시가지로 나뉘어져 있으며 구시가지는 커다란 성벽으로 둘러싸인 수천년의 역사를 간직한 도시이다. 아랍인, 기독교인, 아르메니안, 유대인의 4구역으로 나뉘어 있으며 각각의 분위기 역시 매우 다르다. 성 밖의 신시가지는 매우 현대적이며 깨끗하다. 거주하기에는 신시가지가 좋지만 숙박시설이 매우 비싼 편이기에 배낭여행을 하는 대부분의 사람들은 구시가지 내의 아랍인 지역에 숙소를 정한다. 구시가지를 하루정도 돌아다니면 황금돔이나 통곡의 벽, 비아돌로로사 등을 걸어서 볼 수 있다.

이집트 여행, 10년 후라면 다시 가보고 싶겠지

고생스럽기도 하고 즐거운 추억도 있던 이스라엘을 뒤로 하고 이집트로 발을 들이는 순간의 첫인상은 황량함과 지저분함이었다. 국경을 사이에 두고 깨끗하고 현대적인 이스라엘과는 달리 황량한 사막에 허름한 천막, 그곳에서 희죽희죽 웃고 있는 더러운 아랍복장을 한 이집트인들을 볼 수 있었다.

정류장에서 버스를 기다리는 우리들에게 다가온 이집트인들은 "Today, No Bus. No Bus."라고 하며 자신들의 봉고로 카이로까지 데려다 준다고 하였다. 얼마냐고 물으니 단돈 200달러라며 빨리 타라는 것이다. 그곳 국경에서 카이로까지는 논스톱으로 가도 10시간 정도 걸리는데 자그마한 봉고로 그것도 카이로까지 갈 마음도 없어보이는 이집트인들을 보니 한심하게만 생각되었고 한편 걱정되기 시작했다. 그래도 그들은 우리가 버스를 탈 때까지 웃으며 "Today No Bus , No Bus."만을 외치고 있었다.

카이로로 가는 중간에 홍해의 멋진 휴양도시에서 일박을 하며 홍해를 즐긴 후 카이로에 도착했다. 카이로에서는 이집트의 명물인 피라미드와 이집트 고고학 박물관을 볼 수 있었다. 피라미드의 경우 밤에 보는 나이트쇼가 더 멋있었다.

흥정을 좋아하는 아랍인의 성격 탓에 우리는 어디에서나 흥정을 해야만 하였고 부르는 가격의 70~90%까지 깎아야만 하는 수고로움이 있었지만, 보통은 가기 힘든 중동지방을 여행할 수 있었던 것은 나에게는 매우 행운이었다. 아마도 한 10년간은 다시 가고 싶은 마음이 들진 않겠지만 내가 가본 외국 중에는 가장 이국적이며 저렴한 곳이 이집트였다.

탁월한 선택이었음을 믿어 의심치 않으며 한국으로 돌아온 후, 내가 얼마나 변했는지는 잘 모르겠으나 키부츠에서 일했던 잠깐 동안의 노동과 검소한 생활은 지금의 나를 돌아보게 한다. 앞으로는 열심히 살아야겠다는 각오를 해본다. 그곳에서의 2개월간의 생활동안 줄어든 나의 몸무게 덕분에 지금은 날씬하다는 소리를 들을 수 있는 것도 대단한 수확

이었다. 아마 지난 여름에 키부츠 대신 한국에 있었다면 지금보다는 더 퇴보한 생각과 행동을 했을 것이다. 같이 갔던 친구들 역시 고생되기는 하지만 보람찬 여름방학이었다는 데 이견이 없다.

문 지혜
Kibbutz Ramot Menashe(97년 7월 ~ 8월)
한양대학교 식품영양학과 재학중

잠깐

신용카드 분실신고 전화

Visa / Diners	03-572-3572
Amerian Express	03-524-2211
Master Card / Eurocard	03-576-4444

새로운 세계로의 도전

다른 나라 젊은이를 만나러 떠나다

'무엇을 해야 하나?'

뭔가 새로운 세상에 접해보고 싶은 나의 젊은 욕망과 내게 당면해 있던 영어공부에 대한 부담감에 부딪혀 아무런 성과도 얻지 못한 채 제대후 하루하루를 지내고 있었다.

1997년 6월. 나는 신문에서 키부츠에 관한 정보를 얻었다. 키부츠에 대한 조그마한 정보가 내 갈 길을 열어주었다. 중학교 시절 공동생활체라고 배웠던 이스라엘의 키부츠가 일하면서 외국인 친구들과 사귀고 영어공부도 하는 그런 곳이라는 것을 알았다.

6개월 정도를 이스라엘에서 생활하고 가까이 있는 유럽을 여행한 후 한국으로 돌아오는 것이 처음의 내 계획이었다. 그리고 이번 여행을 통해 나는 다른 문화를 철저히 경험하고 분석하며 키부츠에 있는 동안 다른 나라에서 온 많은 친구들을 사귀며 내 영어실력에도 득이 될 수 있게 하려 했다. 그런 결심을 안고 이스라엘로 왔다.

2주 동안 키부츠에서 영어연수를 받고(2주간의 연수는 외국인과 대면했을 때 두려움을 없애기 위한 것이었다) 드디어 내가 있을 키부츠로 갔다. 그곳에는 우리 일행 5명 외에 한국인 5명이 더 있었다. 60여 명의 발런티어 중에 한국인은 모두 10명. 머나먼 이스라엘 땅에서 함께 지낼 그

들이기에 인사를 나누었다. 그들 역시 나처럼 군대 제대 이후에 아니면 학교를 다니다 휴학하고 영어를 배우러 온 사람들이었다.

내가 머무르게 된 벧 하에멕(Beit-haemek) 키부츠는 지중해 연안의 작은 도시에서 떨어진 곳에 위치한 시골의 키부츠였지만, 키부츠에 있는 가족 수는 600여 명에 달하는 꽤 큰 키부츠였다.

1달 일하면 남자는 267쉐켈, 여자는 280쉐켈(1달러는 3.5쉐켈)을 받았고 하루 세끼 식사와 잠자리, 키부츠의 모든 시설을 이용할 수 있는 권리 등이 우리에게 주어졌다.

매일 아침, 저녁으로는 빵과 우유죽, 치즈 등이 주어졌고 점심으로는 닭고기나 쇠고기, 생선 등이 나왔는데 그 품질이 매우 뛰어나서 만일 그런 음식을 밖에서 사먹으려면 10달러 이상 투자해야 할 것이다. 우리 입맛에는 안맞는 면이 없지 않지만 만족할 만한 식단이다.

우리가 사는 곳은 2인실 방이었다. 주택 1채에는 2인실 방 두 개와 1

인실 방 한 개가 있어서 총 5인이 사용하며 공동으로 쓰는 화장실과 샤워실, 싱크대가 있다. 샤워실에는 항상 따뜻한 물이 나와서 겨울에도 상쾌히 목욕할 수 있었다.

키부츠에 있는 시설로는 식당, 도서관, 우체국, 매점, 이발소, 철공소, 목공소, 축구장, 테니스장, 농구장, 수영장, 체육관… 등등 사람 사는 데에 필요한 것들은 모두 있어서 불편함을 느낄 수 없었다.

하지만 270여 개의 키부츠들이 각각 임금, 복지시설의 정도, 식사의 질 등이 저마다 천차만별이라서 내가 있는 곳이 좋은 곳인지 아닌지는 가늠하기가 어려웠다. 어찌되었든 나는 그곳에서 2달 가량 머무르고 이스라엘과 인접해 있는 이집트를 여행한 후 다른 키부츠로 옮기려고 마음먹었다. 그것도 경험이니까.

유럽 친구들에게 007 게임을 가르쳐 주다

처음 내가 일을 하게 된 곳은 양계장에서였다. 커다란 양계장에 들어가 암탉들이 낳아놓은 달걀을 주워 담는 일. 일은 그다지 힘들지 않았으나 닭장의 그 닭똥냄새와 달걀을 주울 때 닭이 손을 쪼기 때문에 스트레스를 많이 받았다.

매일 아침 6시에 출근해서 8시까지 일하고 8시 반까지 아침식사. 식사 후 10시까지 일하고 10시 반까지 쉬는 시간, 그 이후 12시까지 일하고 12시 반까지 점심식사, 식사 후 3시까지 일했다. 어떻게 보면 그리 많이 일하는 건 아니었다. 그러나 나는 닭냄새가 싫어서 다른 곳으로 옮겨서 일을 하게 되었다.

그 다음의 일터는 그린 하우스.

거기에서 한 일은 연구소에서 재배한 식물의 싹을 틔우고 어느 정도까지 키워서 다른 키부츠나 다른 나라로 수출하는 일이었다. 구체적으로 내가 한 일은 모종 옮겨 심고 모종판 세척하고 청소하고, 수출할 모종 포장하는 그런 일들이었다. 무척 쉬운 일이었지만 이 일들은 키부츠 내에서 가장 단순하고 지루한 일이라고 소문난 일들이었다. 그래서 나를 보는 외국 발런티어들마다 그 일 지겹지 않느냐고 물어보기도 했다. 사실 나도 지루했지만 그래도 양계장에서 일하는 것보다는 낫다고 생각해서 계속 그곳에서 일했다.

5시 반부터 1시 반까지 일하는 덕분에 나는 보다 많은 자유시간을 가질 수 있게 되었다. 수영장에서 수영을 하거나, 테니스장에서 테니스를 치면서도 나는 영어를 공부할 수 있었다. 생전 물에 뜨지도 못하고 테니스 채 한 번 못 잡아본 내가 능숙하게 수영하고 테니스를 잘 치게 된 것처럼 영어 한마디 못하던 내 입도 차츰 열리기 시작했다.

외국 발런티어에게는 우리처럼 만득이시리즈, 최불암시리즈 같은 이야기꺼리도 별로 없고 007게임이라든가 고백점프 같은 게임도 없다. 그런데도 그들은 야외 풀밭에 앉아 이런저런 얘기하는 것을 정말 좋아했다. 그래서 우리들은 우리나라의 수많은 게임을 가르쳐 주었고 그러면서 그들과 많은 얘기를 나눌 수 있게 되었다. 아마 한국에서는 꽤 많은 돈을 지불해야 그정도로 많이 얘기를 할 수 있을 것이다.

한 가지 기억에 남는 것은 그렇게 영어를 잘하는 그들과 영어단어 이어가기 게임을 하면 항상 우리나라 사람이 1등을 한다는 것이다. 그들보다 단어를 훨씬 많이 알고 있는데 왜 말은 못하는 것일까? 아마도 그것이 우리나라 영어교육의 문제점을 말해주는 것이 아닐까?

한 네덜란드 친구는 우리나라의 텔레비전 방송이 영어로 나오는지 아니면 더빙해서 한국어로 나오는지 물었다. 우리가 더빙해서 나온다고 하자 그것이 가장 큰 문제점일 것이라고 했다. 독일이나 프랑스 같은 나라는 우리처럼 더빙을 하기 때문에 독일인, 프랑스인은 영어를 잘 못한다는 것이다. 그러나 네덜란드나 벨기에 같이 강대국 사이에 낀 나라들은 모든 방송에 영어, 독일어, 프랑스어를 섞어서 하기 때문에 자기들은 어릴 때부터 그런 방송을 보며 자연스럽게 언어를 배워 나간다는 것이다. 무척 공감이 가는 말이었다.

여행보다 더 큰 배움은 없다

이렇게 석달 정도를 일했다. 석달 정도 있다보니 일상회화 정도는 능히 할 수 있었고 외국 친구들과의 잦은 접촉을 통해 많은 표현들을 익힐 수 있었다. 가장 큰 효과는 내가 알고 있어도 말할 수 없던 것들을 이젠 자유로이 써먹을 수 있다는 것이었다.

계획대로라면 벌써 이집트를 여행하고 다른 키부츠로 옮길 때였지만, 석달 가까이 키부츠에 있으면서 다른 키부츠에 구경도 가고 하면서 알아보니까 우리 키부츠만큼 발런티어들에게 편의를 많이 제공해 주는 키부츠도 없는 것 같아 더 머무르기로 했다.

그리고 한달에 3일씩 나오는 휴가를 모아서 이집트를 여행하고 왔다. 이스라엘의 키부츠가 좋은 점 중에 하나는 이스라엘 주변국가로 여행하기가 쉽다는 것이다. 터키, 이집트, 요르단, 그리스까지… 그리 많은 비용을 들이지 않고서도 알찬 여행을 즐길 수 있는 곳들이다.

그래서 키부츠에 머무르는 발런티어들은 거의 한 두 번씩 주변국가를 여행한다. 10일 정도의 이집트여행을 마치고 돌아오니 키부츠에서는 발런티어 여행을 준비하고 있었다.

키부츠마다 차이가 있지만 보통 키부츠에서는 두세달에 한 번씩 발런티어를 위한 여행 프로그램을 진행한다.

발런티어 여행은 물론 공짜이고 가는 곳도 개인적으로는 가기 힘든 국립공원이나 캠핑장 등이니 꽤 괜찮은 여행이다. 발런티어 수가 적은 어떤 키부츠에서는 유스호스텔 같은 데서 자고 레스토랑에서 밥을 먹기도 한다고 한다. 키부츠에서 발런티어에게 제공되는 돈은 거의 비슷한데 사람수가 적으니 그게 가능하다고 들었다. 어쨌든 우리 키부츠에는 발런티어가 워낙 많아서 사막에서 캠핑하며 노숙하고 밥도 우리가 다 해먹었다.

우리 키부츠에서는 홍해연안의 도시와 네게브사막, 사해 등을 돌며 구경하였다. 미리 답사했던 키부츠멤버 한 명이 영어로 가이드를 해주었고 식사는 조를 나누어 만들고 설거지하고… 이스라엘 남부는 거의 훑어 보았다고 생각된다.

이렇게 여행을 마칠 때쯤 나는 키부츠에 대한 한계를 느꼈다. 물론 영어는 많이 늘었지만 왠지 더 이상은 늘지 않는 것 같았다.

그래서 나는 유럽여행을 하고 한국으로 들어가 영어공부를 계속 할 생각이었다. 어쨌든 일상회화도 많이 배웠고 내가 어떻게 영어공부를 계속해야 할 지에 대한 길도 어느 정도 보이는 것 같았다.

그리하여 이스라엘에서의 마지막 여행으로 예루살렘여행을 혼자서 시작하였다. 이스라엘 내에서 여행을 할 때에는 정말 계획을 잘 짜야 한다. 왜냐하면 이스라엘은 차비와 숙박비, 식비 등이 워낙 비싸기 때문에 계획을 두리뭉실하게 짜서 시간을 낭비한다면 그만큼 돈도 많이 낭비하게 되기 때문이다.

이스라엘의 교통수단으로는 버스, 택시, 기차가 있는데, 우선 버스에 대해 이야기하자면 버스에는 세 종류가 있다. 한 장소에서 다른 장소로 곧장 가는 Direct, 그보다 약간 많은 정류장을 들리는 Express, 모든 정류장을 들리는 Reguler. 세 종류 가격은 똑같지만 시간대도 다르고 자주 오는 횟수 또한 다르므로 미리 조사하는 것이 시간과 돈을 절약하는 길이다. 또한 각 버스의 운전기사들은 절대 버스가격을 올려서 받지 않는다. 설사 올려 받으려고 하여도 주위의 이스라엘 시민들이 가만있지 않을 것이다. 그래서 버스를 이용하면 바가지 쓸 염려가 전혀 없다. 그리고 우리 나라와는 달리(?) 운전기사들이 친절해서 무엇을 물어보든지 잘 대답해 준다. 물론 대부분의 운전기사들은 영어를 꽤 잘한다.

각 도시의 시내버스 요금은 4.1쉐켈로 매우 비싸다. 그러나 이스라엘서는 아무리 큰 도시라도 걸어다니는 데 아무 불편이 없다. 왜냐하면 큰 도시라 해도 우리나라의 구 하나만한 크기이고 각 거리마다의 이정표를 워낙 잘 만들어놓아서 지도만 있으면 어디든 쉽게 찾아갈 수가 있다.

그러나 이스라엘은 금요일 오후부터 토요일 오후까지 버스운행을 안 하기 때문에 그 시간에는 부득이하게 택시를 이용할 수밖에 없다. 택시는 두 종류가 있는데 일반택시와 쉐루트라고 하는 합승택시가 있다.

합승택시는 그 노선이 버스와 비슷하고 택시비도 버스비보다 약간 비싸므로 이용에 편리하다. 일반 택시는 꽤 비싸므로 밤 늦은 시간이 아니라면 굳이 이용할 필요는 없다.

기차는 텔아비브에서 지중해 연안을 따라서 북쪽으로 나있고 텔아비브에서 예루살렘으로 가는 노선이 있다. 기차로 가면 갈아탈 필요도 없고 가격은 버스보다 싸다. 그러나 기차는 자주 다니지 않기 때문에 시간표를 미리 알아두는 것이 시간을 절약할 수 있는 길이다.

4박 5일간 예루살렘을 혼자 여행하는 동안 유럽여행을 미리 겪는 것이라고 생각하면서 알차게 생활하였다. 여행을 마치고 다시 키부츠로 돌아오면서 나는 이번 여행 최대의 돌이킬 수 없는 실수를 하고 말았다. 버스에 지갑과 여권을 두고 내린 것이었다. 그것을 안 것은 버스에서 내린 다음 1분 경과 후. 재빨리 버스로 뛰어가 찾아 보았지만 이미 그곳에는 지갑이 없었다. 혹시나 누가 가져가서 화장실이나 휴지통에 버리지 않았을까 하고 주위의 시선도 아랑곳하지 않고 찾아보았으나 헛수고였다.

어쩜 내게도 이런 일이… 그 길로 곧장 경찰서로 가서 분실신고서를 만들고 키부츠로 돌아왔다. 가능성이 없지만 나는 누군가가 여권을 주워 한국대사관으로 보내주길 간절히 바랬었다.

아무튼 그런 상황에 처한 내게 주어진 길은 두 가지였다. 여권을 대신할 수 있는 여행증명서를 발급받아 한국으로 귀국하거나, 아니면 새 여권을 만들어 유럽을 여행하는 방법이 있었다.

심사숙고한 끝에 여권을 재 발급받기 위해 키부츠에서 더 머물기로 했다. 여권을 재발급받기 위해서는 여권사본과 경찰서의 분실신고서가 필요하다. 여권사본은 미리 한국에서 준비해 가야 하고 분실신고서 같은 경우는 아무 경찰서에나 가도 만들 수 있다. 경찰서에서는 언제, 어디서 잃어버렸냐는 기본적인 질문을 한 후 분실신고서를 작성해 준다. 분실신고서를 가지고 대사관에 가서 여권재발급 신청을 하면 된다.

대사관에 여권 재발급신청을 하고 키부츠로 가던 그날 밤, 나는 간다고 환송식까지 했는데 다시 돌아가기가 절망 창피했다. 하지만 어쩔 수 없는 일이었다. 또 마침 그 날 밤은 스웨덴 친구의 생일 잔치가 있는 날이었다. 모두들 모여 있는 자리에 내가 나타나자 다들 놀라며 어떻게 된 일이냐고 묻기 시작했다.

당연히 내가 유럽 어느 도시에 있을 줄 알았는데… 갑자기 나타났으니. 그들은 내가 여권을 잃어버렸다고 하자 너무 안됐다고 하면서 내가 더 머무르게 되어 너무 다행이라고 호의를 보여주었다. 다들 놀릴 줄 알았는데 잘해줘서 기뻤다. 그리하여 나는 세달을 더 키부츠에서 머무르게 되었다.

일도 익숙해져서 더 많은 자유시간을 가질 수 있었고 그 자유시간을 영어 배우는 데 보냈다. 어떤 한국인들은 영어뿐만 아니라 히브리어를 배우기도 했다. 다들 우리 한국인이 영어를 잘 못하기는 하지만 배우려고 하는 걸 알고 우리가 물어보기만 하면 정말 친절히 잘 가르쳐 주었다. 또한 그들은 워낙 이야기하는 걸 좋아해서 누구든지 부탁하기만 하면 하루에 1~2시간씩 대화하고 틀린 표현 가르쳐 주는 걸 꺼리지 않을 것이다.

그렇게 석달을 보냈다. 크리스마스도 보냈고, 1997년의 마지막날도 키부츠에서 보냈다. 그 마지막날 키부츠 퍼브에서 'Happy New Year!'를 외치며 이국에서의 새해를 맞이했다.

자신감을 가지고 떠나자

거의 7개월 가까이 했던 키부츠생활.

영어 한마디 못했던 나에게 영어를 가르쳐주고 항상 내게 순수하게 잘 대해 주었던 외국 친구들, 진정한 애국자가 되어 버린 우리 한국인들…

이제는 키부츠 프로그램이 한국에 많이 알려지고 있다. 키부츠에 더 많은 한국인이 오리라 생각된다. 이때까지 이곳 이스라엘을 거쳐간 한국인들은 다들 워낙 성실해서 한국인을 한번 받아들였던 키부츠는 계속해서 한국인들을 받아들이려 한다고 한다.

한국인의 성실함이 이곳 이스라엘에 뿌리내린 이상 그 줄기 역시 시원스럽게 뻗어나가길 바란다.

이곳을 거쳐간 한국인들 중에는 키부츠에 관해 잘 모르고 온 사람들도 있다. 아무쪼록 키부츠에 관해 보다 확실한 정보를 갖고 키부츠 프로그램에 참가할 수 있기를 바란다

이 영민
Kibbutz Beit Haemek(1997년 7월 - 1998년 1월)
단국대학교 경영학과 재학중(93학번)

나를 긍정적으로 만든 키부츠 경험

키부츠에 가게 된 동기

내가 키부츠를 알게 된 건 97년 초봄이었다. 당시 대학생들 사이에서 여름을 맞아 유럽이나 미국으로 배낭여행을 많이들 갔던 것으로 기억한다. 부모님도 나를 방학 동안 유럽 배낭여행이나 미국 단기간 어학연수를 보낼 계획이셨다. 물론 나도 여행이 하고 싶었다. 그러나 남들이 천편일률적으로 하는 그런 평범한 여행은 하고 싶지 않았다. 그리고 한두 달 동안의 배낭여행이나 연수로는 영어실력을 향상시키기도 힘들다.

무언가 색다른 경험이 하고 싶었고 마침 그때 키부츠 광고가 눈에 띄게 된 것이다. 젊었을 때 고생은 사서도 한다는 속담이 있지 않은가. 고생이나 다양한 경험은 지금 아니면 못할 것 같다는 생각이 들었다. 그래서 결정을 내리게 되었다.

물론 이스라엘의 키부츠에 간 주목적은 다양한 경험과 고생이 하고 싶어서였지만 이것만이 전부는 아니었다. 키부츠에는 전세계에서 몰려온 젊은이들이 있다. 그들과 같이 일하고 얘기하면서 영어실력도 키워보고 싶었다. 또한 내가 모르는 다른 나라의 가치관이나 문화차이도 그들을 통해 알고 싶었다. 그리고 이스라엘은 기독교의 성지이다. 성경의 주무대인 이스라엘이 어떤 곳인지 알고 싶기도 했고, 기왕이면 성지순례도 해보고 싶었다.

아! 중요한 이유 하나를 빼먹었군. 이스라엘 키부츠에 가는 비용과 여행하는 비용이 무척 저렴해서 다른 여행에 비해 부담이 없었다.

이스라엘에서 처음 2주는 가자지구 근처의 키부츠 EIN-HASHLOSA에서 영어 연수를 하며 지냈다. 2주 동안 우리는 영어도 배우면서 이스라엘의 생활에 차츰 적응해가기 시작했다. 내가 바라던 대로 정말 다양한 사람들을 많이 만날 수 있었다. 같이 온 한국인들 중에서도 내가 한국에만 있었더라면 결코 만나지 못했을 다양한 사람들을 폭넓게 사귈 수 있었던 것이 너무 좋은 경험이 되었다. 한국에 온 후에도 서로 연락을 해서 가끔 만나곤 한다. 그리고 후에 이스라엘이나 이집트 여행을 할 때 서로 정보를 교환하며 같이 여행을 가기도 했다. 금, 토요일을 이용해서 근처의 도시로 놀러가기도 했는데, 나는 5명의 언니들과 함께 예루살렘과 사해로 여행을 갔었다.

2주 동안의 영어연수가 끝난 후 우리는 각자 6주 동안 머무를(개인에 따라서는 그 이상의 기간이 될 수도 있다) 새로운 키부츠로 가게 되었다. 내가 배정받은 곳은 텔아비브 북쪽의 소도시 하데라에서 5분 거리에 있는 이스라엘에서 두 번째로 큰 규모의 키부츠 EIN-HAHORESH였다.

에인 하호레쉬 키부츠에 도착했을 때 나와 같이 배정받은 4명은 아름다운 마을풍경에 감탄을 했다. 한 방에 두 명씩 생활하는데 나는 같이 간 한국인 언니와 한 방을 쓰게 되었다.

발런티어의 일은 다양하다. 매일 식당에 점심식사하러 갈 때면, 발런티어 리더가 그 다음날의 일할 장소가 적힌 종이를 가지고 왔다. 각자의 이름 옆엔 Kitchen, Chicken, Factory, Garden, Theater, Cow, Laundry, Dining Room 등 일할 곳이 적혀있고 다음날 새벽 6시 30분쯤에 각자의 일터로 향하면 된다. 나는 주로 양계장이나 식당에서 일을 하곤 했다. 내

가 있던 키부츠는 하루 6시간이 기본이었다. 양계장의 경우는 8시간을 일하는데 이때 2시간이 오버타임된다. 오버타임이 6시간 모여지면 하루의 휴가가 생긴다. 나는 누적된 오버타임을 활용해서 3박 4일의 휴가를 얻어 여행을 가곤 했다.

모든 일은 힘들다. 이스라엘은 남녀차별이 별로 없다. 일할 때도 마찬가지로 여자라고 해서 특별히 봐주거나 하는 일은 없다. 남녀 모두 힘든 일, 쉬운 일을 같이 했다(사실 쉬운 일은 없었다). 일할 때는 영어로 모든 의사소통이 가능하다. 나는 주로 양계장에서 일하곤 했는데, 그곳에 있던 팔레스타인 노동자들과 꽤 친하게 지냈었다. 그들과 틈틈이 많은 이야기를 했는데, 그들을 통해서 나는 이슬람과 팔레스타인 사람들 문화에 대해 알게 되었다. 또한 이스라엘은 단순히 기독교의 성지 뿐만 아니라 이슬람 기독교 유대교 등 복잡한 종교와 사람들이 얽혀 있는 곳이라는 것도 알게 되었다.

일은 오후 2~3시가 되면 끝난다. 일이 끝난 후는 말 그대로 자유시간이다. 일할 때 힘든 것처럼, 처음에는 남아도는 자유시간을 활용하지 못해서 무척 애를 먹었었다. 시간은 보내기 나름이다. 내 경우엔 다른 외국인 발런티어들과 얘기를 하거나, 그곳의 신문을 보거나 또는 근처의 소도시로 놀러가곤 했다. 그러나 처음에 시간을 활용하지 못했을 때는 개미에게 설탕을 주며 시간을 때운 적도 있다.

매주 금요일마다 내가 있던 키부츠의 발런티어들은 파티를 벌이곤 했다. 매주 다양한 파티를 열곤 했는데 심지어 남녀가 서로 옷을 바꿔 입고는 패션쇼까지 했다. 서양애들이 별나단 말은 들었어도 실제로 보니 기가 막힐 지경. 그러나 같이 지내다보니 한국애들까지 웃통 벗고 맨발로 다니는 등 놀라운 적응력을 보여주었다. 나도 맨발로 다니곤 했는데 발이 꽤 편하다.

여행을 하면 용감해질 수 있다

이스라엘 갔을 때 처음엔 여행계획이 없었다. 그러나 시간이 지나고 사람들과 얘기하다보니 여행을 안하고 한국에 가면 무척 억울할 것 같았다. 그래서 여행준비나 지도 한 장 없이 빵봉지 하나 들고(한국에서는 꿈도 못 꿀 일이다) 여행을 하곤 했다.

처음 여행은 언니를 따라서 예루살렘과 사해, 맛사다에 갔다. 2박 3일의 짧은 기간 동안 정말 많은 것을 볼 수 있었다. 성묘 교회와 황금돔의 이슬람사원, 통곡의 벽 등 수많은 유적이 몰려있는 예루살렘과 이스라엘 사람들이 로마의 침입에 항전하다가 항복하지 않고 900명이 자결했다던 맛사다. 그밖에 사해와 여리고, 쿰란 등 셀 수 없는 명소를 다 돌아보았다. 식사는 여행비를 아끼려고 가져간 빵으로 때웠다.

두 번째 여행지는 하이파와 아코였다. 일하면서 얻은 첫 번째 휴가 동안 친구와 같이 여행을 했었다. 하이파와 아코는 텔아비브 북쪽의 소도시인데 기독교의 유적이 많이 남아있는 곳이고 특히 아코에는 십자군 성벽이 남아있다. 일일이 돌아다닐 자신이 없어서 패키지 투어를 신청했지만 아코에서 관광버스를 놓치는 바람에 졸지에 나와 친구는 이국땅에서 길을 잃게 되었다. 그러나 맘씨좋은 모슬렘 상인의 도움 덕분에 우리는 그의 집에서 근사한 저녁과 함께 잠자리까지 해결할 수 있었다. 모슬렘은 손님접대를 극진하게 한다는 말을 들었지만 정말 너무 미안할 정도로 배려해주었고 아낌없이 우리를 대접했다. 이 두 번째 여행을 통해서 나는 모슬렘의 생활을 직접 접할 수 있었고 그들에 대해 조금이나마 알게 되었다.

세 번째 여행지는 갈릴리호수. 영어연수를 같이 했던 친구가 갈릴리호수 근처의 키부츠에 배정을 받았기에 그 친구도 만나고 여행도 할 겸해서 친구네 키부츠로 여행을 갔다. 키부츠여행의 장점은 식비와 숙박비가 해결된다는 것. 물론 그쪽 발런티어 리더의 허락을 받아야 한다. 그곳을 가기위해 히치하이크를 했는데 그 차가 키부츠를 찾지 못하고 한참을 헤매는 덕분에 친구와 난 골란고원도 볼 수가 있었다(갈릴리호수 동북쪽은 골란고원).

친구가 있던 키부츠는 일도 별로 힘들지 않고 숙소도 훨씬 괜찮았다. 그 키부츠는 갈릴리 호수와 접한 언덕 꼭대기에 위치했기 때문에 갈릴리 호수가 내려다보여서 경치가 너무 좋았다. 저녁식사 후엔 별이 빛나는 저녁하늘 아래 잔디밭에 누워서 얘기하면서 별도 보고 호수의 야경도 보았다. 그 키부츠로 배정받은 친구가 정말 부러웠다. 팔자려니…

네 번째 여행은 이스라엘이 아닌 이집트로의 여행이었다. 한국에 오기 전 1주일을 완전히 이집트여행에 바쳤는데, 이집트 비자를 받으려면 텔아비브의 이집트 대사관에 가서 비자를 신청해야 한다. 비자가 나오는데 하루가 걸리므로 하루는 텔아비브에서 묵어야 했다. 이스라엘이나 이집트에는 여행객을 위한 패키지투어가 참 많다. 패키지투어 프로그램을 잘 활용하면 무척 도움이 된다. 개인적으로 여행하는 것보다 패키지투어로 여행하는게 훨씬 싸고 많은 것을 볼 수 있다.

이집트를 여행할 때 내 짐은 키부츠에 맡겨놓고 나왔기 때문에 짐 부담이 없었다. 5일 동안 이집트에 머물렀는데 카이로와 기자, 룩소를 돌아보았다. 카이로 박물관과 칸칼릴리 시장이 볼만하다. 나는 친구와 오빠 두 명과 같이 여행을 했다(전부 즉흥적으로 또는 우연히 만나서 동행하게 되었는데 정말 행운이었다. 절대로 여자끼리만 여행해선 안됨). 카이로에 있을 때는 넷이서 택시를 하루 빌려서 돌아다녔다. 빌린 택시로 카이로와 기자까지 다 돌아볼 수 있었다. 기자의 피라밋을 볼 때는 낙타를 타기도 했다. 룩소에는 밤기차를 타고 갔는데 14시간쯤 걸렸다. 기차 안 화장실에서 볼일 볼 생각은 절대 하지 말고 미리미리 볼일 보거나 아니면 참는 것이 좋다(직접 체험하길…). 기차역에서 내리자마자 몇몇 이집트인들이 투어를 권하며 벌떼처럼 몰려든다. 나도 투어를 이용해서 이집트를 여행했다(잘 골라야 한다). 룩소에는 카르낙신전과 룩소신전, 왕의 계곡, 왕비의 계곡 등 볼거리가 참 많다.

이스라엘을 다녀온 후 변한 내 모습을 바라보며

처음 이스라엘 갔을 때는 솔직히 한국에 하루 빨리 오고 싶었다. 넘쳐나는 자유시간을 활용하지 못할 땐 시간낭비라는 생각까지 들었었다. 그러나 갔다온 것을 후회하지 않는다. 오히려 기회가 된다면 다시 한번

가고 싶다(다른 키부츠로). 키부츠 프로그램 센터에 요청하면 원하는 키부츠로 옮길 수가 있다고 한다.

이스라엘에서 사귄 발런티어 친구들과 아직도 편지를 교환하고 있다. 내 영어실력이 늘었는지 여부는 나도 모른다. 그러나 확실한 건 내 영어실력이 어느정도 되는지 평가할 수 있었다는 것이다. 발런티어는 주로 영어권에서 온 이들이지만 비영어권 친구와 영어로 얘기하다 보면 서로 영어실력이 조금씩 향상되는 것을 발견할 수 있다. 그러나 비영어권 친구들은 발음이 안좋으니 영어권 친구들과도 친한 관계를 유지하는 게 좋다.

이스라엘 갔다온 후 확실히 나는 긍정적인 쪽으로 변했다. 이젠 설거지나 집안청소가 귀찮지 않다. 남의 나라에서도 힘들게 일해봤는데 우리 집에서 이것쯤 못하랴 하는 생각에 사소한 것도 열심히 하게 되었다. 물론 부모님이 무척 좋아하신다. 부모님의 총애를 받고픈 사람은 한번쯤 키부츠행을 시도해 보는 것도 나쁘지 않을 듯.

참고로 이스라엘을 여행하는 것이 주목적인 사람에게 특히 키부츠를 권하고 싶다. 키부츠에서 일하면 적지만 돈도 나올 뿐 아니라 숙식이 해결된다. 여행할 때 키부츠에 짐을 맡겨놓고 여행할 수가 있어서 편하다. 또한 용돈도 여행경비에 보탬이 된다. 키부츠 식당에 널려 있는 빵을 모아서 여행시에 먹으면 경비절약에 그만이다. 그리고 키부츠에서 사귄 외국인 또는 한국인 발런티어와 같이 여행할 수도 있다. 최악의 경우 돈이 다 떨어졌을 때는 키부츠여행도 할 수 있다. 친구 얼굴도 보고 그 키부츠 근처의 명소도 둘러볼 수 있다. 하지만 발런티어 리더의 눈치가 보일 수도 있으니 주의.

이스라엘 주변엔 여행할 곳이 참 많다. 가까이로는 이집트와 터키가 있다. 그리스를 거쳐 유럽쪽으로 여행을 해도 큰 무리가 없다. 이집트 요르단 터키는 물가가 싸기 때문에 세 나라는 여행하는 데 부담이 별로 없다.

이 지현
Kibbutz Ein Hahoresh(1997년 7월~8월)
이화여자대학교 신문방송학과 재학중(96학번)

홀로서기를 배우는 곳 키부츠

새내기 발런티어

따스한 햇볕을 즐기려는 듯 잔디 위에서 일광욕을 하고 있는 젊은이들이 눈에 띄었다.

"Hi , Are you a new volunteer?"

"Yes , I am."

3월 초순 한국의 날씨는 아직 쌀쌀하기에 내가 입은 옷은 두툼한 것이었다. 잔디에서 옷 벗고 일광욕을 즐기는 그들은 활기가 넘쳐 보였고 어쩐지 나의 겨울옷은 칙칙하게만 느껴졌다. 옷 입은 사람이 벗은 사람 앞에서 초라해 보이다니 이상하네. 자 기죽지 말자.

일광욕을 즐기고 있던 발런티어들은 새로운 발런티어가 어떻게 해야 하는지를 알려주었다. 얼마 후 발런티어 매니저를 만나서 방을 배정받았다. 다음날은 매니저가 키부츠를 구석구석 소개해 주고 어디서 일할 것인지도 알려주었다.

처음 온 낯선 땅에서 적응을 잘 할 수 있을까 하는 흥분과 기대감으로 에인 하로드 키부츠 생활은 시작되었다. 사람들의 생활 자체가 지금까지 내가 지낸 도시와는 많이 달랐다. 영어를 못 알아들어서 실수하지는 않을까 긴장이 되었다. 서양사람들은 모두가 키가 큰 줄 알았는데 의외로 키부츠의 사람들은 그렇게 키가 큰 것 같지는 않다. 젊은이들은 그렇지 않지만 키가 작은 노인들이 많아서 마치 우리나라 노인을 보는 것 같다. 나의 작은 키에 대해 약간 염려를 했지만 그들의 키가 한국사람 수준이라 키 때문에 주눅들 필요는 없었다.

처음 배정 받은 일은 식당의 켈림(dish washer)이었다. 식기 세척기를 통과한 그릇을 정리하는 일인데 겉으로 보기에는 쉬워 보여도 그릇이 한꺼번에 쏟아질 때는 감당할 수가 없을 정도로 바쁠 뿐만 아니라 일이 끝나고 나면 '아이고 허리야' 가 저절로 나왔다.

며칠간 양계장에서 일을 했다. 새벽 6시부터 12시까지 양계장에서 계란 담는 일이었다. 닭이 계란을 낳으면 계란은 컨베이어에 의해 자동적으로 닭장에서 한곳으로 모아진다. 모아진 계란은 무게에 따라 등급이 나뉘어지고 이 계란을 계란판에 담는 일이 나의 몫이었다. 때로는 따끈따끈한 온기가 전해지는 금방 낳은 계란도 있었다. 첫날에는 내 손 힘이 센지 계란껍질이 약한지 계란을 많이 깼다.

계란을 계란판에 옮겨 담는 일은 식당 일보다 몇 배는 쉬웠지만, 양계장에서 솔솔 풍겨 오는 냄새는 참기가 어려웠다. 나는 농촌생활, 전원생활을 낭만적으로만 여겨 왔는데 양계장에서 며칠간 일해 보고 나서 만만히 생각할 것이 아님을 알게 되었다. 아무리 기계화가 되어도 냄새를 없앨 수는 없지 않은가. 동물들에게 화장실 이용법(?)을 일일이 가르칠 수도 없는 노릇이고. 농촌에서 닭 소 돼지를 키우는 농부들의 희생이 아닌들 고기 한 점이 어떻게 내 입에 들어갈 수 있겠는가. 도시출신이 새삼 느낀 고마움이었다.

실험정신으로 가득 찬 세계

안식일 저녁, 식당의 수도꼭지에서는 물, 소다수, 포도주스가 나왔다. 수도꼭지에서 나오는 포도주스를 보자 초등학교 다닐 때 재미있게 보았던 「어깨동무」와 「소년 중앙」이 생각났다. 70년대 어린이 잡지의 단골 기사 중의 하나는 2천년대가 되면 우리의 생활이 어떻게 달라지는가 하는 것이었다. 참 꿈 같은 이야기가 많았던 것으로 기억된다. 그때가 되면 자동차는 물론 비행기 자가용이 등장하고 힘든 일은 컴퓨터와 로보트가 도맡아서 한다. 수도꼭지만 틀면 우유와 주스가 나오고, 마음껏 먹을 수 있는 풍성한 음식과 수도꼭지에서 나오는 주스가 나로 하여금 까마득하게 잊고 있었던, 어렸을 때 읽었던 동화 같은 나라를 기억나게 하다니.

아름드리 나무와 잔디, 아름다운 꽃으로 잘 가꾸어진 정원 그리고 아담한 집들. 키부츠는 정말 이상적인 사회로 보였다. 빈부의 차이가 없고 모든 사람이 동등한 사회가 키부츠의 이념이라고 한다. 그들의 생활 깊숙한 곳을 들어가 본다면 나름대로 문제는 있겠지만 키부츠는 대단히 실험적인 사회이고 또 나름대로 그 실험에 성공한 사회처럼 보였다.

키부츠 곳곳에는 가로 세로가 약 1미터쯤 되는 나무로 짠 상자가 있는데 거기에는 오렌지, 자몽, 포멜론 등 열대 과일이 가득 담겨 있어서 누구든 원하는 만큼 가져갈 수 있었다. 돈을 내지 않고도 마음껏 맛있는 과일을 먹을 수 있다니 여기가 낙원일세 그려! 서울은 수박 값이 금값이라 먹기도 어렵다는 편지를 받으니 가족 생각이 난다. 웬만큼 가까운 거리여야 가져다주지!

키부츠 멤버 중에서 미리암이라는 여자를 알게 되었다. 허리까지 오는 긴 머리를 하나로 땋은 미리암은 건축 설계사이다. 키부츠 내에는 그녀가 설계한 건물도 있다고 한다. 그녀의 초대를 받아 집을 방문했다. 우리 같으면 밥 먹을 시간인데 미리암은 자기 이야기 보따리만 풀고 저녁식사 준비할 기미가 전혀 보이지 않았다. 같이 있던 미리암 남편이 슬그머니 사라지더니 콜보(가게)에 가서 무엇을 사온 것 같다. 그제야 미리암은 남편이 사온 빵과 오이, 토마토, 아보카도, 치즈 등으로 식탁을 차리는 것이다. 아보카도(Avocado)라는 열매는 껍질이 짙은 초록색으로 약간 단단하지만 껍질을 벗기면 속은 마가린처럼 부드러워서 빵에 발라먹으면 고소한 맛이 난다.

저녁식사가 준비되었다고 부르는 미리암을 보고 나는 충격을 받았다. 아무 힘도 들이지 않고 5분만에 저녁식사 준비 끝!

'우리는 한끼만 먹으려 해도 밥하고 찌개 만드느라 주부들이 한두 시간은 족히 부엌에서 시간을 보내야 하는데 세상이 모두 다 그런 것만은 아니구나, 아 불쌍한 한국의 여성들이여!'

히브리어 배우기

여비만 있으면 키부츠에 가서 일하고 이스라엘 경험을 할 수 있다는 교수님의 이야기에 나는 이스라엘에 가게 되었다. 당시만 해도 이스라엘이나 키부츠는 우리에게 잘 알려지지 않았고 모교의 류태영 교수님이 농대와 축대 출신 졸업생들을 보내고 있었다. 크리스천인 나는 성경의 땅 이스라엘에 한 번 가보고 싶었고 한국 밖의 세상도 보고 싶었다. 그래서 겁도 없이 키부츠행을 결심했던 것이다.

키부츠에 머물면서 주변을 여행할 수 있었다. 그 장소들이 모두 성경에 나오는 실제 장소라는 것이 믿겨지지 않았고 이스라엘 사람들이 아주 오랜된 언어 중의 하나인 히브리어를 사용한다는 사실이 신기했다. 이왕이면 히브리어를 배우고 싶었다. 키부츠에서는 일하면서 히브리어를 배우는 울판이 있다는 것을 알았다. 유대인이 아니면 울판에 들어가기는 불가능했다. 다행히 선배들의 도움으로 울판이 있는 브엘쉐바 근처의 미쉬마르 하네게브라는 키부츠로 옮기게 되었다.

울판은 초급(알렙반) 중급(벤트반) 고급(김멜반) 세 반으로 나뉘어 있었는데 학생들은 전체가 60여 명으로 일본인 2명과 나를 제외하고는 모두 유대인이었다. 이스라엘로의 이민을 생각하고 미리 탐사차 온 친구, 유대인의 정체성을 찾아보려고 온 친구, 그냥 놀러 온 친구 등 울판에 온 이유도 사람만큼이나 다양했다.

내가 속한 알렙반에는 미국 2, 캐나다 1, 남아프리카 3, 이탈리아 1, 프랑스 2, 이란 2, 아르헨티나 3명 등이 있어서 나까지 포함하면 전 대륙에서 골고루 온 다국적 클래스가 형성되었다. 이탈리아 친구는 노래를 너무너무 잘한다. 유명한 성악가 뺨치는 그의 노래에 우리는 앙코르를 외쳤다. 그런데 자기네 동네사람들은 모두 그 정도 노래실력은 가지고 있다나!

히브리어를 배우기 시작했다. 선생님은 히브리어로 히브리어를 가르친다. 참으로 재주도 좋다. 선생님은 자기를 가리키면서 "아니 에즈라"를 반복한다. 모두들 선생님 이름이 에즈라임을 눈치채고 자기의 이름도 똑같은 방법으로 해본다.

"아니 혜신" Good! 나도 훌륭한 히브리어를 한마디 한 셈이다.

어린이집에서 일하게 되었다. 아이들과 히브리어를 하면 아무래도 부담이 적을 것 같아서 아이들에게 히브리어 단어를 배우기로 했다. 세 살짜리 꼬마지만 한국나이로는 네다섯 살이니까 곧잘 말을 잘하는 친구들이다. 개구쟁이 탈에게 물었다.

"마제?(What is this?)"

모래 장난을 하던 탈이 모래를 가리키며 "수카르"라고 대답했다.

'야 이 녀석아 너 나한테 사기칠래? 수카르는 설탕이잖아. 그 정도는 나도 안다. 하마터면 큰일날 뻔 했네.'

아이들의 상상력을 믿으면 큰일난다.

울판에서는 격주로 일과 공부 시간이 바뀐다. 한 주는 오전에 일하고 (6:30 ~ 12:00) 오후에는 공부하고(13:00 ~ 16:00) 다음 주에는 오전 공부, 오후 일이 된다. 일하는 시간은 발런티어 때보다 줄어들었지만 하루가 바쁘게 지나갔다.

'노동은 신성하다 !' 를 외치며

주방에서 일하게 되었다. 껍질 깎는 기계를 거쳐 나온 감자 당근 양파를 손질하는 일이다. 어떻게 기계로 껍질을 깎는지 궁금했는데 기계의 원리를 알고 보니 참 간단했다. 기계의 원통 내부는 몹시 거칠게 되어 있어서 감자를 적당량 넣고 돌리면 감자가 거친 면에 부딪혀서 껍질이 벗겨진다. 그런 후 감자의 홈을 칼로 일일이 파고 썩거나 좋지 않은 부분을 도려낸다. 꼼짝도 안하고 쭈그리고 앉아서 단순작업을 했다. 아마도 내 평생 먹을 분량의 감자를 손본 것 같다.

그래도 감자 다듬기는 생선에 비하면 양반일에 속한다. 한나절을 생선 비늘을 다듬는 일도 했다. 집에서는 생선이나 육류를 먹어만 봤지 징그러워서 한 번도 만져 본 적이 없던 내가 온통 생선비늘을 뒤집어쓰고 다듬게 될 줄이야. 같이 하던 발런티어는 조금 깨지락거리더니 아프다고 핑계를 대고 도망을 가 버렸다. 녀석의 뺀질거림이 잠시 나에게도 갈등을 안겨다 주었지만 그까짓 생선 만지고 나서 샤워하면 그만이지 도망갈 만큼 엄청나게 힘든 일도 아니라는 생각이 들었다. 샤워를 하고 나서도 생선냄새가 코끝에서 쉽게 가시지가 않았다.

여자들도 군대를 갔다 와서 그런지 이 동네는 도대체 여자가 연약하다고 생각하지를 않는다. 나같이 연약한 여자(?)에게 그 무거운 감자며 당근 상자를 운반하라고 시키다니. 주변을 돌아보아도 도와줄 사람은 보이지 않고 할 수 없다 젖먹던 힘까지 써 보자. 우차차차… 키부츠에서 나는 점점 강한 사람이 되어 간다. 그러나 몸무게는 반비례로 줄어들었다. 키부츠 생활 시작한 후 삼개월만에 백화점에서 동전 넣고 몸무게를 달아 보았다. 무려 3kg이나 체중이 줄었다. 내 자신이 깜짝 놀랐다. 2개월 후에는 또 2kg이 줄었다. 아무래도 빵이 밥보다 힘을 못쓰는 모양이야.

새벽이면 참새들이 약속이나 한 듯이 한순간에 갑자기 지저귀기 시작한다. 5시 30분에 일어나기 위해서 알람을 맞추어 놓지만 영락없이 5시 29분이면 잠이 깬다. 천하의 늦잠꾸러기라도 새나라의 어린이처럼 부지런해지지 않을 수 없는 생활리듬에 적응이 된 것이다. 키부츠의 소리가 있다. 새벽이면 새소리가, 저녁 무렵이면 착각 착각 소리를 내는 스프링쿨러의 스프링 돌아가는 소리가 들린다. 키부츠의 잔디를 늘 푸르게 만들어 주는 스프링쿨러의 시원한 물줄기. 그러나 키부츠 경계 밖으로 나가기만 하면 눈을 씻고 보아도 초록색은 보이지 않는다.

그리운 고향

발런티어들은 가족과 친구 사진을 침대 머리맡에 잔뜩 붙여놓는다. 외국 갈 때 가져가는 준비물(?) 중에 가족과 친구 사진이 있는지를 알지 못했던 나는 가지고 간 사진이 없어서 붙일 것도 없었다. 가족과 친구들이 졸업식 때 찍은 사진을 보내왔다. 나도 남들처럼 사진을 붙여볼까.

환하게 웃고 있는 가족들 그리고 친구들의 얼굴. 그립다고 생각하지는 않았는데 사진을 볼 때면 갑자기 무엇인가 뜨거운 것이 가슴에서 올라왔다. 전혀 도움이 안된다. 벽에 붙였던 사진을 떼었다. 한국노래를 들어도 반응은 마찬가지. 한국노래도 듣지 않기로 했다. 차라리 보지 않고 듣지 않는 것이 좋겠다. 더 이상 한국은 생각하지 말아야지.

한국말이 고프다. 한국으로 편지를 쓰고 오는 편지를 읽으며 배고픔을 달래지만 허기는 가시지 않는다.

사랑하는 딸 혜신아, 건강하게 잘 있느냐?
네가 지난 가을에 캐어 둔 칸나를 심어 꽃이 피었고 네가 가지를 싸매어 준 장미도 꽃이 한창 피었다. 화단에 심겨진 칸나와 장미를 돌보며 엄마는 너를 보듯 꽃을 본단다.

먹구름도 없는 맑은 하늘에서 갑자기 여름 소나기가 쏟아지듯, 감정의 동요를 미처 느끼기도 전에 두 눈에서는 굵은 눈물 방울이 편지지 위로 떨어졌다.

아주 오래된 한국신문 아니 구문 꾸러미를 예루살렘에 사는 선배로부터 얻어왔다. 허겁지겁 읽어 내려갔다. "구직, 돈 빌려 드립니다"까지 한 글자도 빠뜨리지 않고 읽었다. 라면만 먹고사는 것이 지겨워서 자살했다는 청년의 기사를 읽었다. 바보. 참고 살지. 그 라면이 먹고 싶어 죽겠는 사람도 있는데. 싱싱한 풋고추를 고추장에 듬뿍 찍어 먹는다면 얼마나 맛있을까!

꼬마 친구들과 친해졌다. 내가 맡은 어린이집에는 3살짜리 꼬마들 7명이 있다. 처음에는 책상도 의자도 침대도 모두모두 작아서 마치 난장이집을 찾아간 느낌이었다. 오전에 일을 할 경우에는 아이들을 깨우고(미쉬마르 하네게브 키부츠에서는 아이들끼리 잠을 잔다) 세수하고 옷 입히고 아침먹고 놀고 식당에 가서 점심식사 받아오는 일을 한다. 오후에 일을 할 경우에는 아이들이 낮잠을 자는 시간이라 정리정돈과 청소를 한다. 먼저 세탁소에 가서 아이들의 옷을 찾아온다. 단정하게 옷을 개키어 각자의 옷장에 넣는다. 손바닥만한 작은 구두는 빨간색, 검은색, 색깔별로 구두약을 칠해서 반짝반짝 윤이 나도록 정성스럽게 닦는다. 간식을 준비하고 탈, 오데드, 미할 아이들의 이름을 불러 깨운다. 미할은 가끔씩 침대에 지도 그리기를 잘한다. 그럴 때면 시무룩한 표정으로 나를 자기 침대로 데리고 간다. 탈은 항상 머리를 침대 구석에 처박고 궁둥이를 하늘 높이 올린 채 조금이라도 더 자려고 한다. 옷 갈아입는 것을 도와주고 간식을 주면 오후 네 시. 부모들이 데리러 오면 아이들은 좋아라 달려나간다.

유대인의 삶을 배우며

울판에서는 이스라엘과 키부츠에 관한 주제로 세미나가 열린다. 세미나는 영어, 불어, 스페인어로 나뉘어 진행된다. 이스라엘 포크송과 포크댄스도 배운다. 일주일에 한 번 식당 앞에서 저녁이면 키부츠멤버는 흥겨운 포크댄스를 춘다. 포크댄스는 손에 손을 잡고 크게 원을 그리고 스텝에 맞추어 빙빙 돌거나 파트너를 바꾸며 춤을 춘다. 나이든 중년과 젊은이 그리고 아이들이 한데 어울려서 춤을 추는 모습에서 키부츠의 독특한 성격을 느낄 수 있었다. 그러나 요즈음에는 키부츠에서 이런 포크댄

히브리대학에서의 '예루살렘의 날' 행사

스 행사를 많이 하고 있지 않는 것 같다.

키부츠에서 생활하기 시작한 때가 3월이었는데 이스라엘 고유명절이 자주 돌아왔고 그들의 전통을 볼 수 있어서 흥미로웠다. 3월부터 부림절 (푸림), 유월절, 독립기념일, 칠칠절 등 명절이 줄을 이었고 10월이 되자 설날, 속죄일, 초막절, 하누카 명절이 계속되었다. 다양한 명절을 지내면서 전통을 지키는 그들의 끈질김을 경험할 수 있었다.

6월. '예루살렘의 날'을 맞이하여 울판에서 예루살렘으로 여행을 갔다. 6일 전쟁에서 예루살렘을 되찾은 것을 기념하는 날이다. 오전에는 예루살렘의 구도시 신도시를 두루 둘러보았다. 키부츠멤버중에 한 사람이 우리를 안내해 주었는데 버스 안에서 그는 히브리어, 영어, 불어, 스페인어 순으로 설명을 했다. 모국어만 유창하게 할 줄 아는 나로서는 그 사람의 수개국어를 하는 능력에 입을 다물 수가 없었다. 울판 선생들도 2~3개 국어는 할 줄 안다. 그래야 다양한 나라에서 온 학생들을 지도할

4장. 키부츠 발런티어 생활체험기

133

수 있으니까.

오후 5시에 예루살렘 히브리 대학의 야외극장으로 갔는데 전국의 키부츠 울판 학생이 모두 모여 있었다. 야외극장 무대 뒤로 확 트인 유대광야가 보이는데 호연지기라는 단어가 떠올랐다. 헤르쪼그 대통령이 축사를 했고 식이 끝난 다음 세계각국에서 온 유대인 학생들의 노래와 춤으로 분위기가 한껏 고조되었다. 언어와 문화가 다른 곳에 살던 사람들이 단지 유대인이라는 이유 하나로 이스라엘에 와서 서로 어울린다는 사실이 경이로웠고 이방인인 나는 왠지 코끝이 찡해졌다.

7월. 매월 한 번씩 여행을 가는데 텔아비브 대학의 디아스포라 박물관으로 견학을 갔다. 박물관의 시설이 한국과는 비교도 안되게 뛰어났다. 단순히 사진이나 그림을 전시한 것이 아니라 생동감 있는 시청각 자료를 최대한 이용하고 있는데, 입구에는 수없이 많은 TV 모니터에 유대인의 얼굴이 나타난다. 유대인들의 다양한 얼굴이 몇 초 간격으로 바뀌는 이 화면을 통해서 박물관을 들어서는 순간 여기는 유대인의 모든 얼굴을 볼 수 있는 곳이구나 라는 기대감과 독특한 인상을 준다. 박물관 구석구석마다 스크린이 있고 주제별로 자료그림이 나오며 헤드폰을 통해서 영어나 히브리어 중 선택해서 설명을 들을 수도 있다. 2천년간 디아스포라(離散이라는 뜻)로 흩어져 살았던 유대인들의 역사를 한눈에 볼 수 있는 박물관으로 내가 유대인들을 이해하는 데 도움을 주었다. 박물관을 본 후에 텔아비브의 해변가로 나갔다. 지중해가 시원해 보였다. 왜 바다는 고향을 떠올리게 할까. '바다가 육지라면' 이라는 노래가사가 생각났다.

총리와 악수를

페레스 총리가 키부츠를 방문했다. 키부츠에서 가장 한가한 그룹이라고 할 수 있는 유치원 어린이와 우리 울판 학생들이 총리 환영을 빙자한 구경을 갔다. 흰 남방 차림의 총리는 수행원도 몇 안되고 일행은 초라하게(?) 보였다. 앞에 서 있던 꼬마들과 수상이 악수를 하고 나에게도 악수할 수 있는 차례가 돌아왔다. 내가 "샬롬"이라고 인사하자 그는 "보케르 토브(Good Morning)"라고 대답해 주었다.

함께 공부하는 소냐는 아르헨티나의 모델 출신이다. 그녀는 미리 친구에게 카메라를 주고 페레스 총리와 악수하는 장면을 찍어 달라고 부탁을 했다. 현상된 사진은 정말 근사했다. 총리와 웃으며 악수하는 소냐. 모델 출신이니 얼굴 받쳐 주지. 모델은 역시 달라. 소냐의 멋진 사진을 보니까 아차하는 생각이 들었다. 나도 사진을 잘 찍었으면 '이스라엘 페레스 총리와 악수하는 필자' 뭐 이런 류의 타이틀이 붙은 사진을 써먹을(?) 때가 있을지도 모를 것을 아깝다.

그 당시에는 페레스 총리가 누구인지 잘 몰랐다. 이스라엘과 팔레스타인 아랍간의 해묵은 감정으로 두 민족이 서로에게 끊임없이 상처를 주고 있을 때 두 민족은 거의 돌파구를 찾지 못하고 있었다. 1993년 이스라엘과 PLO가 반목을 중지하고 평화협상의 테이블에 마주 앉게 된 데는 페레스와 라빈 총리의 역할이 컸다. 두 민족간의 평화가 얼마나 어려운가를 일상에서 접해 본 나는 라빈 총리와 페레스 외무부장관(1993년 페레스는 외무장관을 지냈다)이 콤비가 되어 평화협정을 이루어 낸 이후 두 사람의 팬이 되었다. 라빈과 페레스는 두 김씨처럼 오랜 기간 정치적 라이벌이었다. 그렇지만 둘은 중동평화라는 과제를 놓고 힘을 합쳐 이스라엘 우익의 반대를 무릅쓰고 평화의 길을 개척했다. 나는 페레스와 라빈을 존경한다. 서로 다른 민족간에도 평화를 이루었는데 같은 민족끼리 평화를 이루지 못한 우리의 지도자를 보고 부끄러움을 느낀다.

영원한 자유인 베드윈

베드윈 시장에서

8월. 목요일 오후부터 일요일 오후까지 휴가기간이다. 매주 목요일이면 브엘쉐바에서는 베드윈시장이 열린다. 울판 학생들과 함께 베드윈시장을 다녀왔다. 베드윈은 이 지역의 아랍계 유목민으로 주로 양을 치며 유목생활을 하는데 이제는 정착하는 숫자가 늘어난다고 한다. 넓은 공터에 천막을 치고 열리는 목요장은 어렸을 때 본 시골장을 연상시켰다. 아랍인 특유의 상품도 있지만 어디서든 흔히 볼 수 있는 그런 물건이 대부분이어서 약간은 실망했다. 그러나 나름대로 독특한 분위기를 즐기며 이것저것 만져보고 흥정도 해 보았다. 바나나 껍질로 만든 챙이 달린 모자를 하나 샀다. 5쉐켈을 부르는데 4쉐켈로 깎았다. 다른 친구는 12쉐켈 부르는 물건을 깎아서 7쉐켈에 샀다. 유럽친구들은 물건 흥정하는 것을 신기하고 재미있어 했다.

울판에서 하루 날을 정해 베드윈 집을 방문했다. 트럭에 올라탄 우리는 울퉁불퉁 포장도 안된 길을 덜컹거리며 갔지만 모두가 시원한 공기와 황량한 광야에 흥분해 있었다. 이십 분쯤 달렸을까 베드윈 집이 보인다.

울판 매니저와 잘 알고 있는 베드윈의 집안으로 들어갔다. 아랍차를 대접받았다. 집안에는 가재도구라고 할 만한 것이 눈에 띄지 않는다. 아랍인 특유의 장신구를 주렁주렁 단 베드윈 여인의 손톱은 빨간 매니큐어가 칠해져 있어 그들의 생활과 묘한 대조를 이루었다.

브엘쉐바 근처에는 베드윈이 특히 많다. 천막이나 양철의 오두막에 사는 그들을 처음 보았을 때는 '에그 어떻게 저런 곳에서 사나' 하는 애처로운 생각이 들었다. 그렇지만 현대문명의 혜택을 받지 않고도 전통적인 방법으로 사는 그들이 미개해 보이기보다는 어딘지 현대문명을 초월해서 살고 있다는 느낌을 받았다. 우리는 너무나 많은 것을 가지고 산다. 베드윈은 냉장고 TV 에어컨 라디오가 없다. 그래도 사는 데는 불편이 없다. 현대의 이기를 거부하고 그들처럼 살아야 된다는 것은 아니지만 내가 너무나 많은 것을 소유하려는 욕심이 들 때는 그들을 생각한다. 단순하게 하는 것도 멋있잖아. 소유가 많다고 행복해지는 것은 아니니까.

휴가 중에는 늦잠 자고 느긋하게 일어나려 했지만 뜻대로 안된다. 습관이란 무서운 것이다. 조용한 키부츠를 한바퀴 둘러보았다. 이곳에 올 때만 해도 푸르던 석류가 어느새 탐스럽게 익어서 유혹하고 있었다. 어쩔 수 없이 유혹을 이기지 못하고 예쁜 놈으로 두 개를 따 가지고 왔다.

검소한 생활 소박한 생활

이번 주에 키부츠에서는 두 쌍의 결혼식이 있었다. 신부는 하얀 원피스를 신랑은 하얀 남방을 입고 키부츠 잔디밭에서 결혼식을 했다. 요란하지 않지만 모두가 축하해 주는 아름다운 결혼식이었다. 잔디에 테이블을 옮겨다 놓고 모든 키부츠 사람들이 함께 저녁을 먹으며 축하해 주었다. 식당의 벽면을 스크린 삼아 신랑신부의 다정한 모습을 담은 슬라이

이스라엘에서는 밤에 결혼식을 한다 (키부츠의 결혼식)

드가 상영되었다. 돈내고 돈먹기 식의 시장바닥 같은 누구네 결혼식과는
너무나 다르다. 새 출발하는 두 사람을 진심으로 축하하는 사람들이 모
여서 치러진 소박한 결혼식. 사람 사는 모습이란 이런 것이 아닐까.

사막을 바꾸는 사람들

9월. 미쉬마르 하네게브 키부츠의 창립 40주년을 기념하는 행사가 있
었다. 울판학생을 포함한 회원 전체가 아쉬켈론 해변으로 1박2일 야유회
를 다녀왔다. 어른 회원의 숫자만 5백 명이니 아이까지 합치면 대규모 야
유회였다. 밤에는 숯불을 피우고 닭고기 바베큐 파티가 벌어졌다. 수백
마리 닭을 굽는 모습은 일대 장관이었다. 아이들은 신이 나서 뛰어다니
고 사람들 표정도 즐겁기만 하다. 이스라엘이 건국되기 전 1946년 풀 한
포기 자라지 않는 네게브에 사람들이 모여서 개간하고 마을을 일구었다.
그리고 오늘 개척 1세대와 2세대 그리고 3세대가 함께 모여 기뻐하는
모습을 보니 이들이 위대해 보였다. 미쉬마르 하네게브는 '네게브를 지

키는 자들'이라는 뜻을 가지고 있다. 초대 총리인 벤구리온은 총리직에서 물러난 후 네게브의 스데 보케르(Sde Boker) 키부츠로 가서 일했다. 그는 사막을 남겨 놓는 것은 인간의 수치라고 말했다. 벤구리온 무덤이 있는 스데 보케르에서 보이는 사막은 광활하다. 사막 앞에서 자연 앞에서 인간은 너무나 작게만 느껴진다. 그런데 그런 사막을 바꾸어 놓는 사람들이 있다.

투박한 뚝배기 같은 키부츠 사람들

키부츠를 떠나 도시에서 살아보니 키부츠닉(키부츠 멤버)는 도시사람보다 여유 있고 느긋한 생활을 한다는 것을 확실히 느낄 수 있었다. 시골 사람과 서울 사람이 어딘지 다르듯이 키부츠닉과 도시인은 느낌이 다르다. 먼저 키부츠닉은 복장에서 차이가 난다. 촌스럽다고 말하기보다는 세련되지 않은 자유로움이 있다. 단순하게 마음대로 입은 옷은, 옷을 입었다는 표현보다 걸쳤다고 하는 것이 적절하지 않을지.

이스라엘 사람은 대체로 맨발에 샌들 신는 것을 좋아하지만 키부츠닉은 거의 예외가 없다. 전형적인 키부츠닉의 모습을 보자면 이러하다. 짙은 청색의 작업복, 배가 좀 나오고, 반바지에 맨발과 샌들. 키부츠 아이들은 맨발로 다니기를 좋아한다. 원시적인 것 같지만 맨발로 걷는 감촉은 꽤 괜찮다. 흙은 뜨거워서 걸을 수가 없고 잔디를 밟으면 상쾌함이 느껴진다.

키부츠닉은 뛰는 법이 없다. 점잔을 빼기 위해서가 아니라 뛸 만큼 급한 일이란 없으니까. 식당 앞에는 재미있는 자가용들이 많다. 우선은 아이들이 타고 온 자전거가 있고, 노인들이 타고 다니는 일인용 꼬마 자동차가 있다. 엔진과 운전석만 있는 작은 차로 뜨거운 햇빛을 막는 덮개가 운전자의 머리에 시원한 그늘을 만들어 준다.

안식일에는 모두 일손을 멈추고 쉬었다가 또 일주일 동안 열심히 일을 한다. 이스라엘 전체적인 분위기가 워낙 겉치례하고는 거리가 멀지만 키부츠는 특히 형식과 치장에 신경을 쓰지 않는다. 내가 본 키부츠 대표간사의 사무실은 낡은 책상, 의자, 전화기, 컴퓨터 그리고 키부츠에서 생산한 농작물 사진이 걸려 있는 검소한 방이었다. 대표 사무실이 아니라 수위실이 아닐까 생각이 될 정도였다. 키부츠의 대표간사라도 안식일이 되면 순서에 따라 앞치마를 두르고 식당에서 일한다. 키부츠 안에서는 계급이 존재하지 않는다. 정말 이상한 나라이다.

홀로서기의 세계로 떠나라

키부츠 생활은 힘들기도 하고 재미있기도 하고 한마디로 말하기에는 너무 많은 경험의 시간이었다. 한계와 고독은 자기와의 싸움이다. 의지력이 약한 내가 이스라엘 생활을 무사히 마칠 수 있었던 것은 하나님의 도우심이었다. 젊었을 때 낯선 땅에서 홀로서기를 한다는 것은 값진 경험이다. 온실 안의 화초가 연약하고 비바람을 견뎌 낸 화초가 강인하듯 키부츠 경험은 사람을 연단시킨다. 이스라엘 사람들이 자주 쓰는 표현을 빌린다면 키부츠는 결코 '피크닉'이 아니다. 고생을 각오한 젊은이들만 키부츠에 가기를 권한다. 그리고 나면 어느덧 성장해 있는 자신을 발견할 것이다.

손 혜신

Kibbutz Ein Harod , Mishmar Hanegev (1986년)

새로운 친구들과 우정 만들기

'키부츠, 돈을 벌어 여행을 다닌다?'

내가 키부츠에 가게 된 동기는 한마디로 그것이다.

나라의 경제 사정도 좋지 않은데 외화를 낭비하면서 여행하고 싶지는 않았고, 내가 현지에서 돈을 벌어 여행할 수 있다면 다른 어떤 여행보다도 보람될 것이라고 생각했다.

여행을 좋아하는 나는 어디로든지 떠나고 싶었고, 이스라엘이라는 조금은 생소한 나라에서 새로운 경험을 할 수 있다는 점이 마음을 끌었다.

처음 이스라엘에 도착해서는 예상치 못한 많은 것들이 나를 놀라게 했는데, 우선 날씨를 그 예로 들 수 있다. 키부츠 안내책자에서 본 사진들, 발런티어가 농장에서 뜨거운 햇빛을 받으며 열심히 오렌지를 따고 있고, 사해에서 진흙 맛사지를 하고 있는 것, 뜨거운 사막에서 낙타를 타는 것과는 딴 판으로 이스라엘의 겨울은 춥고 바람이 심했다. 더구나 내가 머문 키부츠는 이스라엘에서 가장 춥다는 골란고원 근처여서 그 추위가 엄청났다. 처음 며칠간은 히터를 구하지 못해서 나는 있는 옷을 몽땅 다 입고 자야 했다.

여러 나라 사람들의 낙서로 가득한 벽, 문이 다 깨어진 옷장… 내가 앞으로 2달간 머물 숙소의 첫인상은 끔찍했다. 첫 주는 숙소를 하나하나 고쳐 나가고, 청소하고, 꾸미며 보냈다. 키부츠 행사가 끝난 후 버리는 부직포를 이용해 테이블보도 만들고, 벽도 예쁘게 장식했다. 함께 간 남자 발런티어들은 우리 숙소의 망가진 곳들을 폐품을 이용해 멋지게 고쳐주기도 했다. 우리는 변해 가는 숙소를 보며 보람과 기쁨을 느꼈고, 우리가 떠나올 때쯤에는 집처럼 아늑해진 그 숙소를 떠나는 것이 아쉬웠다.

키부츠에서 생활하다 보면 모든 것을 절약하게 되고, 어떤 물건 하나를 봐도 그냥 지나치는 것이 아니라 '어떻게 응용하며 이용할 수 있을까?' 하는 것을 생각하게 되었다. 우리는 그런 우리들의 생활을 'creative'라는 단어를 사용하여 웃곤 했다. 그러나 이런 어려움에도 불구하고 키부츠 생활을 권하고 싶은 것은 사람들과의 만남이 너무나 소중하고 아름다웠기 때문이다. 각 나라에서 온 사람들과 함께 일하고, 요리하고, 대화하고, 여행 다니면서 우리는 하나 됨을 느꼈고, 언어가 다르고, 눈 피부 머리색이 달라도 생각은 공유될 수 있음을 깨달았다. 스페인 출신의 에밀리오, 영국 출신의 크리스와는 특히 친하게 지냈으며, 서로의 생각을 주고받으며 이야기하다 보면 밤이 새는 것도 모를 정도였다.

나는 평소에 영어 공부를 꾸준히 해 왔다. AFKN이나 영어 회화 테이프를 늘 듣고 영어를 즐겨 공부했기 때문에 이스라엘에 가서 언어 소통에 어려움은 겪지 않았다. 한국에서는 외국인하면 어딘가 멀게 느껴졌는데 키부츠에서 그들과 영어로 이야기하고 함께 어울리면서 더욱 자신감이 생겼다. 물론 영어가 준비되지 못한 한국 발런티어들은 대부분 외국 발런티어와 어울리는데 어려움을 겪는다. 함께 간 K는 영어가 유창하지 못해도 성격이 워낙 활달해서 쉽게 친구를 사귈 수가 있었다. 우리가 K를 오빠라고 부르자 다른 외국 발런티어들도 모두 다 그를 오빠라고 부르며 좋아했다. 영어가 유창하지 않으면서 내성적인 성격이면 사실 키부츠에서 지내기에는 어려움이 많다.

다른 나라에서 온 젊은 발런티어들은 무엇을 생각하고 왜 여기에 왔을까 궁금했다. 나는 그들과의 대화를 통해 그들도 앞으로의 진로, 결혼 이런 것에 고민과 관심이 많은 것을 알게 되었다. 한 사람이 자신의 고민을 이야기하면 모두들 자신의 경험과 배경에 따라 조언을 해주었다.

일이 끝난 뒤 오후 시간은 발런티어들끼리 가까운 곳으로 나들이를 가거나 숙소에서 게임하고, 대화하며 보냈는데 지금 생각하면 너무나 소중했던 시간들이었다. 한국의 제기 차기는 인기 있는 게임 중의 하나였다. 우리 숙소에는 요리를 할 수 있는 시설이 되어 있지 않았지만 이빨이 없으면 잇몸으로 산다고 가스 대신 전기히터를 이용해서 부침개, 뽑기 같은 간식도 만들었다. 스페인 친구도 무언가 열심히 요리를 해서 우리는 늘 맛있는 요리를 서로 나누어 먹었다.

나는 키부츠에서 머무는 동안 여러 곳에서 일해 보았는데 일마다의 장단점을 느끼며 노동의 가치를 배울 수 있어서 좋은 경험이었다. 목장으로 일을 배정 받아 엄청난 체구의 소들을 가까이에서 보니 일을 잘 할수 있을지 의심스러웠다. 손에 끼라고 주는 고무장갑은 구멍이 나 있어서 내 손톱은 오물로 금방 더럽혀졌다. 결국 목장에서의 일은 하루로 끝이 났다. 공장에서 반복되는 여러 가지 일들을 통해 공장에서 일하는 사람들의 애환을 느꼈던 것, 그리고 세탁소에서 너무나 낡아 금방이라도 찢어져 버릴 것 같은 헌 옷도 고치고 다시 빨아 계속 입는 이스라엘 사람들의 검소함을 보고 우리의 사치를 반성하게 된 것 등은 키부츠가 아니면 절대 얻을 수 없는 귀한 경험이다.

외국 발런티어들끼리는 쉽게 애인 사이가 되는 것을 보고 나는 좀 의아했다. 그러나 그 관계는 키부츠를 떠나면 지속되지 못하는 일시적인 관계가 대부분이다. 한국인 P도 영국인 친구와 점점 가까워지면서 우리들에게 고민을 털어놓았다. 외국인이 생각하는 이성 교제는 우리와는 생각이 너무 다르다. 이런 환경에서는 자신의 가치관이 확고해야 한다. 이미 성인이므로 자신의 행동은 자신이 책임져야 한다. 외국이기 때문에 무책임한 행동을 해도 된다고는 생각하지 않는다.

한국인 중에서 기독교인들은 안식일에 모여서 함께 예배를 드리고, 일요일에는 외국 발런티어와 함께 영어로 성경도 읽고 찬송도 부르며 나름대로 신앙생활을 하기도 했다.

키부츠의 깨끗한 자연 환경은 공해에 찌든 나에게는 참으로 신선하게 다가왔다. 오후에는 거의 매일 가족과 친구들에게 편지를 썼다.

이스라엘에서의 여행 이야기도 빼 놓을 수 없다. 나는 이스라엘이 그토록 아름다운 나라인지 예전에는 몰랐었는데 그 특이하고 다양한 지형은 날 감동시키기에 충분했다. 끝도 보이지 않는 사막에서부터 골란고원, 사해, 야자수가 줄지어 서 있는 길. 어디를 가도 새롭고 놀라웠다. 또한 맑고 투명한 하늘은 1시간도 같은 모습이 아니었다. 그림에서나 보아 왔던 맑은 하늘의 모습을 이스라엘에서 매일 바라보며 난 정말이지 천국이 아닐까 하는 생각을 여러 번 했었다. 오묘한 신의 섭리를 절로 느낄 수 있었으니까 말이다.

예루살렘에서는 경비를 절감하기 위하여 올드시티 내의 유스호스텔에서 잤다. 하루에 15쉐켈인 저렴한 유스호스텔에는 우리와 같은 배낭여행자들이 많았다. 성지인 예루살렘과 그곳에서 조금만 교외로 나가면 펼쳐지는 광활하고 아름다운 지형과 자연을 느껴 보고 싶다면 지금 당장 키부츠에 참가하기를, 그리고 외국 친구들과 가족처럼 친밀한 감정을 느끼고 싶다면 그리고 이를 통해 한층 더 성숙한 인생의 경험을 갖고 싶다면 주저 말고 이스라엘로 떠나라고 권하고 싶다.

우리가 키부츠를 떠나올 때 송별 파티를 열어 준 정들었던 친구들의 얼굴이 눈에 선하다. 나는 소중했던 키부츠에서의 생활과 거기서 만난 친구들을 평생 잊지 못할 것이다.

양 효정

Kibbutz Kfar Charuv(1997년 12월 - 1998년 2월)

이화여자대학교 사학과 재학중

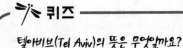

퀴즈

텔아비브(Tel Aviv)의 뜻은 무엇일까요?

정답 : 봄, 언덕 이란 뜻으로 이 단어는 고대 유럽의 지명이었습니다.

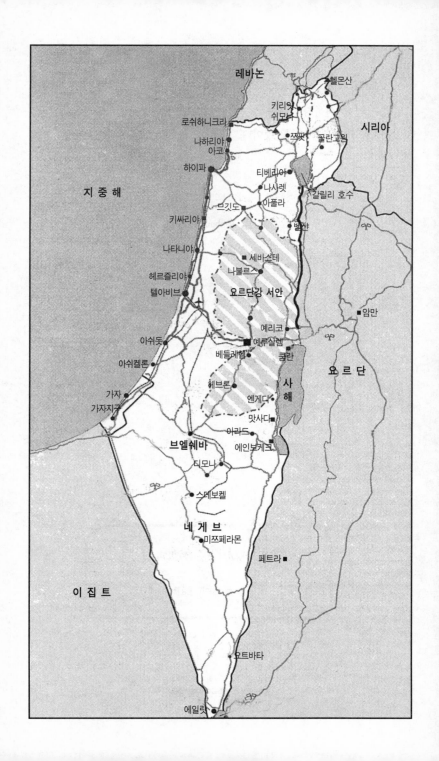

5장
이스라엘 이해하기

■ 우수한 민족 유대인에게 한 수 배우자

李圭泰 코너

<4530>

이스라엘 반백년

예멘에서 살아온 유대인을 대로 실현되었다고 당시 이 어느날 팔레스타인에 자 스라엘 신문들은 대서특필 기네 조국이 세워졌다는 소 했다. 문을 듣는다. 2천년 동안을 이렇게 온 세상에 흩어져 약속의 세계에 뒤지고 기다렸던 살던 유태인들이 신생 조국 번 지르르, 4만3천명의 유 이스라엘에 모여 들었다. 마 태인들은 생활터전을 뒤로 치고 2천년을 하루 같이 마 메고 옮겨오기 시작했다. 마 침내 2천년을 하루 같다 마 치 약속의 땅 그토록 갈망했 리도 한두가 버스가 담으하 던 조국을 향해 사람들 가로 자 타고 간도가 흥에이 떠난 지르고 밤낮시야계 노 것이다.

조선일보 98. 5. 1

세계 인구의 0.3%를 차지하는 유대인은 역대 3백 명의 노벨상 수상자 중 각 분야에서 93명의 수상자를 배출했다. 일일이 통계 자료를 들먹이지 않더라도 유태인이 뛰어나다는 것은 모두가 인정하는 사실이다. 주후 70년 이후 2천 년간 나라 없이 방랑생활을 해 왔던 유대인은 1948년에 이스라엘이라는 나라를 다시 세웠다. 역사상 한 민족이 패망한 이후 이렇게 오랜 시간이 흐른 후에 끈질기게 재기하는 예는 찾아 볼 수가 없다. 유대인들은 자신들의 땅만 되찾은 것이 아니라 히브리 언어도 되찾았다. 현대적 개념이 없어서 일상 언어로 부적절하다는 비평을 받았으나 오늘날 히브리어는 문학, 과학, 경제 등 모든 분야에서 자연스럽게 사용되고 있다. 과연 이들의 힘은 무엇인가?

한국과 이스라엘은 닮은 점이 많이 있다. 두 민족은 역사상 많은 외세의 침략을 받았으며 고난에도 불구하고 결코 지구상에서 사라지지 않고 생존해 왔다. 또한 국토는 좁고 지하자원은 절대적으로 부족하다. 있는 것이라고는 우수한 인력뿐이다.

이스라엘을 지칭할 때면 아주 오래 전부터 '젖과 꿀이 흐르는 땅' '약속의 땅'이라는 형용사를 사용해 왔다. 그러나 이스라엘을 방문해 보면 풀 한 포기 자라지 않는 황량함에 놀랄 것이다. 가로수 밑으로는 가느다란 물파이프가 연결되어 있어서 규칙적으로 물을 주고 있다. 건물과 가로수가 있는 이스라엘 도시의 모습은 우리나라와 다르지 않다. 그러나 도시만 벗어나면 긴 여름 동안 초록색이라고는 찾아볼 수 없는 황량함과 흙도 아닌 거친 돌멩이가 눈에 뜨인다.

유대인은 왜 이런 쓸모 없는 땅으로 돌아왔을까? 조상들의 땅이라는 이유 때문에? 유대인들은 스스로 이런 이야기를 하며 웃는다. 이스라엘 백성들이 이집트에서 노예생활을 하고 있을 때 하나님은 모세를 지도자로 세우고 그 백성들을 탈출시킬 계획을 가지고 있었다. 하나님이 모세에게 탈출시킨 백성을 어디로 데리고 갔으면 좋겠느냐고 물으셨다.

'카 카 카…' 모세는 말을 더듬었다. 구약성경에 보면 모세는 말씀씨가 없어서 지도자가 되기를 사양했었다. 모세는 젖과 꿀이 흐르는 광활한 '카나다'(Canada)로 백성들을 인도할 생각으로 말문을 열었으나, 하나님은 그의 더듬는 말을 끝까지 듣지 못했다. '그래 가나안(Canaan)으로 가겠다고!'

그러나 지금 이스라엘 땅은 젖과 꿀이 흐르는 땅으로 변하고 있다. '자파'(Jaffa) 상표가 붙은 오렌지, '카르멜'(Carmel) 상표가 붙은 야채는 유럽 슈퍼마켓에서 비싼 값에 팔리고 있다. 비가 내리지 않고 뜨거운 태양이 내리쬐는 이스라엘에서 재

'자파'(Jaffa) 상표가 붙은 오렌지

배된 과일은 한결같이 달고 맛이 있다. 이스라엘 젖소 한 마리 당 생산
되는 우유의 양은 세계 최고를 자랑한다. 유대인들은 사막을 '젖과 꿀'
(Honey and Milk)이 흐르는 땅으로 바꾸어 놓았다.

유대인들은 이제 하이테크로 전세계 시장을 공략하고 있다. 벤처기업
의 천국인 이스라엘은 뛰어난 기술로 세계 컴퓨터 소프트웨어 시장으로
뛰어 들고 있다. 미 국방성의 컴퓨터로 잠입한 해커가 이스라엘의 10대
소년이었다는 사실은 우연의 일치가 아니다.

이스라엘로 가자. 우리와 환경이 비슷한 신생국가 이스라엘. 그들로
부터 배우자.

■ 80년대 경제위기를 극복한 이스라엘

1983년 이스라엘 경제는 갑작스런 금융위기를 겪게 되었다. 1983년
거품이 많았던 주식시장이 붕괴하면서 금융위기가 시작되었다. 주요 은
행은 부도 직전까지 몰리고 외국자본이 빠져나가자 환율이 상승하게 되
었다. 83년말 1달러 당 23쉐켈이던 환율은 84년 1,500쉐켈까지 치솟았
다. 매일 상승하는 환율로 물가가 걷잡을 수 없이 오르자 상인들은 물건
값을 아예 달러로 표기할 정도가 되었다. 84년 한 해 동안 인플레는
400%가 되고 실업률은 12%에 달했다.

8년간의 집권당인 리쿠드당이 남긴 경제실책의 결과였다. 새로 정권
을 장악한 노동당의 페레스 총리는 연립내각을 구성하고 경제안정책을
펴기 시작했다. IMF의 도움을 받을 수도 있었지만 페레스 정부는 스스로
해결하는 방법을 택했다. 먼저 정부 민간부문에 대대적인 긴축정책을 실
시했다. 이스라엘의 가장 민감한 사항인 국방비도 5~6% 삭감을 감행하
고 해외자본을 끌어들였다.

정부는 기업과 은행의 부실여부를 숨기지 않고 공개하였고 국민들에게 고통분담을 요청했다. 위기극복을 위한 이러한 노력으로 대외신임도가 올라갔고 인플레도 86년에는 20%로 떨어졌다. 이스라엘은 금융위기를 통해 산업구조가 하이테크 산업형으로 바뀌었다. 또한 금융위기를 계기로 시장개방과 구조조정을 함으로써 경쟁력을 갖추게 되었다.

경제를 안정시킨 페레스 총리는 86년 리쿠드당의 샤밀에게 총리 자리를 넘겨주었다. 연립내각을 구성하면서 한 약속을 지키기 위해서였다. 위대한 지도자와 고통분담을 감수한 국민들은 독립 후 최고 위기였던 경제위기를 성공적으로 극복할 수 있었다.

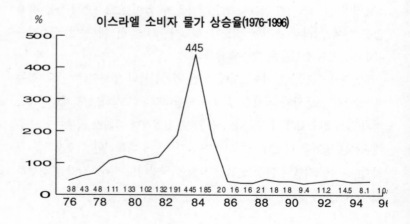

이스라엘 소비자 물가 상승율(1976-1996)

■ 이스라엘의 역사 연대표

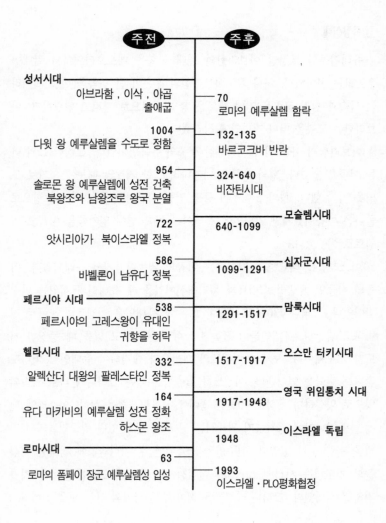

주전   주후

성서시대
아브라함 , 이삭 , 야곱
출애굽

— 70
로마의 예루살렘 함락

1004 —
다윗 왕 예루살렘을 수도로 정함

— 132-135
바르코크바 반란

954 —
솔로몬 왕 예루살렘에 성전 건축
북왕조와 남왕조로 왕국 분열

— 324-640
비잔틴시대

722 —
앗시리아가 북이스라엘 정복

모슬렘시대
640-1099

586 —
바벨론이 남유다 정복

십자군시대
1099-1291

페르시아 시대
538 —
페르시아의 고레스왕이 유대인
귀향을 허락

맘룩시대
1291-1517

헬라시대
332 —
알렉산더 대왕의 팔레스타인 정복

오스만 터키시대
1517-1917

164 —
유다 마카비의 예루살렘 성전 정화
하스몬 왕조

영국 위임통치 시대
1917-1948

이스라엘 독립
1948

로마시대
63 —
로마의 폼페이 장군 예루살렘성 입성

— 1993
이스라엘 · PLO평화협정

■ 이스라엘의 역사

① 족장시대

유대인들의 조상인 아브라함의 원래 고향은 메소포타미아의 갈대아 우르라는 곳이었다. 하나님은 아브라함의 후손이 큰 민족을 이룰 것이라는 약속과 함께 고향을 떠나 새로운 땅 가나안으로 가라고 명령한다. 아브라함은 고향을 떠나 가나안에 정착했다.

아브라함의 아들 이삭은 온유한 성품의 유목민이었다. 그러나 그의 아들 야곱은 달랐다. 형의 축복을 차지하려고 한 거짓말 때문에 외가로 도망을 가야 했다. 형의 노여움이 풀릴 만큼 시간이 흐른 후에야 고향으로 돌아온 야곱이었지만 가나안에 흉년이 들자 노년에 일가족을 이끌고 이집트로 이주했다.

이스라엘을 대표하는 12지파는 야곱의 열두아들에서 유래되었다. 야곱의 아들인 요셉이 이집트의 총리대신이었을 때 유대인의 지위는 안정적이었다. 그러나 430년의 세월이 흐른 후 유대인은 이집트의 노예로 전락하고 말았다. 유대인들이 혹독한 노예생활을 하고 있을 때 등장한 지도자가 모세이다. 모세는 이집트의 파라오와 대결하여 유대인이 떠나도 좋다는 허락을 얻어낸다. 이집트를 탈출한 이들은 그러나 곧바로 약속의 땅으로 입성하지 못하고 40년간 광야에서 유랑생활을 한다. 이스라엘 백성들이 가나안에 정착하기 위해서는 그 땅에 살고 있던 원주민들과의 전쟁을 피할 수가 없었다. 원주민들을 몰아낸 후 가나안땅에 정착한 백성들의 지도자는 사사(士師)였다. 아직까지는 종교지도자가 정치지도자를 겸하던 시대였다. 그러나 백성들은 점차 주변 국가와 같은 왕을 원했다.

② 왕국시대(제1성전 시대)

최초의 왕은 사울이었다. 그는 백성들의 인기를 한 몸에 안고 왕이 되었으나 교만하여 비참하게 생을 마쳐야 했다. 거인 골리앗을 물리친 용맹한 다윗이 사울을 이어 두 번째 왕이 되었다. 그는 이스라엘 역사상 최고의 성군이었다. 그는 예루살렘을 수도로 정하고, 하나님의 법궤를 예루살렘에 가져옴으로서 예루살렘을 정치적 종교적 심장부로 만들 수 있었다. 그의 지휘 아래 왕국은 확장되었고 뒤를 이은 아들 솔로몬은 예루살렘에 성전을 건축했다. 솔로몬의 시기는 평화의 시기였다. 그는 무역을 장려하여 경제적 성장을 도모했다. 그러나 과중한 세금과 노역은 그의 사후 왕국의 분열을 초래했다.

솔로몬 왕 사후 나라는 북이스라엘과 남유다로 분열되었다. 다윗 왕조의 전통을 이어받은 남유다는 비교적 여호와 신앙을 지켰으나 북이스라엘은 항상 이방신을 섬기는 일로 선지자의 책망을 받아야 했다. 이스라엘은 원래 신정국가였다. 이스라엘 백성이 하나님을 배반하고 다른 이방신들을 섬길 때마다 하나님은 선지자들을 보내어 백성들을 책망했다.

주변 강대국의 크고 작은 공격을 받아 왔던 북이스라엘은 주전 722년 앗시리아에 의해 멸망하고, 주전 586년 남유다는 바벨론의 공격으로 멸망을 당한다. 유다의 많은 백성들은 바벨론에 포로로 끌려가고 이스라엘땅은 황폐해졌다.

새로 등장한 페르시아의 고레스왕은 바벨론에서 포로생활을 하고 있던 유대인에게 귀환해도 좋다는 명을 내린다. 70년만에 이들은 고향으로 다시 돌아왔다. 그러나 이전의 영화는 쉽게 회복되지 않았다.

③제 2 성전 시대

알렉산더 대왕은 고대 근동 지역의 역사에 새로운 분기점을 마련했다. 그리스와 마케도니아를 통일한 알렉산더 대왕은 페르시아 제국을 공격하고, 주전 332년에는 팔레스타인을 거쳐 이집트를 정복했다. 알렉산더 대왕의 죽음 이후 그의 제국은 마케도니아, 셀레우쿠스, 프톨레마이의 세 제국으로 분열되었다. 알렉산더 대왕의 정복 사업으로 그리스 문화와 동방 문화가 융합된 헬레니즘 시대에는 헬라인이나 야만인이나 할 것 없이 큰 세계의 한 구성원이 되는 세계주의가 강조되었다.

코이네 헬라어는 이 새로운 세계를 하나로 묶는 공통의 언어로 새로운 세계의 신분증이 되었고, 종교적으로는 혼합 주의의 결과로 제우스, 말둑, 바알은 서로 다른 이름을 가진 하나의 신으로 여기게 되었다. 이것은 유대인 공동체에게는 하나의 도전이었다. 유대인에게는 헬라 세계의 일원이 될 것인지 유대인으로 남을 것인지에 대한 질문에 답을 해야만 할 시기가 오고 있었다.

• 마카비 반란

유대인들도 점차 헬라화되어 가고 있을 즈음에 셀레우쿠스 제국의 안티오쿠스 4세는 유대인에게 이교신앙을 강요했다. 주전 167년 마타디아스 제사장은 이방신에게 제사를 드리려는 유대인을 살해하고 산으로 도망을 갔다. 이에 동조하는 많은 유대인들이 그를 따랐다. 마타디아스 제사장이 죽자 그의 아들들이 아버지의 뒤를 이었다. 가장 용맹한 아들 유다 마카비는 주전 164년 이방인들에게 더럽혀진 예루살렘 성전을 되찾고 정결하게 했다. 이후로 성전회복을 기념하는 '하누카'라는 절기가 지켜지게 되었다.

• 하스몬 왕조

유다 마카비와 형제들의 지도력으로 유대인들은 이방인의 통치에서 벗어날 수 있었다. 이들은 곧 반란군의 지도자에서 대제사장과 왕의 지위까지 획득하게 되었다. 그러나 사실은 그들이 왕이나 대제사장이 될 수 있는 합법적인 가문의 출신은 아니었다. 그럼에도 불구하고 이들은 하스몬 왕조를 세우고 이스라엘 최고의 권력을 누렸다. 알렉산더 야나이 왕이 통치하던 시기에 이스라엘은 가장 넓은 영토를 차지할 수가 있었다.

야나이 왕의 두 아들이 정권다툼을 벌이자 외세가 개입하게 되었다. 로마의 폼페이는 이들을 중재한다는 구실로 예루살렘으로 입성했고(주전 63년) 백여 년간의 독립국가 시대는 막을 내리게 되었다.

• 디아스포라

이 시대의 특징 중 하나는 본토 이스라엘에 사는 유대인보다 다른 지역에 사는 유대인의 숫자가 더 많다는 사실이다. 이들은 종교적인 명절이 되면 성전세와 헌물을 가지고 각 지역에서 예루살렘으로 순례를 왔다. 그들은 이방사회에 살고 있었으나 조상들의 율법을 따라 할례를 행하고 안식일을 지키며 본국의 이익을 대변했다. 이들은 주변 세계에 동화되지 않으려고 노력하였다.

• 로마의 속국

세계의 새로운 지배자로 등장한 로마는 소아시아와 이집트를 연결하는 교량 역할을 하는 이스라엘의 전략적인 중요성을 간과하지 않았다. 개종한 유대인 헤롯(주전 37~주전 4)은 로마제국의 비위를 맞추고 이스라엘의 통치권을 얻을 수 있었다. 헤롯은 수많은 도시를 건설하고 황제

헤롯 대왕이 재건한 성전(홀리랜드 모델)

의 이름을 따라 도시를 명명하며 로마의 신임을 받았다. 오늘날 볼 수 있는 많은 유적은 그의 작품이다. 그는 예루살렘 성전을 재건하고, 가이사랴, 여리고, 세바스테(사마리아), 맛사다와 같은 도시를 건설했다. 로마의 속국으로 헤롯 가문의 통치를 받게 된 유대인들의 불만은 점차 커졌다.

• 종파의 형성

이 시기에 새로운 종교적 분파들이 생겨났다. 사두개파는 하스몬 가문과 결탁하여 정치적 이익을 나누는 상류계층이었다. 그들은 구전(口傳) 율법을 부인하고 오직 토라만을 신봉했다. 바리새파는 토라의 생활화를 목표로 하였으며 구전율법을 인정하고 부활 신앙을 갖고 있었으며 대중의 지지를 받았다.

엣세네파는 마지막 때가 임박했다는 종말신앙을 가지고 성경을 해석

했다. 1947년 쿰란 동굴이 발견되면서 그 동안 베일에 가리웠던 그들의 독특한 신앙과 생활이 다시 알려지게 되었다.

• **기독교의 생성**

예수는 하나님의 아들로 이 세상을 구원할 메시야(구원자)로 이스라엘에 왔으나 유대인은 그를 받아들이지 않았다. 이스라엘에서 시작된 신앙은 유대인들의 거절로 이방세계에 전해지게 되었다. 바울은 기독교의 교리를 완성하여 당시 세계의 중심인 로마에 기독교를 전파하였고 이 신앙은 곧 전 로마제국에 퍼져 나갔다.

• **예루살렘 성전의 파괴**

헤롯이 죽은 후(주전 4년) 그의 왕국은 세 아들에 의해 분할 통치되었으나 갈릴리 지역을 제외한 유대지역은 곧 로마의 총독이 직접 다스리게 되었다. 로마가 부과한 과중한 세금은 백성들로 하여금 가혹한 이방 통치에 대한 증오심을 불러일으켰다. 하스몬 왕조 말기부터 싹트기 시작한 메시야 사상은 절정에 이르러 이방인의 압제에서 유대를 구하고 메시야가 통치하는 왕국을 고대하는 이들이 늘어나게 된다.

주후 66년 가이사랴에서 시작된 유대인의 폭동은 갈릴리와 예루살렘으로 번졌다. 로마의 티도 장군이 주후 70년 유대인의 심장인 예루살렘 성전을 파괴함으로서 유대인들은 앞으로 2천년 동안은 나라 없는 민족으로 살아가야 했다.

⑤ 성전 파괴 이후(미쉬나, 탈무드 시대)

• 성전 파괴 이후의 유대인

유대인의 구심점이던 성전은 파괴되었다. 유대인의 지도자들은 방황하는 백성들에게 새로운 방향을 제시해 주어야만 했다. 사두개파와 에세네파는 사라지고 오직 바리새파만이 남아 유대교의 전통을 이어갔다.

유대인에게 가장 중요한 성전과 제사가 사라지자 랍비들은 유대교의 구심점을 율법의 연구에 두었다. 남은 지도자들은 절망에 빠진 백성들에게 율법을 가르치며 생존의 길을 모색하였다.

• 바르 코크바 반란(주후 132-135)

성전이 파괴되고 60여 년이 지났으나 이스라엘 회복에 대한 꿈은 사라지지 않았다. '별의 아들'이라는 뜻의 바르 코크바를 중심으로 하여 로마에 대한 반란이 시작되었다. '예루살렘의 해방' '이스라엘의 구속'이라고 히브리어로 쓴 동전이 발행되었다. 랍비 아키바는 그를 이스라엘을 구속할 메시야로 선포하였다. 그러나 로마군은 반란을 진압했다. 반란의 결과는 참혹했다.

로마는 예루살렘을 알리아 카피톨리나 (Aelia Capitolina)라는 새 이름으로 불렀다. 예루살렘에는 유대인 거주가 금지되고 오직 성전 파괴일(아브월 9일)에만 방문이 허락되었다. 로마의 하드리안 황제는 지금까지 유다로 부르던 속국의 이름을 시리아 - 팔레스티나로 바꾸었다. 더 이상 유대인이 그 땅에 대한 애착을 갖지 못하도록 한 조치였고, 이후로 그 땅은 이스라엘이나 유대가 아니라 팔레스타인이라고 불리게 된다.

• 구전율법(미쉬나, 탈무드)의 편찬

바르 코크바 반란 중에 주조된 동전

성문 율법과 함께 구전 율법도 모세가 시내산에서 하나님께로 받았다는 전승은 구전율법의 권위를 말하고 있다. 이러한 견해는 바리새파에 의해 발전되었고 유대교의 기본 원칙이 되었다. 원래 구전율법은 기록이 금지되었다. 율법은 구두로 율법 학교에서 암송되고 토론되어 다음 세대로 이어져 내려왔다.

이런 구전율법은 랍비 유다 나시에 의해 종합되어 3세기 중엽 미쉬나('가르치다' 라는 뜻)로 편찬되었다. 구전율법은 토라에 규정되어 있지 않은 관습과 전통을 규범화시킨다.

미쉬나는 씨앗(Zeraim), 절기(Moed), 여성(Nashim), 손해(Nezikin), 성물(Kodashim), 정결(Teharoth)의 6편으로 되어 있고, 각 편마다 다시 여러 항목으로 세분화되어 있다.

미쉬나는 다시 토론과 설명이 덧붙여져 탈무드로 편찬되었다. 4세기

후반 팔레스타인의 랍비들은 예루살렘 탈무드(또는 팔레스타인 탈무드로 부름)를 편찬하고, 한 세기가 지나서 바벨론의 랍비들은 바벨론 탈무드를 편찬하였다. 탈무드는 유대인의 모든 도덕, 민속, 역사, 삶의 방식 등 광범위한 주제를 다루고 있다.

⑤ 팔레스타인의 통치자들

• 모슬렘 (640-1099)

7세기 중엽 아라비아 반도의 모슬렘은 그 세력을 페르시아에서 대서양에 이르기까지 모슬렘 제국을 확장시켜 나갔다. 로마는 물러가고 모슬렘이 팔레스타인의 새 주인 역할을 맡게 되었다.

예루살렘의 성전이 있던 자리에는 모슬렘의 사원이 세워지고, 유럽의 기독교인이 성지에 세웠던 교회는 파괴되거나 모슬렘 사원으로 바뀌었다.

초기 모슬렘 시대에 팔레스타인 내의 많은 유대인과 기독교인에게는 모슬렘으로의 개종이 강요되었으며, 이러한 모슬렘이 20세기까지 팔레스타인 인구의 다수를 차지하게 되었다.

아직까지 팔레스타인에 남아 있던 유대인의 대부분은 모슬렘의 박해가 심해지자 새로운 거처를 찾아 떠나고 소수의 유대인만이 남게 되었다.

• 십자군 (1099-1291)

모슬렘의 통치하에 있는 성지를 해방시킨다는 명목으로 유럽의 십자군이 팔레스타인을 차지하였다. 1099년 예루살렘을 탈환한 십자군은 모슬렘과 유대인을 학살하고 팔레스타인을 기독교의 성지로 회복시켜 나갔다. 일부 유대인은 모슬렘과 함께 십자군에 대항하였으며 전쟁의 결과 대부분의 유대인 거주지는 파괴되었다.

12세기 후반이 되자 유대인 거주지는 악고, 가이사랴, 아쉬켈론의 해안 도시에 조금씩 회복되어 갔다. 항구가 있는 해안 도시는 상업과 무역으로 경제적인 회복이 가능했기 때문이었다.

십자군은 정치와 경제적 이득권 때문에 성지 탈환이라는 본래의 순수한 목적을 상실하여 가고 있었고, 이집트에 거점을 둔 모슬렘인 맘룩이 팔레스타인을 공격하여 십자군의 마지막 요새인 악고(Acco)를 손에 넣었다.

• 맘룩 (1291-1517)

맘룩은 악고, 욥바, 그리고 다른 해안 도시를 파괴하였고 결과적으로 팔레스타인은 국제적 무역로의 역할을 상실하면서 경제적으로 쇠퇴해 갔다. 예루살렘의 많은 지역도 황폐한 채로 남겨졌다. 1488년 예루살렘을 방문한 랍비 오바디야는 그의 여행기에 예루살렘의 4천 가구 중 유대인 70여 가구는 매우 빈곤한 상태였다고 기록했다. 팔레스타인은 아랍 문화권에서도 별다른 중요성을 갖지 못하였으나 교육은 지속되었다. 십자군 시대의 교회는 파괴되고, 모슬렘 사원이 건설되었다. 15세기 악화된 경제 사정과 오스만과의 전쟁으로 팔레스타인의 치안은 불안정했다.

• 오스만 터키 (1517-1917)

오스만 터키의 술탄 셀림 1세는 시리아, 팔레스타인, 이집트를 정복하여 팔레스타인의 새 주인이 되었다. 이미 오스만 제국은 콘스탄티노플을 정복하여 비잔틴 제국을 약화시키고 헝가리, 흑해 연안과 북아프리카,

아라비아 반도의 페르시아만 북부 지역을 통합하여 거대한 모슬렘 제국을 건설했다.

1492년 스페인에서 쫓겨난 유대인은 터키 제국으로 이동해 왔으며 일부는 팔레스타인에 정착했다. 새로운 이민자로 유대인의 인구는 늘어났다.

16세기 예루살렘을 방문한 랍비는 그곳에 유대인 3백 가구가 거주하고 있다는 기록을 남겼다. 17세기말 예루살렘 내의 유대인은 1200명이었으나, 18세기가 되자 천여 명의 새로운 이주자들이 예루살렘에 정착하였다. 당시 이들의 생활은 빈곤했고 대부분이 디아스포라 유대인이 보내주는 기부금에 의지하여 생활하고 있었다.

19세기말 팔레스타인의 인구는 증가하여 전체 인구 45만명 중에 유대인은 24,000명이었고 과반수 이상이 예루살렘에 거주하였다. 터키는 모슬렘의 대 제국이라는 자만심으로 유럽 세계에 관심을 기울이지 않았으나 나폴레옹의 이집트 점령에 자극을 받아 개혁을 서둘렀다. 그러나 내부의 반란과 외세의 침입이 계속되고, 프랑스와 영국이 중동의 질서에 끼여들자 터키의 지위는 약화되고, 1917년 팔레스타인의 지배권은 영국으로 넘어간다.

⑥ 팔레스타인 밖의 유대인

• 4세기에서 9세기까지 유럽의 유대인
유대인은 기독교와 모슬렘의 통치하에서 살게 되었다. 기독교는 유대인이 예수를 십자가에 못박았다는 이유로 박해했고, 모슬렘은 모하메드를 하나님의 선지자로 여기지 않고 코란도 인정하지 않는 유대인을 박해했다. 유대인에 대한 모슬렘의 태도는 기독교인보다 관대하기는 했으나 그래도 고난을 당하기는 마찬가지였다.

유럽에 정착한 유대인과 모슬렘 세계에 정착한 유대인은 두 세계를 왕래하며 무역에 종사하였다. 이들 유대상인 중 일부는 궁정과 연결되어 상류층과 좋은 관계를 유지하기도 한다.

유대인은 토지를 소유할 수 없었고 유대인 무역상이 지방 무역에 개입하자, 봉건 영주는 그들의 경제적 이익을 위하여 유대인 무역상을 활용하였다. 화폐가 중요성을 더 할수록 유대인의 활동은 도시 경제의 중요한 요인이 된다.

8세기초 아랍이 스페인을 공격하고 유대인에게 관용을 베풀자 스페인의 유대인은 약 3백년간 자유롭게 시, 철학, 과학뿐 아니라 유대교를 발달시킬 수 있는 전성기를 누렸다. 모슬렘 세계에 살던 유대인은 아랍 문화를 유럽에 전해 주는 매개 역할을 했다.

● **중세의 유대인**

십자군은 유대인을 핍박하고 그들의 거주지를 파괴시켰다. 무역과 농업에 종사하던 이들은 생계 유지를 위한 다른 길을 찾아야 했다. 토지가 없는 이들이 할 수 있는 것은 대금업(貸金業)이었다.

1492년 스페인의 이사벨라 여왕은 유대인 추방령을 내렸다. 유대인은 개종을 강요당하고, 그렇지 않을 경우 죽임을 당하거나 추방당했다. 개종한 유대인 중에는 비밀리에 유대 전통을 유지하기도 했다. 추방당한

14세기 독일에서 쓰여진 하가다(유월절 예식의 책)

이들은 그리스, 북아프리카, 오스만 제국 내에서 피난처를 찾았다.

16세기 유럽은 유대인을 격리시키는 조치를 취하기 시작했다. 1516년 베니스에서 처음으로 유대인을 게토(Ghetto 鑄造場)라는 구역에 격리시킨다. 16세기에 도시의 유대인 인구가 늘어나자 추가로 구역이 할당되었으며 같은 이름이 주어졌다. 이리하여 게토는 유대인이 강제로 살게 되는 격리 구역을 지칭하는 말이 되었다.

중세 말 게토는 유럽에서 공식적인 기구가 되어, 유대인은 심리적으로 사회적으로 고립에 직면했다. 그러나 주변 세계와 단절된 게토에서 유대인은 자유롭게 토라에 열중할 수 있었고, 자체적인 교육을 통하여 정체성을 지켜 나갔다. 한편으로 게토는 유대인의 시야를 좁게 만들었다.

• 유대교 사상의 발전과 사상가들

모슬렘 시대는 가온(Gaon)이라 불리는 지도자들에 의해서 탈무드 연구가 부활되었으며 바벨론의 수라와 품베디타는 탈무드 연구의 중심지가 되었다. 종교적인 문제뿐 아니라 세속적인 모든 문제는 가온이 제시하는 지도에 의존하며, 바벨론의 가온이 그 역할을 상실하자 이집트, 스페인, 독일의 탈무드 학자들이 이 책임을 맡게 된다.

스페인 출신의 이븐 가비롤(Solomon Ibn Gabirol c. 1021-1056)은 네오 플라톤 철학자로 유대인의 지식 영역을 바벨론에서 유럽으로 옮겨 놓았다. 그는 성경의 언어인 히브리어에 자극을 받아 철학적 시를 구상해 냈고 이러한 시의 일부는 유대인의 기도문에 포함되었다.

마이모니데스(Moses ben Maimon 1135-1204)는 율법을 집대성한 저서를 집필하였고 그의 철학은 기독교 학자들에게도 영향을 미쳤다.

프랑스 출신으로 성경과 탈무드 주석의 대가인 라쉬(Rabbi Solomon Yitzhaki 1040-1105)는 유럽의 유대인에게 팔레스타인과 바벨론의 전통을 이어주었다.

모슬렘이 스페인을 정복하면서 유대인을 관대하게 대하자 유대인은 자유롭게 철학과 사상을 발전시켜 나갈 수 있었다.

• 계몽주의 (하스칼라)

유대인의 계몽주의는 중세의 금욕주의와 관념론에서 유대인을 해방시키는 휴머니즘을 이상으로 하여 18세기와 19세기에 활발하게 전개되었다. 계몽주의는 17세기 서구화된 네델란드와 이탈리아 유대인 사회에 그 뿌리를 두고 있으나, 18세기 독일에서 시작되었다. 역사, 철학, 과학의 습득은 유대인의 지식 영역을 넓혀 주었다. 독일에서는 멘델스존(Moses Mendelssohn 1725-1786)의 노력으로 계몽주의가 싹트게 되었는데, 그는 게토의 벽안에 갇혀 있던 유대인을 세속적인 유럽 세계로 이끌어 내었다. 계몽주의는 전통에 묶여 있던 유대인에게 주변의 세계와 융합하며 그들의 문화를 받아들이도록 유도하였으며 시온주의를 낳게 하였다.

7 시온으로

• 유대인에 대한 관용과 안티세미티즘

16세기의 종교 개혁은 중세 교회가 가지고 있던 가치관을 수정케 했다. 유대인에 대한 종교적인 관용이 대두되어 갔다. 계몽주의의 영향을 받은 유럽인들도 유대인에 대한 태도를 바꾸어 나갔다. 프랑스 혁명은 유대인에게 경제적 정치적 권위를 처음으로 부여했다. 네델란드와 함부르크는 이미 유대인에게 제한적이긴 하지만 자유를 주었고, 1791년 프랑스는 유대인에게 시민권을 주어 유럽에서는 처음으로 유대인의 권리를 법으로 인정했다.

약 백여 년 간 유대인은 비교적 많은 자유를 획득하였다. 그러나 안티세미티즘의 기운은 사라지지 않았다. 19세기 러시아는 반유대인 법령을 제정하여 유대 공동체의 지위를 약화시켰다. 1881년부터 1917년까지 대대적인 유대인 박해와 학살이 러시아에서 일어났다. 프랑스에서는 반유대적인 우파의 정치적 영향력이 증가하기 시작하였다.

1894년 프랑스의 대위 드레푸스(Alfred Dreyfus)는 프랑스의 기밀을 독일에 넘겼다는 죄목으로 기소되었다. 드레푸스가 썼다는 편지는 처음부터 위조된 것이었다. 프랑스 언론은 드레푸스가 유대인임을 강조했고 그는 반역죄로 종신형을 선고받았다. 에밀 졸라도 그의 무죄를 주장했다. 1899년 재판이 다시 열리고 그는 감형을 받았다. 그러나 그의 무죄는 몇 년 뒤에야 인정되었다.

안티세미티즘에 자극 받은 유대인은 유대국가 건설의 필요를 절박하게 느끼고 있었다.

• 시온주의

유대국가는 헤스(1812-1875), 핀스커(1821-1891), 헤르즐(1860-1904)에 의해 구상되었고 그 꿈은 시온주의자들에 의해 발전되었다.

시온주의의 본격적인 활동은 헤르즐(Theodor Herzl 1860-1904)에 의해 서서히 막이 오르게 된다. 그는 부다페스트에서 태어나 종교적인 가정 교육을 받고 자라났으나 유대인이라는 정체성과 민족의식은 없었다. 비엔나 신문사의 기자로 파리의 특파원이 된 헤르즐은 파리에 거주하면서 프랑스의 반유대주의를 접하면서 유대인 문제를 심각하게 받아들이게 된다. 박애, 평등을 부르짖는 혁명의 국가였던 프랑스에는 반유대주의 물결이 넘쳐흘렀다.

헤르즐은 '유대국가(1896)' 라는 소책자에서 유대인 문제는 오직 유대국가 건설만으로 해결된다고 주장했고 이것은 유대인 사회에 큰 반응을 불러 일으켰다. 그의 제안으로 전 유럽의 유대인 대표가 참가한 제 1회

시온주의 총회가 1897년 바젤에서 개최되었다. 이 총회에는 모두 2백여 명의 대표가 참석하였는데 헤르즐의 지도력이 드러나기 시작했다.

1회 시온주의 총회에서는 '국제법의 지지를 얻어 팔레스타인에 유대민족을 위한 국가 건설을 시온주의의 목표'로 결정하였다. 헤르즐은 정치적인 외교 활동을 통하여 유대국가 건설이 가능하다고 보고 터키

데오드르 헤르즐

와 영국을 대상으로 한 외교적인 노력을 기울였으나 이러한 방침에 모두 동조하는 것은 아니었다. 그는 러시아와 유럽의 유대인이 겪는 고난을 조금이라도 빨리 덜어 주기 위하여 영국이 제안한 '우간다에 유대국가 건설' 안을 받아들여, 제 5회 시온주의 총회에 제출했으나 거센 반발에 부딪혔다. 1904년 그는 총회에서 우간다안에 대해 사과하고 팔레스타인에 유대국가 건설에 동참하겠다는 감동적인 연설을 한다. 건강을 돌보지 않고 일한 헤르즐은 총회가 끝난 며칠 후 44세를 일기로 세상을 떠났다.

1897년 1회 시온주의 총회가 끝난 뒤 9월의 그의 일기장에는 "나는 여기에 유대국가를 세웠다. 만일 내가 이 사실을 크게 소리친다면 모든 세상이 비웃을 것이다. 그러나 어쩌면 5년 적어도 50년 안에 모든 이들이 확인하게 될 것이다" 라고 적혀 있었다.

• 히브리어의 부활

히브리어의 부활은 계몽주의 시대에 싹트기 시작했다. 오랫동안 히브리어는 구어로 사용되지 않았다. 벤 예후다 (Eliezer Ben Yehudah 1858-1922)는 현대어로서의 히브리어 부활에 공헌했다. 1883년 예루살렘에서 교사직을 맡은 그는 학생들에게 히브리어로 가르쳤고, 히브리어가 일상

생활에서 사용될 수 있다는 것을 알리기 위하여 히브리어 신문을 발행했다.

19세기 말 팔레스타인으로 이민을 온 교육받은 젊은 유대인들은 새로운 유대인 사회에 적합한 언어는 히브리어라고 여겼다. 히브리어는 유대민족주의의 상징이 되었고, 이들의 노력으로 히브리어는 팔레스타인의 공식언어로 자리 매김을 하게 되었다.

• 독 립

영국의 외무상인 발포어(Arthur James Balfour)는 유대국가의 설립을 지지한다는 발포어 선언(1917)을 하였으나 이 약속은 지켜지지 않았다. 1882년부터 시작된 유대인의 팔레스타인 이민은 점차 증가하여 1차 세계 대전이 시작되기 전 팔레스타인의 유대인은 8만 5천명에 달했다. 유대인 정착민들은 주변 아랍의 공격으로부터 스스로 보호하기 위하여 하가나라는 자위대를 조직하였다.

2차 세계 대전으로 6백만 유대인이 나치에 의해 희생을 당했다. 영국은 유대인의 팔레스타인 이민을 달가워하지 않았으나 불법 이민자의 숫자는 증가했다. 영국의 식민통치하에 있던 아시아와 아프리카에서 일기 시작한 민족주의와 독립을 위한 투쟁은 식민지의 무역에 의존하던 영국 경제에 큰 타격을 주었다. 전후 미국은 중동의 이익에 관여하는 새로운 강대국으로 등장했다.

영국이 직면한 경제적 어려움과 독립을 위한 유대인의 계속되는 투쟁은 영국으로 하여금 팔레스타인 문제를 UN에 맡기게 한다. 1947년 5월 유엔의 팔레스타인 특별 위원회는 팔레스타인 내의 두개의 자치 국가안을 제시한다. 1947년 11월 29일 유엔은 이 안을 표결에 붙여 찬성 33,

반대 13으로 이스라엘 독립을 승인한다. 1948년 영국이 철수를 시작하고 최종적인 철수 전 날인 1948년 5월 14일 벤구리온이 이스라엘 독립을 선포했다.

• 전쟁, 전쟁, 전쟁

이스라엘이 독립을 선언하자마자 이집트, 레바논, 사우디 아라비아, 시리아, 이라크, 요르단 6개국은 신생 독립국에 대항하여 전쟁을 개시하였다. 이스라엘은 8개월간 계속된 전쟁에서 유대인 인구의 1%에 해당하는 6천여 명의 목숨을 잃어야 했다.

1950년대 소련이 중동 지역에 군비를 증강하자 이스라엘은 1956년 '시나이 작전'으로 이집트 군을 무력화시킨 후 휴전협정을 체결하고 전쟁을 종결시켰다. 1967년 6일 전쟁은 거대한 골리앗 아랍을 대상으로 한 작은 다윗 이스라엘의 승리였다. 이스라엘은 6일 전쟁에서 시리아로부터 골란고원을, 요르단으로부터 요르단강 서안 지구를, 이집트로부터 가자

지구와 시나이 반도를 점령하는데 성공했다. 이스라엘은 최단 시간에 승전고를 울리며 구예루살렘성을 탈환하여 다시 한번 세계를 놀라게 했다.

그러나 이스라엘의 자만심은 1973년 욤 키푸르(속죄일) 전쟁으로 무너지고 말았다. 1980년대의 레바논 전쟁(1982), 1990년대의 걸프 전쟁 등 이스라엘은 독립 이후 지금까지 끊임없이 전쟁을 치러 오고 있다.

• 평화를 위하여

이스라엘과의 긴장관계를 가장 먼저 개선한 나라는 이집트였다. 1979년 이집트와 이스라엘은 캠프 데이비드 협정을 맺고 평화를 약속했다. 이 협정에 의해 이스라엘은 시나이 반도를 이집트에 반환하였다.

이스라엘에게 주변의 아랍국가보다도 더 심각한 문제는 팔레스타인 점령지역에서 발생했다. 1967년 이후 요르단 서안과 가자 지역은 이스라엘 점령지역이 되면서 이스라엘 정부의 통치를 받게 되었다. 점령지역 내의 주민들 일부는 주변 아랍국으로 이주하기도 했으나 남아 있던 난민들은 이스라엘의 지나친 억압 통치에 점차 불만이 고조되고 있었다.

아라파트를 의장으로 하는 팔레스타인 해방기구(PLO)는 팔레스타인 국가건설을 목표로 이스라엘에 대항하는 조직적 테러 활동을 수행해 왔다. 1987년 억압받던 팔레스타인 난민들은 무장한 이스라엘 군인들을 향하여 돌멩이로 대항하는 인티파타(봉기)를 시작했다. 이것은 곧 서방언론의 주목을 받게 되었다. 그 동안 역사적으로 피해자이기만 했던 유대인들이 이제는 가해자가 되어 힘없는 민족을 억누르는 기묘한 일이 발생한 것이다. 이스라엘 국민 중에서도 진보적 지식인층은 이스라엘 정부를 비난했다. 세계 언론의 이스라엘에 대한 비난도 강도를 더해 갔다.

1991년 걸프전쟁 당시 이라크를 지원했던 PLO는 미국과 아랍동맹국으로부터 따돌림을 당하게 되는 사태가 생겨났다. 이러한 일련의 사건들은 이스라엘 정부와 PLO 모두 전쟁이 아닌 평화의 공존만이 해결책임을 깨닫도록 했다.

1993년 9월 13일 워싱턴에서 이스라엘 라빈 총리와 PLO 아라파트 의장이 평화협정에 서명함으로서 중동지역은 새로운 전기를 맞게 되었다. 1994년 7월 라빈 총리는 후세인 요르단 국왕과 평화협정에 서명하여 평화의지를 다시 한 번 확인했다.

이스라엘과 PLO는 평화협정을 준수하는 과정에서 많은 문제에 부딪히고 있다. 아직도 상호신뢰의 부족으로 완전한 평화는 실현되지 못한 상태이다. 수천 년간 지속된 아랍과 유대인의 갈등이 어떻게 해결될지 그 귀추가 주목된다.

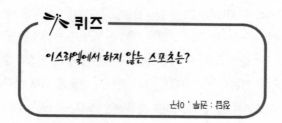

퀴즈

이스라엘에서 하지 않는 스포츠는?

정답 : 권투 · 이종

■ 이스라엘의 지리

• 해안평야

서쪽 지중해 연안을 따라 형성된 평야지역이다. 지중해성 기후로 여름에는 습하다. 해안평야의 북쪽 지역은 남쪽보다 비가 많이 내린다. 연 강우량은 400-600mm.

지형적인 장애물이 없기 때문에 고대에는 국제도로 '해변길(Via Maris)'이 이 지역을 통과했다. 북쪽 로쉬하니크라는 폭이 4-5km로 좁지만 남쪽 가자로 내려가면 폭이 40km로 넓어진다. 고대에는 욥바(Jaff)와 아코(Acco)가 중요한 항구였으며 신약시대에는 헤롯대왕이 인공 항구 가이사랴(Caesarea)를 건설했다. 지중해변을 따라 하이파와 나타니야, 텔아비브 등 휴양도시가 발달되어 있다.

• 중앙산악지대

이스라엘 중앙의 남북으로 뻗은 산지이다. 갈릴리 지역의 산악지대와 사마리아, 유대 산악지대로 이어진다. 주요도시는 예루살렘, 베들레헴, 헤브론 등이며 이곳에서 성경의 중요한 사건이 일어났다.

갈릴리 지역은 해발 600m를 기준으로 상부 갈릴리와 하부 갈릴리로 나뉜다. 상부 갈릴리 지역의 강우량은 연 600-1,000mm이다. 하부 갈릴리 지역의 강우량은 연 600mm로 비옥한 충적토가 쌓여 이스라엘에서 가장 기름진 토양이 있는 곳이다. 이즈르엘 골짜기는 이스라엘 역사상 전쟁이 끊이지 않았던 곳이기도 하다.

• 요르단 계곡지대

갈릴리 호수와 요르단 강 주위 그리고 사해와 홍해까지 이어지는 긴 계곡이다. 요르단은 히브리어의 '야라드(흐르다)'와 '단(이스라엘 북쪽 수원지의 이름)'이 합쳐진 이름이다(단에서부터 흐르다).

북쪽 시리아에서 시작하여 아프리카의 에티오피아까지 이어지는 대협곡의 일부인 요르단 계곡은 북쪽은 비옥하고 남쪽은 건조한 지역이다. 갈릴리 호수와 사해의 직선거리는 105km이지만 꼬불꼬불한 요단강의 길이는 215km나 된다.

갈릴리 호수는 해발 -200m이며 사해는 해발 -400m이다.

• 네게브(Negev)

브엘쉐바에서 에일랏까지의 광야지역이다. 브엘쉐바의 강우량은 연 200mm이고, 에일랏 지역의 강우량은 연 20-50mm 정도에 불과하다. 넓은 영토이지만 인구밀도는 가장 낮다.

• 면적

1948년 독립 당시의 면적은 20,700km²이었고, 1967년 6일 전쟁으로 골란고원, 요르단강 서안, 가자지역을 점령하여 27,700km²이 되었다. 점령지역을 포함한 면적은 남한의 1/4에 해당한다. 남북의 길이는 450km이고 가장 넓은 동서의 폭은 130km이다.

• 인구와 언어

이스라엘 인구는 1998년 기준 약 590만 명이다. 유대인은 약 470만 명이고 약 120만 명은 아랍인이다. 유대인들은 본토에서 태어난 유대인과 외국에서 이민온 유대인으로 구성된다.

공식언어는 히브리어와 영어이다. 외국에서 이민을 온 유대인들과 이스라엘 독립 이전에 영국의 신탁 통치로 인해서 영어가 보편적으로 사용된다. 도로 표지판과 공공장소의 표지판에는 히브리어, 아랍어, 영어를 함께 표기한다. 일반적으로 영어가 통용되며 젊은이들은 영어에 능숙하다. 텔레비전 방송은 영어로 제작된 영화나 다큐멘터리 등을 더빙 없이 영어로 방송하고 히브리어를 자막 처리한다.

• 이스라엘 인구

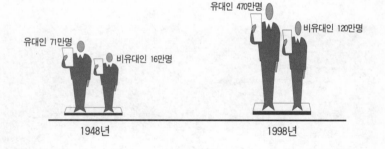

유대인 470만명
비유대인 120만명
유대인 71만명
비유대인 16만명
1948년
1998년

■ 이스라엘의 지정학적 위치

이스라엘을 방문하면 먼저 이스라엘의 좁은 면적, 여름에 비 한 방울 내리지 않는 기후와 돌 투성이의 척박한 땅에 놀라게 될 것이다. 우리는 기름지지도 않고 광활하지도 않은 쓸모 없어 보이는 이 땅에 유대인들은 왜 이천 년이나 지난 후에 다시 돌아와서 나라를 세웠어야 하는가 하는 질문을 던지게 된다.

어느 민족이나 그들의 역사는 지리, 기후, 토양 등의 영향을 받는다. 이스라엘을 올바로 이해하기 위해서는 이러한 지정학적 위치를 아는 것이 중요하다. 일반적으로 역사 과목의 첫 시간은 고대 문명의 발상지에서 시작한다. 우리가 많이 들어왔던 비옥한 초생달 지역에 관한 이야기가 바로 이스라엘을 이해하는 배경이 된다.

유프라테스강과 티그리스강 유역의 메소포타미아 문명은 이스라엘의 북동쪽에서, 나일강을 중심으로 한 이집트 문명은 이스라엘의 남서쪽에

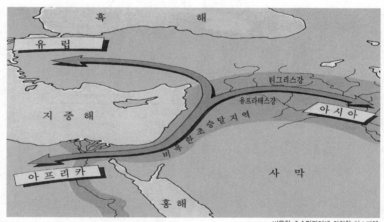

비옥한 초승달지역에 위치한 이스라엘

서 시작된 문명이다. 이스라엘은 양대 문명 사이에서 두 문명을 연결해 주는 교두보의 역할을 해 왔다. 아프리카와 아시아, 유럽을 연결해 주는 이스라엘의 지리적 조건은 때로는 무역의 통로로, 때로는 전쟁의 길목으로 사용되면서 강대국들의 침략대상이 되었다.

고대 동방의 국제도로가 교차되는 곳에 자리잡은 이스라엘에는 토산물을 가득 실은 카라반(약대상)이 정기적으로 왕래하여 무역과 상업을 발달시켜 주었으며 무역상들에게 안전한 길을 제공함으로써 도로변의 도시들은 수입을 얻을 수 있었다.

고대의 앗시리아, 바벨론 제국이 이집트를 공격하기 위해서는 이스라엘을 거쳐야만 했으며 마찬가지로 이집트가 북진정책으로 진군을 하면 무장한 군대는 이스라엘을 통과해야만 했다. 이러한 이유로 이스라엘은 역사상 수없이 많은 전쟁을 치러야만 했으며 전쟁이 휩쓸고 지나간 지역은 폐허로 남겨졌다.

바벨론 제국 이후에도 페르시아 제국, 헬라, 로마가 차례로 이스라엘을 정복했다. 주후 70년 로마가 예루살렘을 함락시킴으로써 유대인은 더 이상 이스라엘의 주인이 될 수 없었다. 이스라엘땅에 소수의 유대인이 남아 있기는 했으나 대부분의 유대인은 전세계에 흩어져 살게 되었다.

주후 7세기에 등장한 이슬람 제국은 이스라엘의 지배권을 획득했다. 그후 이스라엘의 통치권은 십자군, 이집트 맘룩, 오스만 터키가 차례로 이어받았다. 20세기 초가 되자 식민지를 가장 많이 거느린 영국이 이스라엘을 신탁통치하게 되었다.

유럽에 만연한 반셈족주의는 유대인들로 하여금 시온주의를 태동케 하였고 이에 자극 받은 유대인들은 유대국가 건설을 위해 팔레스타인으로 이주하기 시작했다.

1948년 독립한 이후에도 끊임없이 주변 아랍국과 전쟁을 해 온 이스라엘은 1993년 PLO와 평화협정을 맺으면서 갈등의 실타래를 풀기 시작했다. 이스라엘과 주변 국가간의 평화는 단순히 중동지역만의 문제가 아니기 때문에 세계는 늘 이 지역을 주목하고 있다.

현재 이스라엘은 동쪽으로 요르단, 남쪽은 이집트, 북쪽은 레바논, 북동쪽은 시리아와 국경을 접하고 있다.

■ 기후와 물

이스라엘의 면적은 좁지만 지역에 따라서 기후의 차이가 심하다. 1년 중 여름은 길고, 짧기는 해도 봄 가을이 있고 겨울도 있다. 4월부터 10월까지의 여름은 건기로 비가 전혀 내리지 않고 무덥지만 습도가 낮기 때문에 그늘만 있으면 시원하다. 예루살렘은 해발 800m의 높은 곳에 위치하고 있어서 여름에 밤낮의 기온차가 심하고 비교적 시원하다. 지중해

가느다란 파이프를 통해 물을 공급받는 가로수

연안과 갈릴리 지역은 바다에서 불어오는 습한 바람 때문에 한국의 여름처럼 끈적거린다. 남쪽 네게브 지역은 여름에 40℃까지 온도가 올라가지만 건조해서 견딜 만 하다. 건조하기 때문에 땀은 곧 증발하고 갈증도 나지 않아서 물을 마실 필요를 못 느끼지만 여름에는 물을 많이 마셔야 탈수를 예방할 수 있다.

12월부터 2월까지의 짧은 겨울에는 비가 내린다. 중앙 산악지대(예루살렘, 베들레헴, 헤브론, 세겜)나 골란고원 같은 고지대는 기온이 영하로 내려가지는 않지만 체감온도는 낮아 몹시 춥다. 남쪽 네게브와 갈릴리 지역은 산악지대보다 온화한 편이다. 비교적 춥지 않은 겨울날씨 때문에 이스라엘의 난방시설은 좋지 않다. 이스라엘에서 겨울을 보낼 사람들은 따뜻한 옷을 준비해야 한다. 한겨울에도 남쪽 에일랏에서는 수영을 하고 동시에 북쪽 헬몬산에서는 스키를 즐길 수 있는 곳이 이스라엘이다.

• 각 도시별 최고 · 최저 기온

	예루살렘	텔아비브	티베리야	하이파	에일랏
8월	29 / 18	30 / 22	37 / 23	30 / 21	39 / 26
1월	11 / 6	18 / 9	18 / 8	17 / 7	21 / 9

• 물

이스라엘은 물이 부족한 국가이다. 고대에도 부족한 물을 관리하기 위해 수원에서 물을 끌어들여 저장하는 뛰어난 기술을 가지고 있었음을 알 수 있다.

요르단 강과 갈릴리 호수 그리고 몇 개의 작은 강이 이스라엘의 수자원이다. 샘과 지하수를 개발하여 물 사용량의 50%를 충당하고 30%는 갈릴리 호수로부터 공급받는다. 1964년 갈릴리 호수에서 샤론평야를 거쳐 네게브 사막에 이르는 대수로망을 건설하여 물을 공급하고 있다. 물이 부족하기 때문에 한 번 사용한 물도 정수하여 다시 농업용수로 사용한다.

■ 이스라엘의 정치와 헌법

이스라엘은 내각 책임제를 채택하고 있으며, 4년마다 실시되는 총선에서 의석의 과반수를 넘는 정당이 총리직을 맡고 내각을 구성한다. 국회는 크네셋이라고 불리며 의석수는 120석이다. 국회의원은 전국구로 선거에서 얻은 정당별 득표수에 따라 비례대표제로 선출된다. 독립 이후 지금까지 한 번도 의석의 과반수 이상을 차지한 정당이 없었으며 결과적으로 연립정당이 집권해 왔다.

대통령은 국회에서 5년 임기로 선출하며 1차에 한하여 연임할 수 있다. 내각책임제이기 때문에 대통령은 상징적인 역할만 할 뿐 실권은 총리에게 있다.

• 헌법

이스라엘은 성문 헌법이 없으며 1958년부터 1992년까지 제정된 11개의 기본법이 헌법을 대신한다. 기본법은 다음과 같다. 크네세트(1958년), 국법(1960년), 대통령(1964년), 정부(1968년), 국가 경제(1975년), 이스라엘 방위군(1976), 예루살렘(1980), 사법(1984), 국가 감사관(1988년), 인간 존중과 자유(1992년), 직업의 자유(1992년).

■ 이스라엘 사회의 다양성

이민온 유대인들은 그 출신지역에 따라 아쉬케나즈와 스파라디로 나눈다. 아쉬케나즈(복수형은 아쉬케나짐) 유대인은 유럽에서 이민온 이들로 서구문화의 배경을 갖고 교육받은 계층으로서 이스라엘의 중상류층을 이룬다. 스파라디(복수형은 스파라딤) 유대인은 중동과 북아프리카 출신으로 이스라엘의 중하류층을 이룬다. 우리나라의 영호남 갈등 못지 않은 사회적 갈등이 스파라디와 아쉬케나즈 사이에도 존재한다.

■ 정통파 종교인과 세속인

유대인이라고 모두 유대교를 믿는 종교적인 사람들은 아니다. 이스라엘 내의 유대인은 세속화가 심화되고 있다. 하시딤 또는 하리딤이라고 부르는 정통파 유대인은 전체 인구의 6% 정도만을 차지한다. 예루살렘에서 쉽게 눈에 띄는 검은 양복차림의 정통파 종교인들은 엄격한 전통과

율법을 고수한다. 이들은 율법이 요구하는 모든 규율들을 엄격하게 지킨다. 따라서 안식일과 종교적 명절에는 아무런 일도 하지 않는다. 그들의 입장에서는 이스라엘이 세속국가이기 때문에 정부를 인정하지 않으며 군대에도 가지 않는다. 그들은 자녀들을 정부가 운영하는 학교에 보내지 않고 예시바라는 종교학교에 보내며 세속과목은 가르치지 않고 성경과 탈무드

만을 가르친다. 산아제한을 하지 않아서 종교인 가정은 많은 자녀를 두고 있다.

정통파 종교인처럼 엄격하지는 않지만 유대교를 지키는 종교인 그룹이 약 30% 가량이다. 이들은 키파라는 빵모자를 쓰고 다닌다. 종교를 지키지만 사회활동을 하고 군대에도 간다.

나머지 64%의 유대인은 종교에 무관심하다. 그들이 지키는 명절은 종교적 의미가 아닌 민족 전통으로서의 명절일 뿐이다.

이스라엘 사회는 종교인과 비종교인 사이에 갈등이 매우 심각하다. 그들은 가치관과 국가관이 다르고 삶의 방식도 다르다. 두 그룹 사이의 반목은 좁혀지지 않고 더 넓어지고 있다.

■ **이민자들의 나라**

외국에 살고 있는 유대인들의 이스라엘로의 이민행렬은 지금도 계속되고 있다. 독립이전과 이후 동부 유럽과 중동지역에서 많은 이민자들이

이스라엘에서 태어난 유대인들은 스스로를 선인장이라고 부른다.

이스라엘에 정착했다. 지금 이스라엘의 젊은이들은 이스라엘에서 태어난 토종(?) 유대인이지만 나이든 세대는 그렇지 않다. 이스라엘에서 태어난 유대인들은 스스로를 선인장 '짜바르'라고 부른다. 물 없는 광야에서 태어나서 살아가는 선인장은 그들을 가장 잘 표현해 주는 단어라고 할 수 있다.

소련이 무너지자 1989년 말부터 구소련의 유대인들이 대거 이민을 오게 되었다. 1989년부터 현재까지 약 70만명 가량이 구소련에서 이민을 왔다. 구소련계 유대인들은 과학 기술의 전문분야에 종사하던 고급인력 출신이 많아서 이스라엘의 첨단기술을 급속히 발전시키는데 기여하고 있다.

■ 검은 피부의 유대인

유대인들은 어느 지역에서 왔느냐에 따라 피부색이나 머리카락색이 조금씩 다르다. 유럽계 유대인들은 유럽인처럼 생겼고 러시아계 유대인은 은발에 흰 피부, 중동계 유대인은 검은 곱슬머리에 짙은 피부색을 가지고 있다.

유대인 중에는 흑인도 있는데 '팔라샤스'(Falashas)라고 하는 에티오피아계 유대인들이 그들이다. 대체로 흰 망토같은 아프리카 전통의상을 고수하는 에티오피아계 유대인은 금세기까지 세상에 알려지지 않았다. 솔로몬왕과 시바여왕 사이의 후손이라고 주장하는 이들은 다른 지역의 유대인과 마찬가지로 할례를 행하고 유월절을 지키기 때문에 비록 피부색은 검지만 유대인으로 인정한다.

에티오피아가 내란으로 어려움을 겪자 이스라엘 정부는 1985년 모세작전으로 6천명의 에티오피아계 유대인 구출작전을 감행했고, 1991년

솔로몬 작전으로 14,000명의 에티오피아계 유대인을 구출하여 이스라엘에 데리고 왔다.

그러나 다른 지역 출신과는 달리 아프리카 출신의 이들 유대인은 발달한 문명사회 이스라엘에 적응하는데 어려움을 겪고 있다.

■ 종 교

유대인은 모계쪽이 유대인이면 유대인으로 인정된다. 이스라엘 거주 유대인의 64% 가량은 유대교에 관심을 갖지 않는 세속인이다. 유대교는 구약성경만을 인정하고 기독교는 인정하지 않는다. 이런 이유로 유대인이면서 기독교 신앙을 갖는다는 것은 현실적으로 어렵다. 유대인이면서 기독교 신앙을 가진 이들은 약 5천 명 정도인 것으로 알려지고 있다. 공식적인 선교는 허용되지 않는다.

외국인은 신앙의 자유가 있으므로 자유롭게 신앙생활을 할 수 있다. 예루살렘에는 외국인 소유의 천주교와 개신교 교회가 여러 개 있다. 유대인은 역사상 기독교로부터 많은 박해를 받아 왔고 그 결과 유대인의 기독교에 대한 태도는 매우 배타적이다. 외국인이 기독교 신앙을 갖고 있는 것은 간섭하지 않으나 세속적인 유대인이라 할지라도 전도의 의도를 가지고 접근하는 외국인에 대하여는 마음의 문을 열지 않고 경계한다. 이스라엘 사람들과 사귀려면 처음에 종교적인 접근은 삼가고 서로를 잘 이해하는 친밀한 관계를 맺은 다음에 종교적인 접근을 하는 것이 현명하다.

팔레스타인 아랍인은 대부분 모슬렘이지만 나사렛 · 베들레헴 · 가나와 같은 지역의 주민들은 기독교인이 다수를 차지한다.

■ 음 식

• 코셰르(Kosher)

유대교 율법에 규정된 음식규정법으로 구약성경에는 먹어서는 안되는 짐승이 열거되어 있다.

• 부정한 짐승은 먹지 못한다 : 돼지고기. 이스라엘에서는 돼지고기 값이 소고기 값보다 비싸다. 물론 사기도 쉽지 않지만.

• 비늘과 지느러미가 없는 생선은 먹지 못한다 : 멸치, 오징어, 새우, 조개, 게, 뱀장어, 메기 등.

• 피는 먹지 못한다 : 짐승을 도살하면 소금을 뿌려서 피를 빼기 때문에 코셰르 소고기와 닭고기는 일반 도살육보다 짠 맛이 강하다.

• 육류와 유제품을 함께 먹지 못한다. 그러므로 육류를 먹은 후에는 우유를 넣는 커피는 마시지 않는다. 이 규정은 두 종류의 식품을 함께 먹지 못하는 것에 국한되지 않고 육류와 유제품을 담는 식기와 포크, 나이프까지 구별되고, 설거지를 하는 개수대도 구별하여 사용한다.

이스라엘식 샐러드를 파는 식당의 간판

코셰르를 지키는 식당은 식당 입구에 '코셰르' 라고 쓰여있다. 코셰르는 유대교 율법을 지키는 사람들만 지키며, 비종교인이나 키부츠멤버는 코셰르에 얽매이지 않는다. 하지만 돼지고기나 오징어는 식품점에서 구할 수가 없기 때문에 비종교인이라 하더라도 이런 음식을 먹는데는 익숙하지 않다. 코셰르가 아닌 한국에서 가져간 음식을 식당에서 먹는 일이 없도록 조심한다.

• 슈와르마(Shuarma)

원통에 양고기나 칠면조 고기를 돌려가며 불에 구운 것을 피타빵에 넣어 먹는다. 중동지역에서 흔히 볼 수 있는 음식으로 꼭 먹어보자.

• 피타빵과 팔라펠(Falafel)

피타빵은 원형이며 가운데가 주머니처럼 비어있어서 여러 가지 살라드를 넣을 수 있다. 후무스라는 콩가루로 만든 경단을 기름에 튀긴 것을 팔라펠이라고 하며, 피타빵에 살라드와 함께 넣어 먹는다. 이스라엘의 팔라펠은 미국의 햄버거라고 할만큼 대중적이고 이스라엘 사람 누구나 좋아하는 음식이다.

팔라펠 가게에서는 서서 간단히 팔라펠로 요기를 하는 사람들을 쉽게 볼 수 있다.

팔라펠

• **살라드** (Salad)

이스라엘 사람들은 오이와 토마토를 잘게 썰어서 올리브 기름과 레몬 즙을 넣어 소금으로 간을 한 살라드을 즐겨 먹는다. 흰치즈를 넣기도 한 다.

• **커피 (카페)**

아랍식 식당에서는 터키식 커피(카페 툴키)를 마신다. 커피잔이 우리 나라 약주잔처럼 아주 작고 맛은 몹시 진하다. 설탕을 듬뿍 넣기 때문에 달다. 커피가루를 가라 앉힌 다음에 마시고 찌꺼기는 마시지 않는다.

인스턴트 커피로는 네스커피(네스 카페)가 있고 필터커피도 우리 입맛 에 맞는다. 우유를 섞어서 만드는 카페하푹흐도 있다.

• **부레카스**

치즈나 감자 으깬 것, 또는 시금치를 넣어서 만든 빵 종류이다.

• **쉬니즐**

닭이나 칠면조 가슴살을 빵가루에 묻혀서 튀긴 요리이다.

• **피자 (피짜)**

'피자 헛' 스타일보다는 올리브나 버섯을 넣은 이스라엘식 피자가 많다.

■ 군복무와 대학생활

• 군복무

남녀 모두 18세 이상은 군복무의 의무가 있다. 남자는 3년, 여자는 2
년간 복무하며, 남자는 제대 후 51세까지 밀루임(예비군)으로 연 30-60일
복무한다. 소속 부대의 성격에 따라 다르지만 국경지대에 배치받지 않을
경우 자주 휴가를 나올 수 있다. 시내에 위치한 부대에 배치받으면 매일
출퇴근이 가능하다. 군인들은 군부대 밖으로 나가도 항상 총을 휴대한다.

• 대학생활

군복무를 마친 후에는 일을 해서 얼마간 돈을 모아 배낭여행을 하는
젊은이들이 많다. 이런 여행 후에 대학에 진학 하거나 직업을 갖고 사회
생활을 한다. 대학 캠퍼스 주변에는 유흥시설이 거의 없기 때문에 학기
중에는 아르바이트를 하거나 공부에만 전념한다.

■ 유대인의 날짜 / 유대력

이스라엘에서 생활할 때 제일 혼동이 되는 것은 요일 개념이다. 유대
인들은 토요일을 안식일로 지키기 때문에 금요일은 우리의 토요일에 해
당되고 일요일은 평일이다. 그래서 토요일 칸이 붉은 색 글씨로 되어 있
는 그들의 달력이 처음에는 무척 어색하다. 안식일은 키부츠뿐만 아니라
이스라엘 전체가 쉬기 때문에 관공서나 일반 가게도 문을 열지 않는다.
대중교통도 하이파와 아랍 지역을 제외하면 운행하지 않는다. 관광지의
식당이나 기념품 가게만 열려 있다.

또한 유대인들은 하루의 시작을 해가 지는 시간부터 계산하기 때문에
토요일이 안식일이지만 실제로 안식일의 시작은 금요일 해가 지는 시간

부터이며 토요일 해가 지면 안식일이 끝난다. 여름과 겨울은 일몰 시간이 다르기 때문에 여름에는 안식일이 늦게 시작하여 늦게 끝나고 겨울에는 안식일이 일찍 시작해서 일찍 끝난다. 결국 안식일의 정확한 시작 시간은 매주 다른 셈이다.

요일을 표기할 때 히브리어의 알파벳을 사용하므로 알아두면 편리하다. 모든 사무실이나 우체국, 은행 등은 근무시간이 모두 다르기 때문에 보통 출입구에 근무시간을 히브리어로 기록해 두고 있다. 근무시간을 미리 알고 가지 않으면 낭패를 당하기가 쉽다.

일요일 : 욤 리숀　א　　월요일 : 욤 쉐니 ב

화요일 : 욤 슬리쉬　ג　　수요일 : 욤 레비이 ד

목요일 : 욤 하미쉬　ה　　금요일 : 욤 쉬쉬 ו

토요일 : 욤 샤밭 שבת　　＊모쩨이 샤밭 (토요일 일몰 이후의 시간)

• 유대력(歷)

원래 유대인의 달력은 우리와 마찬가지로 태음력이다. 현재는 그레고리안력과 태음력을 함께 사용한다. 우리가 양력과 음력을 함께 사용하는 것처럼 이스라엘도 일반적인 날짜는 그레고리안력을 사용하고 고유명절은 유대력을 따른다. 그러므로 유대력에 따른 설날이나 추수감사절 같은 전통명절은 양력으로는 해마다 바뀐다.

유대력은 19년 동안 7번의 윤달을 넣는다. 키부츠의 행사를 알려면 명절을 알고 있는 것이 좋다.

• 유대력과 양력의 비교

달의 이름	양 력	명 절	농 사
티쉬리	9-10월	1일 : 로쉬하샤나 (설날)	
		10일 : 욤키푸르 (속죄일)	이른비
		15일 : 수콧 (초막절)	
헤쉬반	10-11월		밭갈기
키슬레브	11-12월	25일 : 하누카 (수전절)	밀, 보리 씨뿌리기
테 벳	12-1월		겨울비
쉬 밭	1-2월		아몬드 꽃
아 달	2-3월	14일 : 푸림 (부림절)	늦은비
니 산	3-4월	15일 : 패삭 (유월절)	보리 추수
이 얄	4-5월		보리 추수
시 반	5-6월	6일 : 샤부옷 (칠칠절)	밀 추수
타무즈	6-7월		포도 추수
아 브	7-8월	9일 : 티샤베아브 (성전파괴일)	올리브 추수
엘 룰	8-9월		종려열매, 무화과추수

■ 이스라엘의 명절 (휴일)

• 로쉬 하샤나 (설날)

로쉬 하샤나는 문자적으로 '한 해의 머리' (head of the year)라는 뜻을 갖고 있다. 매년 우리의 음력 8월 1일과 일치한다 (우리와 윤달 계산이 틀리는 해는 음력 9월 1일). 가장 큰 명절 중의 하나로 가족끼리 모여서 명절을 지낸다. 양의 뿔로 만든 양각나팔 (쇼파르)을 불어 새해가 되었음을 알리며 사과를 꿀에 찍어 먹는 풍습이 있다. 사과는 풍요와 결실을, 꿀은 다가오는 한 해의 달콤함을 기원하는 의미가 있다. '샤나 토바' (Happy

New Year)라는 덕담을 주고받는다.

• 욤 키푸르(속죄일 The day of Atonement)

설날로부터 10일째가 되는 날. 일 년 중 가장 엄숙한 날로 종교인들은 하루종일 금식을 하면서 지난 한 해 동안 지은 죄를 회개하며 기도한다. 금식을 하지 않는 세속인도 있지만 그래도 대부분은 집안에서 정숙하게 하루를 보낸다. 공공 기관, 학교, 가게는 문을 닫는다.

전국적으로 개인 차량을 포함한 대중 교통을 운행하지 않기 때문에 거리에서 차와 사람을 전혀 찾아볼 수 없다. 일체의 행동이 금지되고 TV와 라디오도 방송을 하지 않는다. 하루 동안은 모든 것이 정지된 세계가 된다. 이날은 여행이나 일체의 활동을 피하는 것이 좋다.

• 수콧 (초막절 Feast of Tabernacles 추수감사절)

설날로부터 15일째 되는 날. 우리의 추석과 날짜가 같다.

이스라엘 백성은 이집트에서 탈출(출애굽)한 이후 40년간 광야에서 방랑생활을 했다. 이날에는 조상들의 유랑생활을 자녀들에게 가르치기 위해서 초막을 만든다. 키부츠에서는 큰 초막(booth)을 만들고 추수한 여러 가지 농산물로 장식을 하며 그 안에서 식사를 하기도 한다.

종교인들은 마당이나 아파트 베란다에 초막을 만들고 아이들은 초막 안에서 잠도 잔다. 종교적인 의미와 함께 여름 과일과 밀 추수를 감사하는 농업적 성격을 띤다. 초막절 첫날과 마지막 날만 휴일이다.

• 하누카(수전절 Hanuka)

주전 164년 유다 마카비가 이방인에게 빼앗겼던 예루살렘 성전을 되찾아 정화한 것을 기념하는 명절. 여덟 개의 가지가 있는 촛대에 매일 하나씩 불을 밝히며 8일 동안 지킨다. 딸기쨈이 들어 있는 수부가니야라는 도넛을 먹는다. 크리스마스 전후에 온다.

• **투비쉬밭**(**식목일**) : 나무를 심고 여러 종류의 말린 과일을 먹는다.

• **푸림**(**부림절** Feast of Lots)

에스더 왕비가 유대인을 죽이려는 하만의 음모에서 동족을 구한 것을 기념하는 명절. 여자아이들은 에스더 왕비처럼 남자아이들은 모르드개 (에스더의 사촌 오빠) 처럼 옷을 입고 가장무도회에 참가한다. 키부츠에서는 젊은이들의 가장무도회가 흥겹다. 우주인, 카우보이, 인디언 등 아이디어를 최대한 살려서 다양한 옷을 만들어 입고 파티에 참가하는 것도 좋다. 오즈네이 하만(하만의 귀)이라는 초콜릿이 들어간 쿠키를 먹는다.

• **패삭**(**유월절** Passover)

이스라엘 백성이 이집트에서 노예생활을 하다 모세의 인도로 출애굽 (Exodus)한 것을 기념하는 명절. 설날과 함께 이스라엘 최대의 명절로 일주일 동안 지킨다. 휴일은 일주일 중 첫날과 마지막 날이다. 일주일 동안은 누룩(이스트)을 먹을 수 없기 때문에 빵을 먹지 못하며 누룩이 들어가지 않은 마짜라는 것을 먹는다. 유월절 첫날 저녁에 세데르라는 예식을 거행하며 마짜와 쓴나물(상추)을 먹고 출애굽의 이야기를 담은 하가다라는 책을 함께 읽는다.

• 욤 하아쯔마웃 **(독립기념일** Independence Day)

1948년 이스라엘 건국 기념일

• **샤부옷 (칠칠절, 오순절** Pentecost)

유월절 후 7주가 지나고 추수를 감사하는 명절. 키부츠는 추수한 농산
품과 함께 트랙터, 콤바인 같은 농기구를 함께 전시한다. 농사와 관련된
명절이므로 키부츠는 파티나 기념행사를 하는 경우가 많다. 특히 유제품
을 먹는다.

종교인들은 모세가 시내산에서 십계명을 받은 때가 샤부옷이라고 여
기고 종교적인 의미를 부여한다.

• **이스라엘의 명절**

명절	1998년	1999년	2000년	2001년	2002년	2003년	2004년	2005년
푸림(부림절)	3. 12	3. 2	3. 21	3. 9	2. 26	3. 18	3. 7	3. 25
패삭(유월절)	4. 11-17	4. 1-7	4. 20-26	4. 8-14	3. 28-4. 3	4. 17-23	4. 6-12	4. 24-30
Holocaust 추모일	4. 23	4. 13	5. 2	4. 19	4. 9	4. 29	4. 18	5. 8
현충일	4. 29	4. 20	5. 9	4. 26	4. 16	5. 6	4. 25	5. 12
독립기념일	4. 30	4. 21	5. 10	4. 27	4. 17	5. 7	4. 26	5. 13
샤부옷(칠칠절)	5. 31	5. 21	6. 9	5. 28	5. 17	6. 6	5. 26	6. 13
로쉬 하샤나(설날)	9. 21-22	9. 11-12	9. 30-10. 1	9. 18-19	9. 7-8	9. 27-28	9. 16-17	10. 4-5
욤 키푸르(속죄일)	9. 30	9. 20	10. 9	9. 27	9. 16	10. 6	9. 25	10. 13
수콧(초막절)	10. 5	9. 25	10. 14	10. 2	9. 21	10. 11	10. 7	10. 25
하누카(수전절)	12.14-21	12.4-11	12.22-29	12.10-17	11.30-12. 7	12.20-27	12.8-15	12.26-1.2

■ 교 육

이스라엘에서는 만 5세부터 16세까지가 의무교육이다. 유치원의 첫 두 해는 유료 교육이지만 3년째부터 무료 교육을 받는다. 학제는 초등학교 8년, 중등학교 4년이며 대학의 학부는 3년이다.

성경은 이스라엘 역사와 전통의 기본이므로 중요한 비중을 차지한다. 영어는 초등학교 2학년부터 배우기 시작하며 중등학교를 졸업하면 대부분 영어회화를 능숙하게 할 수 있다.

대학은 예루살렘의 히브리 대학, 테크니온 공과대학, 텔아비브 대학, 바르일란 대학, 하이파 대학, 벤구리온 대학, 와이즈만 연구소가 있으며 그 외에 각종 단과 대학과 예술 대학 등의 고등교육기관이 있다.

이스라엘은 과학 기술 개발에 대한 투자를 많이 하고 있다. 노동인구 1만명 당 자연과학 분야에서 석사 이상의 학위 소지자는 이스라엘이 4.6명으로 세계에서 가장 높다(미국 2.6명, 영국 2.5명, 일본 0.5명).

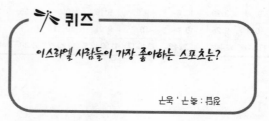

퀴즈

이스라엘 사람들이 가장 좋아하는 스포츠는?

정답 : 농구 , 축구

■ 예루살렘 히브리 대학 (The Hebrew University of Jerusalem)

히브리대학 하르 하쪼핌 캠퍼스

이스라엘 국립대학으로 1925년에 설립되었으며 권위있는 교수진이 각 분야에서 뛰어난 연구활동을 하고 있다. 인문과학 캠퍼스는 하르 하쪼핌, 이공계열은 기바트 람, 의대는 에인 케렘, 농대는 르호롯에 캠퍼스가 있다.

한국 유학생들은 주로 유대학 분야(구약, 히브리 문학, 이스라엘 역사 등)에서 수학하고 있다. 수업은 히브리어로 진행되며, 이공계열은 영어만으로도 학위 취득이 가능하다.

● 인문대학의 유대학 전공 분야 :
성경(구약), 탈무드, 히브리문학, 유대인사상, 히브리어, 유대인역사, 이디쉬
• 수 업 료 : Undergraduate Students : 1년 US $ 2,800

- 기숙사비 :
    미혼 : 월 500쉐켈(US $ 143) 기숙사에는 식당이 없음.
    기혼 : 월 1,500쉐켈(US $ 429)
- 한 달 생활비 : 미혼의 경우 약 $700~900(기숙사 생활하지 않을 경우)
    부부의 경우 약 $1,500~2,000
- 학 제 : 가을학기(10월 중순 ~ 1월 말), 봄학기(3월~6월)

● 히브리대학 입학 조건
- 자 격 : 공인된 종합대학 학사, 석사 졸업자.
- 언 어 : 히브리어는 입학 후 1-2년 안에 히브리어 프토르(최종시험)에
    통과해야 함.
- 주 소 : The Rothberg School for Overseas Students
    The Office of Overseas Student Admissions
    Mt. Scopus 91905 Jerusalem

● 히브리어 연수
대학의 Summer Ulpan과 학기중에 개설하는 언어연수에 참여할 수 있음.
- Summer Ulpan(Hebrew Language Course)
    · 7월 말 Rothberg School for Overseas Students(Goldsmith Bld.)에서
      등록을 받음.
      · 수업 기간 : 8 ~ 9월(2개월)
      · 히브리어 레벨 : 알렙반 (기초)부터 6단계로 나뉨.
      · 등록금 : US $ 1,050(의료보험 포함, 1998년 기준)
      · 기숙사비 : US $ 400
- 히브리대 학생이 아니어도 등록 가능

● One Year Program

- School for Overseas Students에서 외국학생을 대상으로 하는 1년 프로그램.
- 강의는 영어로 진행됨.
- 미국과 캐나다의 자매결연 맺은 대학에서 학생들이 주로 참가.
- 대학 졸업자는 졸업증명서만 제출하면 참가 가능.
- 개설 과목 : 히브리어, 이스라엘 역사와 지리, 고고학, 유대학, 중동학 등.
- 수업료 : 1학기 US $ 3,700 1년 US $ 5,700 (의료보험비 포함)

▼ 예루살렘을 여행한다면 히브리대학 캠퍼스를 방문해 보는 것도 좋다. 하르 하쪼핌 캠퍼스 행 시내버스 9 , 23 , 26 , 28 , 4 א (4번 알렙. 그냥 4번 버스는 학교로 가지 않는다)을 타고 종점에서 내린다. 교정 안 터널로 들어가서 내리는 정거장이 종점이다. 버스에서 내려 건물 안으로 들어가면 가방을 검사하는 경비원이 있으므로 가방을 열어서 보여주고 에스컬레이터를 타고 2층으로 올라가면 인문대학 건물 안이 나온다. 밖으로 나가서 야외극장(amphitheater)을 꼭 보자. 야외극장 무대 뒤로 넓게 펼쳐진 유다광야를 볼 수 있다.

인문대학 안에는 도서관과 강의실, 회당이 있다. 회당에서는 예루살렘이 한눈에 보인다. 카페테리아에서 간단한 샌드위치와 커피로 끼니를 때우고 학생들에게 말을 걸어 보아도 좋을 것이다. 시내로 나갈 때는 우체국이 있는 곳에서 에스컬레이터를 타고 다시 내려오면 정거장이 있다.

■ **예루살렘 대학**(Jerusalem University College 구 Institute of Holy Land Studies)

1957년에 설립되어 복음주의 신앙을 바탕으로 성경, 이스라엘의 문화, 언어, 땅 및 중동지역에 대한 지식 습득을 목표로 한다. 기독교 유대교 모슬렘 등 다양한 문화배경에서 비교 연구할 수 있는 장점을 갖고 있으며 예루살렘의 시온산에 위치한다.

다양한 Short Term Course가 있어서 미국 신학생들의 참여율이 높다.

• 강의언어 : 영어

• 학 과 : 성서역사과, 히브리어과, 성경번역과, 중동학과, 신약배경학과
   Ancient History of Syro-Palestine(Biblical History),
   Hebrew Language, Hebrew Language Bible Translation,
   Middle Eastern Studies, New Testament Backgrouds

• 자 격 : 비영어권자는 TOEFL 550 이상

• 기숙사 : 미혼 학생만 가능함

• 학 위 : M. A. 와 다양한 Short Term Course

• 주 소 : Jerusalem University College
   P. O. Box 1276, Mt. Zion
   91012 Jerusalem, Israel
   Tel. 972-2-6718628
   Fax. 972-2-6732717

■ 와이즈만 연구소 (Weizmann Institute of Science)

예루살렘에서 1시간 가량 떨어진 르호봇에 있으며 1934년에 설립되었다. 물리, 생화학, 유전학, 수학 등 기초 과학분야에서 세계적인 권위를 갖고 있는 연구소이다. 연구는 영어로만 진행되며 이곳 출신의 한국 과학자들이 국내 대학에서 활발한 활동을 하고 있다.

• 주 소 : Weizmann Institute of Science
　　　　76100 Rehovot , Israel
　　　　Tel. 972-8-9343840
　　　　Fax. 972-8-9344114
　　　　E. Mail : NFINFO@WEIZMANN.weizmann.ac.il

● 이스라엘 수출($)

320억 달러
（농업비중 2%）

3천만 달러
（농업비중 99%）

1948년　　　　　　　　　　　　　1997년

■ MASHAV 프로그램(이스라엘 정부초청 장학생)

이스라엘 외무부 산하 국제협력과에서는 국제협력 프로그램의 일환으로 이스라엘의 첨단기술을 전세계 국가와 공유하기 위한 MASHAV(The Center for International Cooperation of the Ministry of Foreign Affairs)프로그램을 진행한다.

강의는 영어로 이루어지며 영어강의를 청취할 능력이 있는 전문분야 종사자가 참가할 수 있다.

참가자는 신청시 장학금과 체류비를 지원받으며 때로는 여행경비도 받을 수 있다. 해마다 안내서가 발행되며 자세한 내용과 연수기간은 키부츠연합 한국대표부 또는 주한 이스라엘 대사관(02-564-3448)으로 문의하면 된다.

● 1998년 연수 일정

• 농업과 관련 과학 분야

1. Data Basic Management Agrometeorology / 2. Intensive Vegetable Production under Different Growing Conditions / 3. Management of Land & Water Resources for Sustainable Agriculture / 4. Crop-Weather Modelling / 5. Agricultural Engineering / 6. Food Technology / 7. Intensive Poultry Production / 8. Beekeeping for Honey Production and Pollination / 9. Basic Agricultural Meteorology / 10. Biotechnology in Agriculture / 11. Hydrometeorology / 12. International Workshop on "Agribusiness for Rural and Peri-Urban Development

• 경제 사회 발달 분야

1. Organization and Management of Microenterprises / 2. Early Childhood Development and Parental Involvement / 3. Product Design, Packaging and Advertisement - A Marketing Tool for Micro-enterprises / 4. Local Economic Development / 5. Financial Management of Trade Unions / 6. Cooperative Support Systems for Rural Industrialisation / 7. Human Resource Development Within Cooperatives

• 도시와 농촌 발달 분야

1. Economic and Financial Planning for Rural Development through Computer Usage / 2. Urban Economic Development / 3. The Contribution of Women to the Development of the Urban Informal Sector / 4. Integrated Rural Regional Development Planning

• 대중 보건과 의학

1. Postgraduate Training in Medicine / 2. Nursing Care for Women During Their Life Span / 3. Management and Leadership in Nursing / 4. Master of Public Health

• 교육 지역사회 발달

1. Community Education / 2. Adult Education / 3. Programs to Prevent Drug Abuse / 4. Leadership Development of Youth through Non-formal Education / 5. Psychological and Physical Rehabilitation

• 경영

1. Health Care Administration and Hospital Management / 2. Management of Energy Utilization and Conservation

■ 기독교인과 성지

이스라엘에서 잠깐 동안만 생활해도 기독교인들은 성경을 이해하는 안목이 트일 것이다. 성지에 관심이 많은 목사님이나 신학생이라면, 굳이 대학에 등록을 하지 않아도 짧은 기간 동안의 이스라엘 생활을 통해서 많은 것을 얻을 수 있다.

이스라엘 비자는 입국시에 공항에서 3개월 여행비자를 받으므로 입국한 후 시내에 있는 사설 울판에서 히브리어를 배우고 여행을 할 수 있다. 한두 달만 체류할 때는 가구가 딸린 아파트를 얻는 것이 좋다.

탈무드(Talmud)

유대인의 구전율법으로 주후 5세기에 편찬되었다. 유대교에 대한 모든 문제를 다루고 있으며 약 60여 권의 방대한 분량이다(한 개의 주제가 한 권의 책). 이스라엘의 정통보수파 종교인들만이 탈무드를 공부하며 세속인들은 탈무드를 배우지 않는다. 한국에 소개되어 있는 탈무드를 읽고 탈무드를 읽었다고 말했다가는 큰일(장님이 코끼리의 코 만지기?). 유교권인 한국에서 사서삼경 책을 배우지 않는 것처럼 이스라엘에서도 누구나 탈무드를 배우는 것은 아니기 때문이다.

■ 현대 히브리어

히브리어는 세계에서 가장 오래된 언어 중의 하나이다. 현재 이스라엘에서 사용되고 있는 현대 히브리어는 성서히브리어에 바탕을 두고 있다. 히브리어 알파벳은 22개이며 히브리어와 아랍어는 오른쪽에서 왼쪽으로 쓴다. 히브리어는 원래 모음이 없이 자음으로만 이루어져 있다. 히브리어에 모음부호를 붙이기 시작한 것은 주후 10세기부터이다. 히브리어 맛소라 성경에는 이 모음부호가 첨가되어 있으나 현대 히브리어에서는 모음부호를 사용하지 않는다. 히브리어를 처음 배울 때는 모음기호를 붙여서 읽지만 일단 익숙해지면 모음 없이도 히브리어를 읽는 것이 가능하다.

어린이 교과서와 동화책에는 모음부호가 있지만 일반적으로 현대 히브리어에서는 모음부호를 쓰지 않는다. 히브리어는 대문자 소문자 구별이 없고 인쇄체와 필기체가 있다. 명사는 단수와 복수의 구별이 있고(예: 키부츠의 복수형은 키부침), 동사는 남성과 여성으로 구별되기 때문에 화자가 남성인지 여성인지에 따라 문장에 사용되는 동사가 변형된다.

■ 울판(Ulpan. 히브리어 연수)

울판이란 히브리어를 가르치는 언어 과정으로 키부츠 울판, 사설 울판, 대학 울판이 있다.

● 키부츠 울판

모든 키부츠에서 울판을 운영하고 있는 것은 아니며, 교사와 교실의 시설이 있는 곳에서만 실시하고 있다. 외국의 유대인 젊은이들에게 이스라엘을 알리기 위한 교육 목적과 외국에서 이민 온 유대인들이 정착하기 위한 초기 단계로 키부츠에서 생활하며 히브리어를 배운다.

• 유대인을 위한 울판 : 정부의 지원을 받으며 비유대인은 참여할 수 없다.
• 비유대인을 위한 울판 : 하루 6시간 일하고 2시간 공부한다(안식일 제외). 키부츠에서 일을 하기 때문에 저렴한 경비로 배울 수 있는 장점이 있다.
한 과정은 3개월이며 수업료는 US $400(숙식, 여행 포함)
문의 및 등록 : 키부츠연합 한국대표부

● 대학 울판

학기중의 정규 울판과 방학중의 Summer Ulpan(8-9월 2개월), Winter Ulpan(2월 1개월)이 있다. 재적 학생이 아니어도 대학 울판에 등록할 수 있다.
레벨 : 알렙(레벨 1)부터 바브(레벨 6)까지이며 바브를 이수해야 최종 통과 시험인 프토르를 볼 수 있는 자격이 주어진다.

●사설 울판

도시마다 이민자들을 위한 울판이 있으며 입학 조건이나 자격은 없다.

• 예루살렘 : 울판 벤 하암(Ulpan Beth HaAm)

　• 수업시간 : 주 25시간 (1일 5시간, 주 5일 수업)

　• 수 업 료 : 월 650쉐켈(US $ 186) 등록비: 45쉐켈

　• 주　　소 : Bezalel st. 11, Jerusalem (Tel. 02-625-4156)

　　　　　　매월 입학 가능

• 텔아비브 : 울판 메이르(Ulpan Meir)

　• 수업시간 : 08:15 -13:00, 주 5일(일요일 - 목요일)

　• 수 업 료 : 5개월에 1870쉐켈(US $ 535)

＞￥＜ **퀴즈**

갈릴리 바다는 민물일까 짠물일까?

정답 : 민물이다 갈릴리를 히브리어(이스라엘 공 용어인)로 키네렛이라 부른다.

■ 히브리어 알파벳, 간단한 히브리어

• 히브리어 알파벳

인쇄체	필기체	이 름	음 가
א	ןc	알렙	a, e
ב	ב	벧	b, v
ג	ג	김멜	g
ד	ך	달렛	d
ה	ת	헤	h
ו	ן	바브	v
ז	ן	자인	z
ח	ת	헤트	h
ט	ל	테트	h
י	'	요드	i
כ ך	כ ק	카프	k, x
ל	ל	라메드	l
מ ם	מ ם	멤	m
נ ן	נ ן	눈	n
ס	o	싸메흐	s
ע	ג	아인	a, e
פ ף	ə f	페	p, f
צ ץ	3 ל	짜디	t s
ק	ק	코프	k
ר	ך	레쉬	r
שׁ שׂ	e	쉰, 신	ʃ, s
ת	ת	타브	t

• 간단한 히브리어

샬롬 : 평화라는 뜻. 사람을 만날 때나 헤어질 때 그리고 시간에 구애받지 않고 언제나 사용할 수 있는 인사말이 샬롬이다.

우리는 감정 표현에 인색한 편인데 '감사합니다' 와 '미안합니다' 라는 표현은 많이 사용할수록 좋다.

한 국 어	영 어	히브리어	
감사합니다	Thank you	toda raba 토다 라바	תודה רבה
아침인사	Good morming	boker tov 보케르 토브	בוקר טוב
저녁인사	Good evening	erev tov 에레브 토브	ערב טוב
밤인사	Good night	layla tov 라일라 토브	לילה טוב
다시 만납시다	See you later	lehitraot 레히트라웃	להתראות
실례합니다	Excuse me	sliha 슬리하	סליחה
예	Yes	ken 캔	כן
아니오	No	lo 로	לא
안녕하세요	How are you?	ma nishma 마니쉬마	? מה נשמע
안녕하세요	How are you?	(남) ma shlomkha 마 쉴롬카	
		(여) ma shlomekh 마 쉴로멕흐	
			מה שלומך
무엇	What?	ma	מה
어떻게	How?	eykh 엑흐	איך
언제	When?	matay 마타이	מתי
어디	Where?	eyfo 에이포	איפה
이것은 얼마입니까?	How much is this?	kama ze oleh 카마 제 올레	
			? כמה זה עולה
날	day	yom 욤	יום
안식일	sabbath	shabbath 샤밭	שבת
키부츠 멤버	kibbutz member	kibbutznik 키부츠닉	קיבוצניק
화장실	toilet	sherutim 쉐루팀	שרותים
택시	taxi	monit 모닛	מונית
버스 정거장	bus stop	tahanat otobus 타하나트 오토부스	
			תחנת אוטובוס
티켓	ticket	kartis 카르티스	כרטיס
～이 있습니다	there is	yeshi 예쉬	יש
～이 없습니다	there is not	ein 에인	אין
나는 한국에서 왔습니다	I come from Korea	ani mi korea 아니 미코리아	
			אני מקוריאה

■ 대중교통

시외버스의 막차는 일찍 끊기는 편이므로 키부츠로 가는 버스 시간표를 미리 확인하는 것이 좋다. 안식일이 시작되는 금요일은 여름에는 오후 4시, 겨울에는 오후 2시 정도까지만 운행된다. 금요일 버스 시간표는 계절에 따라 바뀐다. 안식일과 명절에는 대중교통이 운행하지 않으므로 주의한다.

키부츠 회원들이 인근 도시로 나가는 경우 행선지가 같으면 함께 탈 수 있다. 게시판을 보거나 함께 일하는 사람들로부터 정보를 얻는 것이 좋다.

시외버스는 국제학생증을 제시하면 요금을 할인받는다(운전기사에 따라 경우는 다르지만).

● 텔아비브 - 예루살렘

이스라엘의 가장 중요한 두 도시를 이어주는 시외버스는 5-10분 간격으로 출발한다. 왕복티켓을 사면 편도를 두 번 사는 것보다 싸다(왕복티켓은 당일만 사용 가능).

● 기차

보편화되어 있지 않다. 예루살렘- 텔아비브, 텔아비브-하이파 구간을 운행한다. 버스보다 요금이 싸다. 학생 요금할인

• 예루살렘 기차역 ☎ 02-673-3764 버스 21, 48 Old City의 남서쪽에 위치.
예루살렘 - 텔아비브 : 하루에 한 번 14 :55. 버스보다 시간이 더 걸리지만 경관이 아름답다.
텔아비브 - 예루살렘 : 하루에 한 번 10:00

• 텔아비브 기차역 : Tel 03-693-7515 버스 10 , 18 , 20 , 32 , 61 , 62
텔아비브 - 나타니야 (Natanya) - 하이파 (Haifa) - 나하리야 (Nahariya)
지중해 해안을 따라 간다. 경치가 아름답다.
텔아비브에서 05:50부터 매 시간 출발한다. 밤 10시 까지.

●택시

관광객에게 바가지를 씌우려는 기사가 간혹있다. 택시를 타면 미터(히
: 모네)로 가자고 말을 해야 바가지를 쓰지 않는다 ("모네 베바카샤"). 택
시는 영수증을 발급하기 때문에 영수증을 달라고 하는 것도 바가지를 쓰
지않는 좋은 방법이다. 미터나 영수증을 거부하면 타지 말아라.

예루살렘에서 공항가기 : 늦은 시간이나 안식일에는 대중교통이 없고
24시간 운행하는 쉐루트 택시를 이용하면 된다. Nesher Taxi : 02-625-
7227, 623-1231. 24시간 전에 예약하면(금요일에는 오전 중에 예약할 것)
시간에 맞추어 숙소로 택시가 온다.

• 이스라엘 공산품 수출 품목(1997년)

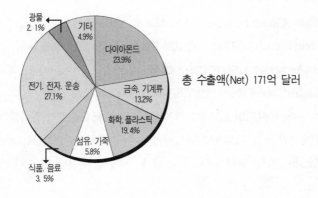

총 수출액(Net) 171억 달러

■ 물가와 시차

● 물가

일반적으로 한국보다는 물가가 비싸다. 이스라엘 쉐켈에 대한 미국 달러의 환율은 정기적으로 조금씩 오르며 이에따라 물가가 오른다. 교통비와 통신비가 비싸다. 공산품은 수입품이 많기 때문에 대부분 비싸다. 비행기(전투기)는 생산하여 수출하지만 자동차는 수입하는 독특한 경제구조를 가진다. 첨단기술을 가지고 있지만 지하자원과 노동력이 부족한 이스라엘은 사소한 생필품 생산에 매달리지 않기 때문에 생필품의 가격이 비싸다.

● 시차

이스라엘은 한국보다 7시간이 느리다. 섬머타임(보통 3월 -10월) 기간 중 시차는 6시간이다.

이스라엘 도착 시간이 낮이면 밤이 될 때까지 잠들지 말고, 도착 시간이 밤이면 다음날 아침에 일찍 일어나야 빨리 시차적응을 할 수 있다.

■ 예루살렘의 개신교 교회

• Baptist Church (미국교회): 4 Narkiss St. ☎625-5942

• Christ Church(영국교회): ☎ 628-2082 Old City Jaffa Gate 근처

• St. Andrews (스코틀랜드교회) : ☎ 671-4659

• Garden Tomb Chruch : ☎ 628-3402 Damascus Gate 근처

• 이스라엘 한인교회(초교파): 33 Nabulus St. (Old City에서 걸어갈 수 있는 거리이다). East YMCA옆에 있는 아랍의 나자린교회(Nazarean Chruch)건물을 빌려서 사용하고 있다. 예배시간은 토요일 오전 10:30

■ 영자 신문

• The Jerusalem Post - 일간 신문

• Jerusalem Report - 영자 시사 잡지로 2주에 한 번 발행

■ TV와 라디오의 영어뉴스

• 라디오

Israel Radio - 시간 7:00, 17:00 (AM 1458 kHz)

BBC - 시간 14:15, 15:00, 18:00 (1323 kHz)

Voice of America - 시간 6:00, 7:00, 17:00, 17:30, 18:00(1260, 152205, 15260, 9700 kHz)

• TV

Israel's Channel 1 : 일 - 목요일 6 : 15, 금요일 4 : 30, 토요일 5 : 00

■ 현지 화폐와 환전, 은행

미국 달러 당 이스라엘 쉐켈(NIS, New Israel Shekel의 약자)은 1998년 현재 1US $가 3.6NIS 이다. 1 쉐켈은 100 아고롯(Agorot)이다. 쉐켈은 10, 50, 100, 200 쉐켈짜리 지폐가 있고 동전은 1, 5, 10쉐켈과 5, 10, 50 아고롯이 있다. 미국 달러는 조금씩 오르기 때문에 현지화폐로 한꺼번에 바꾸지 말고 달러를 가지고 있다가 필요할 때마다 환전하여 사용하는 것이 좋다. 일년에 1 US$ 당 20-30 아고롯이 오른다.

환전은 은행에서 하지만 Money Change라는 간판이 붙은 곳에서 환전하면 수수료가 약간 적다. 공공기관에서는 달러를 받지 않거나 은행환율을 적용한다. 관광지에서는 달러 환율을 은행보다 후하게 계산하는 편이다.

예루살렘을 여행하게 되면 블랙마켓을 이용하는 것도 한 방법이다. 구도시(Old City) 안에는 환전상이 많다. 다마스커스 게이트 밖에 위치한 살라흐딘(Salah Din St.) 거리에는 Money Change라고 간판을 단 환전상이 많이 있는데 환율을 가장 높게 계산해 준다. 블랙마켓이지만 안전하다. 환전할 때에는 절대 큰돈을 세어 보이지 말고 미리 환전할 돈만큼만 준비해 가는 것이 안전하다. 예루살렘의 마하네예후다 시장(동대문 시장 같은 재래식 시장임)이 있는 쟈파거리(Jaffa St.)의 아주 작은 반평쯤 되는 시계방(옆에는 큰 빵집이 있음)에서도 높은 환율로 환전을 할 수 있다. 환전상이라는 표시가 전혀 없기 때문에 가게 안에 들어가서 달러 바꾸냐고 물어보면 된다.

●은행

Bank Hapoalim, Bank Discount, Bank Leumi 순서로 지점이 많다. 그 외에도 Union, United Mizrachi, First International Bank가 있다. 한국과는 달리 은행을 이용할 때마다 수수료를 지불해야 한다. 단기간 발런티어로 체류한다면 굳이 은행에 계좌를 개설할 필요가 없고 발런티어 사무실의 금고(Safety Box)를 이용하는 편이 좋다. 달러 계좌를 개설하려면 도착 즉시 하는 것이 좋고 통장은 없다. 예금을 해도 이자는 거의 없고 인출할 때마다 수수료를 낸다(공과금을 낼 때도 수수료를 받는다). 한국에서 송금을 받으려면 통장을 개설해야 한다.

■ 다른 문화 이해하기

●팁은 어떻게 주어야 하는가?

커피숍이나 식당에서 주는 계산서에는 서비스 요금이 포함되어 있지 않다. 종업원이 계산서를 가져오면 돈을 지불한다. 종업원이 잔돈을 거슬러주면 요금의 10%를 팁으로 테이블위에 놓아두면 된다. 택시를 탈 경우에는 팁을 주지 않는다.

●한국과는 다른 음주문화

다른 서방국가와 마찬가지로 이스라엘 사람도 폭음은 하지 않는다. 모든 명절이나 행사에는 포도주가 빠지지 않지만 한두 잔만 마시지 더 이상 마시지 않는다. 거리에서 술에 취해 비틀거리는 취객도 볼 수 없다. 만일 키부츠에서 폭음을 하고 다른 사람에게 피해가 되는 행동(난동을 부리거나 토하거나…)을 한다면 키부츠에서 쫓겨난다. 키부츠는 모범적이지 않은 발런티어가 키부츠 청소년에게 나쁜 영향을 미치는 것을 우려하기 때문에 문제가 있다고 판단되면 즉각 조치를 취한다.

●손님을 환대하는 중동사람들

이스라엘은 너무나 다양한 출신의 사람들이 모여 사는 곳이다. 출신지에 따라 그들의 가치관, 도덕관, 예절은 천차만별이다. 정통파 유대종교인들은 여성에 대하여 매우 엄격하다. 종교인들은 철저하게 남녀칠세부동석을 지킨다. 버스 안에서 여자가 종교인 옆에 앉으면 그는 일어나 버린다.

중동출신의 유대인이나 아랍인은 손님을 극진하게 대접한다. 아랍남자들은 여성들에게 친절히 대하지만 그러나 때때로 흑심을 갖고 있는 경우도 있다. 물론 모든 남자가 그렇다는 것은 아니지만 세상 어디서나 그런 나쁜 부류의 인간은 있기 마련이다. 아랍남자들은 여자들이 'No'라고 하는 것을 정말 'No'로 받아들이지 않는 경우도 있다. 아랍인이든 유대인이든 남자들은 이상한(?) 일본여성 이야기를 알고 있기 때문에 동양 여자의 'No'를 'Yes'로 이해하는 수가 있다.

여자 혼자 여행할 때는 조심 또 조심. 이것은 세상 어디에나 적용되는 이치이다.

■ 생활속의 유대교

●메주자 : "이스라엘아 들으라 우리 하나님 여호와는 오직 하나인 여호와시니 너는 마음을 다하고 성품을 다하고 힘을 다하여 네 하나님 여호와를 사랑하라"(신 6:4)는 말씀이 적혀있는 쪽지를 넣은 작은 통을 메주자라 한다. 비종교적인 성향을 가진 키부츠에서는 보기 어렵지만 일반 아파트의 경우 현관문에 메주자가 있다. 종교인들은 현관문 입구에 메주자를 붙이고 들어오고 나가면서 메주자에 입을 마춘다.

• 쉐마 기도 : "이스라엘아 들으라…"로 시작되는 기도문이다. 기도문의 첫 단어 '들으라'의 히브리어인 '쉐마'에서 붙여진 이름이다.

● 할례 (Circumcision)

유대인은 아들이 태어나면 8일째 되는날 할례의식을 행한다. 할례는 사내아기에게 하는 포경수술인데 고대 중동에서 행해지던 관습이었다. 할례는 유대인과 하나님과의 언약관계를 상징하는 표시이다.

●성인식(바르 미쯔바/발 미쯔바)

남자는 13세 여자는 12세가 되면 성인식을 치른다. 종교적인 가정에서는 통곡의 벽에 와서 기도하는 의식을 하고, 세속적인 가정에서는 호텔을 빌려서 큰 파티를 열기도 한다. 키부츠에서는 성인식을 맞는 또래 어린이끼리 모아서 축하파티나 발표회를 가진다.

●결혼식

신랑 신부가 모두 유대인이어야 랍비의 주례하에 결혼식을 할 수 있다. 이스라엘 내에서는 랍비의 인정이 없는 결혼은 성립이 안된다. 유대인과 비유대인이 결혼을 할 경우에는 외국에 나가서 혼인신고 절차를 밟고 이스라엘 내무부에 신고를 하는 편법이 사용되고 있다. 배우자 중에 한 사람이 유대인이 아닐 경우 출생한 자녀는 모계의 혈통을 따른다. 즉 부계에 상관 없이 모계가 유대인이면 자식은 유대인으로 인정을 받는다.

어디서나 가방검사

테러의 위험 때문에 큰 건물의 입구에서는 가방검사를 한다. 은행, 슈퍼마켓, 학교, 공공건물 등. 형식적으로 검사를 하기 때문에 가방을 열어서 보여주기만 하면 된다.

주인 없는 가방이나 포장된 물건이 오랜시간 방치되면 경찰이 폭발물인지를 검사한다. 여행 중에 배낭이나 가방을 잠시라도 방치하면 소동이 일어날 수 있다. 가방을 그대 품 안에!

대학-기업-金融聯合 '기술인큐베이터'

年 1,000여 개 '벤처' 탄생

이스라엘 50년

④하이테크 열풍

【예루살렘=鄭在娟기자】 3대 종교의 성지(聖地) 예루살렘은 시간이 멈춘 듯 고색 창연하다. 그러나 「올드 시티」 성벽을 나서는 순간 이스라엘 전역을 휩쓰는 「하이테크 열풍」과 만나게 된다. 북부 갈릴리에서 텔아비브와 하이파는 물론이고 네게브 사막만 빼면 이스라엘은 나라 전체가 「실리콘 밸리」.

이스라엘 상공부 아미람 할레비 라완 해외투자증진센터 국장은 『과거 이스라엘 하면 오렌지였지만 이제는 하이테크』라고 말했다. 이스라엘의 하이테크 업체는 총 2천5백여개로 전체 수출규모 60% 이상을 차지한다. 여기에 신생 벤처기업도 연간 1천개씩 탄생하고 있다. 이스라엘의 하이테크 붐은 80년대 후반부터 시작, 반도체 디자인, 데이터 네트워킹, 무선통신 등 각종 분야에서 화려한 꽃을 피우고 있다. 주도그룹은 첨단 방위산업체 근무경력의 군(軍) 출신 인력과 구(舊)소련에서 이주한 엔지니어 및 과학자들이었다. 여기에 인터넷의 등장, 세계시장으로부터 고립된 지리적 난점을 극복할 수 있었다. 연간 매출이 1억달러에 육박하는 쌍방향 컴퓨터 시뮬레이션 소프트웨어 개발업체 「에멀텍」도 공군 조종사들을 주축으로 설립됐다. 다비드 리흐너 마케팅 담당은 『월 스트리트에 진출해야 진짜 성공』이라며 『곧 나스닥에 상장할 예정』이라고 말했다. 현재 90개 하이테크 업체가 미(美) 증시에서 거래되고 있다. 업체 수로 보면 미국과 캐나다에 이어 이스라엘이 3위다.

이스라엘의 독특한 제도로 는 「기술 인큐베이터」가 있다. 이는 정부와 대학, 대기업, 금융기관 등이 연합, 신생 벤처기업이 첨단기술 상용화에 성공하도록 자금, 시설, 인력, 마케팅 등을 지원해 주는 시스템이다. 예루살렘의 하르 호츠빔 과학단지에 위치한 인큐베이터 「하이테크」. 현재 1백대 1의 경쟁을 뚫고 채택된 프로젝트 10개가 진행중이다. 이를 총괄하는 이프미 에거트 대표는 『독자적인 투자유치에 성공하면 인큐베이터에서 졸업하게 된다』고 설명했다.

하이테크는 이제 이스라엘의 국시에 가깝다. 정부 못지않게 대학도 앞장서고 있다. 이스라엘 최초의 공과대학 테크니언과 대학원 중심의 바이스만 연구소 등은 따로 회사까지 설립, 연구개발의 상업화에 적극적이다. 또 학생들의 기술개발 및 특허획득에도 발벗고 나서고 있다. 테크니언의 아미트 즈모라 대변인은 『첨단기술의 변화 및 발전이 워낙 초고속으로 진행되고 있다』며 『신속한 인력양성이 학교의 목표』라고 말했다.

〈whauden@chosun.com〉

80년대 後半이후
반도체-네트워킹등
첨단산업 創業 잇달아

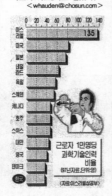

근로자 1만명당 과학기술인력 비율
(97년資料.단위명)

| 이스라엘 | 135 |

(자료:이스라엘상공부)

조선일보 '98. 4. 25

■ 이스라엘의 첨단기술

인텔의 486과 펜티엄 컴퓨터 칩은 이스라엘에서 설계되었다.

이스라엘은 전자·컴퓨터·소프트웨어·의료기기·정보통신·화학·농업기술·항공우주 등의 분야에서 첨단기술을 가지고 있다. 인텔의 486과 펜티엄 컴퓨터칩은 이스라엘에서 설계되었으며, 컴퓨터 사진 출판은 이스라엘의 사이텍스사가 세계시장을 독점하고 있다.

이스라엘의 첨단기술 산업이 발전하게 된 것은 90년대 이후 구소련에서 이민 온 70만 명의 유대인 때문이라고 할 수 있다. 이들 중 상당수가 고급인력이었다. 이스라엘의 경제정책방향이 내수지향에서 해외지향적 시장경제로 변화한 것도 또 하나의 이유이다. 90년 이후 세계 무기시장이 축소되면서 이스라엘 군수공장에 종사하던 인력의 절반이 민간기업 창업자가 되었다. 군사기술이 민간으로 이전되면서 정보통신, 전자 소프트웨어, 생명공학, 의료장비 분야

키부츠에 가면 세계가 보인다

218

는 세계최고의 수준으로 꼽히고 있다.

이스라엘은 90년대 초부터 기술인큐베이터 제도를 시행하고 있다. 정부가 2년 동안 사무실과 85%의 자금을 무상지원하는 제도이다. 아이디어와 기술만 있으면 정부의 지원을 받을 수 있다. 국가 지출액 중 R & D(연구개발) 비율은 3. 0%로 미국(2. 9%) 일본(2. 8%) 독일(2. 7%)을 앞선다. 노동인구의 1. 3%가 R & D에 종사하고 있으며 이 수치는 미국의 2배이다.

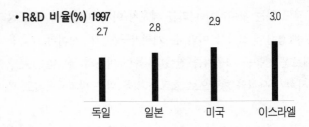

• R&D 비율(%) 1997

독일	일본	미국	이스라엘
2.7	2.8	2.9	3.0

이스라엘 인구 550만 명에 회사는 1천만 개라고 한다. 조그만 연구실 하나뿐인 벤처기업이 많은데, 테크니온 공대와 와이즈만 연구소는 이들에게 기술을 지원해 주고 있다. 대량생산 체제의 공장들은 많지 않다. 창의력을 중시하는 이들에게는 단순생산이 체질에 맞지 않기 때문이다.

이스라엘의 농업에도 첨단기술은 적용된다. 이스라엘도 이농인구가 크게 늘어나고 있다. 20년 전에는 전체의 25%가 농업인구였으나 지금은 2. 4%에 불과하다. 그러나 비료·사료배합 등 컴퓨터 시스템을 도입하여 생산성은 더 높아졌다. 젖소 한 마리 당 생산하는 우유는 이스라엘이 세계 최고이다. 젖소 한 마리 당 이스라엘은 9,400리터, 미국과 덴마크는 6,900리터를 생산한다.

이스라엘은 농사를 짓기에도 물이 부족한 나라이다. 남부 네게브의 일

년 강수량은 50mm가 채 안되며 연평균 강수량은 예루살렘이 400-500mm, 갈릴리 지역 300-600mm, 브엘쉐바 200mm이다. 1948년 300km²였던 경작 가능한 면적이 이제는 2,550km²에 달한다. 토마토는 1헥타르 당 미국의 2배 이상인 180-200톤을 생산한다.

■ 격식이 없는 사회

이스라엘 사람들은 격식에 얽매이지 않는다. 이스라엘의 현대사는 매우 짧다. 아무것도 없는 황무지에 나라를 세운지 이제 50년밖에 되지 않고 서로 다른 배경에서 살다가 이민 온 개척자들은 기존사회의 구습을 따르기보다 새로운 전통을 세우기를 원했다. 독립 이후의 끊임없는 전쟁은 이스라엘 사회가 사치와 향락으로 흐르는 것을 막은 방파제이기도 하다.

전체적으로 이스라엘 사람들의 옷차림이나 살림살이를 보면 검소하다. 총리도 평상시에는 양복 대신 넥타이 없이 남방차림이다. 외국에서 온 귀빈을 접대하거나 중요한 행사시에만 양복을 입는다. 대학의 교수들도 남방과 스웨터면 그만이다. 물론 젊은 여성들은 옷차림에 신경을 쓰지만 이스라엘 사람들은 분수에 넘치는 낭비나 허례허식을 하지 않는다.

■ 거칠어 보이지만 인정많은 사람들

이스라엘 사람들의 첫인상은 다소 거칠어 보인다. 이스라엘 사람들은 말을 하는 억양이 매우 높다. 그래서 히브리어를 알아듣지 못한다면 대화를 하는 것인지 싸움을 하는 것인지 구별이 안된다. 다혈질인 이들은 쉽게 언성을 높이지만 싸움으로 번지지는 않는다.

존댓말이 없는 언어는 사람들의 행동양식에도 영향을 미친다. 젊은 사람이 자신보다 나이가 많은 사람에게 공손하게 말하지 않고, 고용인이 고용주에게 함부로 말하는 것을 보면 분명 이스라엘 사람들은 우리 기준에서 '예의'라는 것이 없다. 이스라엘 사람들은 나이와 직책으로 사람을 대하지 않기 때문이다. 처음에는 버릇없어 보이는 이들의 무례함도 익숙해지면 편하게 느껴질 수 있다.

이스라엘 사람들은 예의가 없기 때문에 남의 일에 참견도 심하다. 그것을 보여주는 우스개 소리가 있다. 미국으로 이민을 간 이스라엘 사람이 이스라엘 친구에게 전화를 했다.

"반갑네 모세(보편적인 이스라엘 남자 이름), 그래 미국 생활은 재미있나?"

"그럼. 미국은 개인의 자유가 철저히 보장되어 있어서 얼마나 좋은지 몰라. 벤예후다 거리(이스라엘의 거리이름)에서는 걷다가 넘어지기만 해도 우르르 달려들어서 왜 그러냐 괜찮으냐고 극성을 부리잖아. 뉴욕에서는 그런 일이 절대 없다구."

또 하나 예를 들어보자.

시내버스가 출발하려고 하면 뒤늦게 내리려는 승객이 있다. 한국이라면 운전기사에게 싫은 소리를 적지않이 뒤통수로 들어야 하지만 이스라엘에서는 경우가 다르다. 승객이 여유만만하게 '레가(wait!)'라고 소리를 지르고 내리려는 준비를 하면, 버스 안에 있는 승객들은 모두가 '레가!'라고 함께 복창을 한다. 거리에서 이스라엘 사람에게 길을 물어 보자. 만일 그가 잘 모른다면 다른 사람에게 물어 봐서라도 알려주려고 한다. 거칠어 보이는 사람들이지만 사귀기만 한다면 그들 나름대로 가지고 있는 인정을 느끼게 될 것이다.

■ 이스라엘의 젊은이

유대인 어머니는 아이가 독립적이고 강인해지도록 키운다. 어머니는 어려서부터 아이의 의견을 존중해 준다. 옷과 신발, 먹는 것 등 사소한 사항들도 아이에게 무엇을 원하는지 묻고 아이가 선택을 할 수 있도록 도와준다. 아이들은 자라면서 스스로 선택하고 결정하는 훈련을 받는다. 학교에서 가는 여행도 쉽고 편안한 일정이 아니라 함께 고생하고 경험을 쌓게 하는 것들이다. 이렇게 성장한 아이들은 보통 고등학교를 마치면서 부모를 떠나 생활한다.

젊은이들은 부모로부터 도움을 받지 않고 경제적인 독립을 하려고 노력한다. 그들이 집을 떠나도 부모와 자식간의 관계는 매우 친밀하다. 기숙사나 군대에 가 있는 젊은이들은 틈만 나면 집으로 전화를 해서 부모와 대화를 한다.

이에 비하면 한국의 젊은이들은 부모의 과보호 아래 아주 긴 유아기가 계속되는 것 같다. 공부시키고 수없이 많은 돈을 들여 결혼시키고 집 사주고 사업자금 대주고 … 주는 부모나 받는 자식이나 당연하게 여기는 이 일이 이스라엘의 젊은이들에게는 상상도 할 수 없는 일이다.

한국에 삼 년간 근무한 이스라엘 외교관이 한국을 방문한 이스라엘 사람에게 하는 이야기를 들은 적이 있다. 그 외교관이 아주 짧은 시간 동안 어떻게 한국을 간단히 설명할지 궁금했다. 그는 먼저 한국의 놀라운 경제성장과 남북대치 상황을 설명했다. 그리고 교육에 대해 말했다.

"한국에서는 자식이 대학을 갈 때 부모가 학교와 전공을 결정해 주는 경우가 많습니다."

"우와! 자기가 하고 싶은 것을 결정하는 게 아니고?" 듣던 이스라엘 사람이 깜짝 놀라자 그는 덧붙여 말했다.

"심한 경우에는 결혼 배우자까지 골라 줘요." 듣고 있던 이스라엘 사람은 도저히 이해가 안된다는 표정이었다.

혹시라도 본인이 선택한 것이 아니라 부모님이 권해서 키부츠를 가기로 결정을 한 발런티어라면 이번 키부츠 생활이 큰 도움을 줄 것이다. 이번 기회를 통하여 독립적이고 강인한 다른나라 젊은이들을 보기 바란다. 스스로 선택하고 결정하는 힘을 기르게 되었다면 무엇보다도 값진 것을 배운 것이다.

■ 누가 이스라엘리(이스라엘 사람)인가?

이스라엘 사람들은 스스로에 대하여 어떻게 생각하고 있을까? 이스라엘에서 가장 발행 부수가 많은 히브리 일간신문 중의 하나인 '마아리브'에 독자들이 투고한 내용이다 (1997년 6, 7월).

* 이스라엘리는 이스라엘 국가에서 살고 있는 사람이다. 그는 고통과 평등을 믿으며, 자신은 절대적으로 옳고, 다른 사람은 자기보다 약간 덜 선하다고 생각한다.

  (자기만 옳다고 고집하는 이스라엘 사람들. 그래서 자기주장을 내세우는 목소리가 크다)

* 이스라엘리는 미국사람들은 바보라고 소리치고 그 후에 그들과 똑같이 행동한다.

  (미국을 우습게 여기면서도 막상 미국이라면 기를 못 편다)

* 이스라엘리는 공항 택시기사에게 요금을 깎아 달라고 흥정한다. 그리고 해외여행에서 돈을 흥청망청 쓴다.

  (국내에서는 작은 손 국외에서는 큰 손)

- 이스라엘리는 친구에게 잔돈을 빌려서 콜라를 사고 나서 잔돈은 자기가 갖는다.

  (구두쇠 + 치사한 유형의 사람들)

- 이스라엘리는 "아랍인을 죽여라"라고 외치면서도 물건값이 싼 아랍시장에서 장을 본다.

  (정치와 가계부는 별개니까)

- 이스라엘리는 생각없이 쓸데없는 데 돈을 쓴다. 그리고 관리비를 낼 돈 40쉐켈이 없다고 궁색하게 말한다.

  (생각없는 구두쇠 유형)

- 이스라엘리는 역사적 유적지를 돌아다니며 역사를 체험한다.

  (둘째 가라면 서러워하는 여행광)

   ♥ '유대인' 하면 피 한 방울 안 나오는 지독한 사람, 똑똑한 사람이라고 생각하지만, 정작 자신들은 계획성 없고 성급하고 구두쇠이며 별볼일 없어도 큰소리만 뻥뻥치는 스스로의 약점을 드러내고 웃는다.

■ 안티세미티즘 (Anti-Semitism 반유대주의)

   유대인(셈족)을 미워하는 유럽인들의 반셈족주의 역사는 매우 오래되었다. 중세 반셈족주의는 종교적인 이유와 경제적인 이유가 복합된 것이었다. 근대 반셈족주의는 독일에서 열매를 맺게 되었다. 히틀러는 게르만 민족의 우월성을 주장하고 열등한 유대인을 제거한다며 6백만 유대인을 가스실에서 처형했다.

■ 영화 ' 엑소더스(Exodus)'의 숨겨진 이야기

영화 '엑소더스'는 1958년 레온 우리스(Leon Uris)의 소설 '엑소더스'를 바탕으로 만들어졌다. 그리고 소설은 1947년 유대인들의 불법이민선 '엑소더스'의 이야기가 그 실제 배경이다.

엑소더스(Exodus)호

제2차 세계대전이 끝나고 나치의 학살에서 살아남은 유대인들은 돌아가야 할 곳이 없었다. 홀로코스트 * 에서 살아 남은 유대인들은 팔레스타인으로 가기를 희망했으나 당시 팔레스타인을 신탁통치하고 있던 영국군은 유대인들의 이민을 허락하

> * 엑소더스(Exodus)
> 이집트에서 노예생활을 하던 유대인들의 탈출. 문자적으로는 '탈출'이라는 뜻을 가진 헬라어. 구약성경의 두번째 책이름(출애굽기)이기도 하다
>
> * 홀로코스트(Holocaust)
> 대학살이라는 뜻으로 나치가 6백만 유대인을 학살한 것을 말한다.

지 않았다. 영국군은 팔레스타인에 입항한 불법이민자들의 배를 발견하는 즉시 되돌려 보냈다.

비밀리에 '엑소더스' 호가 출항한다는 소식을 들은 유대인들은 유럽의 각 지역에서 배가 정박한 프랑스로 모여들었다. 엑소더스호는 야밤을 틈타 출항허가 없이 프랑스 해안을 떠났고, 영국군은 그들을 저지하기 위하여 뒤를 쫓았다.

며칠간의 항해 끝에 4,515명의 유대인을 태운 엑소더스호는 이스라엘 영토 안으로 들어와 텔아비브 해변가에 정박하려고 했으나 그곳에는 이미 이들을 체포하려고 영국군이 기다리고 있었다. 밤새도록 엑소더스호와 영국군 사이에 전투가 계속되었다. 영국군은 최루탄을 쏘면서 엑소더스호에 오르려고 거듭 시도 하였다. 배 안에 있던 유대인들은 무기 대신 식량으로 사용하던 감자와 물건을 집어던지며 결사적으로 저항했다. 군

엑소더스 1947호

인들은 강제로 배 안의 유대인들을 끌어내려 이들을 3대의 배에 나누어 태우고 프랑스로 돌려보냈다.

배는 프랑스의 해안에 도착했으나 프랑스군은 그들을 강압적으로 배에서 내리지 못하게 하였기에 3주 동안 정박한 채 식량과 물만 공급받았다. 그후 홀로코스트(대학살)의 생존자들인 유대인들은 영국 통치령 하에 있는 독일의 함부르크에 분산 수용되었다.

영국군의 냉정한 처사에 세계는 놀랐다. 몇 달 동안 이들은 독일의 수용소에 머물러 있으면서도 다시 이스라엘로 돌아가리라는 희망을 버리지 않았다. 엑소더스호에는 47명의 어린이도 있었다. 수용소에 갇혀 답답하게 있기는 했으나 이들은 정상적인 일상 생활을 하려는 노력을 시작했다. 그것 중의 하나가 학교를 만들어 어린이들을 가르치는 일이었다.

수용소에 있던 이쯔학 그노즈 선생은 어린 아이들에게 히브리어를 가르쳤다. 히브리어를 전혀 모르던 아이들은 히브리어로 읽기 쓰기를 시작했다. 그노즈 선생님은 학생들에게 '일기장의 한 페이지' 라는 제목으로 히브리어 작문을 시켰다. 아이들은 전쟁과 홀로코스트의 기억을 일기장에 히브리어로 적기 시작했다. 1948년 2월로 아이들의 작문 날짜는 시작된다.

＊아즈 하비바(당시 16세)
"배가 항구에 도착하자 강도 떼가 우리를 덮쳐 우리들의 배와 오랫동안 꿈꾸어왔던 우리들의 꿈을 약탈하였다. 영국군은 우리들을 차가운 독일 땅으로 되돌려 보냈다. 그날 이후로 오늘까지 희망은 멀어져만 갔다. 그러나 우리들은 우리들의 땅으로 자유롭게 돌아가기만을 소망한다."

＊엘리아후 샤리에바르
"1939년 초막절의 이틀째 되는 날에 우리는 살던 마을에서 쫓겨났다. 우리는 러시아로 가기로 결정했다… 그리고 얼마 후 우리들의 상황은 점점 나빠져 갔다. 나는 형과 함께 일자리를 찾아 나섰다. 일을 시작한 첫날 나는 중병에 걸려 병원에 4개월 동안 누워있어야 했다. 내가 병원에 있는 동안 부모님과 형이 돌아가셨다. 하루아침에 나는 고아가 되고 말았다."

이쯔학 그노즈는 아이들의 작문숙제를 받아 일일이 문장을 고쳐 주었다. 수용소에 있던 유대인들은 몇 명씩 무리를 지어 이스라엘로 이주하는 길을 찾아 나섰다. 그노즈 선생은 교정을 본 히브리어 작문노트를 학생들에게 다시 되돌려 주었으나, 갑자기 떠나게 된 학생들에게는 작문노트를 돌려주지 못했다. 그노즈 선생은 아이들의 개인사이기도 한 작문노트를 버리지 않고 되돌려 줄 날을 기다리며 소중히 간직해 왔다.

그리고 50년이 흘렀다. 지금까지 학생들의 작문노트를 소중히 보관해 온 그노즈 선생님은 이 노트가 역사적인 가치가 있다는 생각에 홀로코스트 연구소에 기증했다. 이렇게 하여 50년간 소중히 간직되어 왔던 작문노트가 세상에 알려지게 되었다.

50년이 지난 후.

십오육 세의 소년 소녀였던 이들은 50년 동안 각자의 길을 가느라 한 번도 만남을 갖지 못하다가, 그노즈 선생의 작문 노트가 세상에 알려지면서 50년만에 다시 모였다. 약속 장소에 모인 노인들은 서로의 이름을 불러 보고 기억력을 더듬으며 "아아 그래", "어 어 어"를 연발하며 50년 전의 친구들을 부둥켜안았다.

홀로코스트, 전쟁을 겪고 이스라엘에 정착한 그들은 너무나 열심히 살아왔다. 나라를 건설하고, 전쟁을 치르고, 가족을 부양하느라 그들은 옛 친구들을 만나 볼 여유도 갖지 못했던 것이다.

그들 중에는 자신이 히브리어로 일기를 썼다는 사실조차 까마득하게 잊고 있던 이들도 많았다. 자신의 이름이 쓰여진 작문 노트를 보고서야 당시의 기억을 되살렸다.

"내가 그 당시에 히브리어를 이렇게 잘 썼던가!"

"그때는 참 암담하던 시절이었지"

어려웠던 시절, 아이들에게 용기를 잃지 않도록 격려하던 선생님도 십대의 아이들도 이제는 과거를 되돌아보면서 함께 늙어가고 있었다.

■ 한국사람의 자부심 갖기

이스라엘리(이스라엘 사람)는 예의가 없어서 어느 나라에서 왔느냐고 정중히 묻는 사람은 거의 없다. 대부분은 일본인(야파니) 또는 중국인(씨니)이냐고 물어 본다. '코리아니'라고 말하고 한국에 대하여 알려주어라. 이스라엘은 일본을 경제대국으로 생각한다. 태국, 필리핀, 중국에서는 값싼 노동자들이 유입되고 있기 때문에 후진국으로 생각한다. 이스라엘 사람들은 아시아에 대해 환상을 갖고 있으며 특히 일본, 중국, 인도로 여행하는 것을 꿈꾼다. 일본영화의 영향으로 일본여성들은 아주 순종적인 여성으로 생각하고 있으며 일본에 대해서 지나치게 좋게 평가한다.

한국에 대하여 어떻게 생각하는지는 그 사람의 교양 정도에 따라 천차만별이다. 남북한 대치관계와 평양, 판문점, 김정일이라는 단어를 댈 줄 아는 사람에서부터 한국이 아시아의 어디쯤에 위치하는지 전혀 감을 못 잡는 사람까지 다양하다. 88년 올림픽을 기억하는 사람들은 많지 않다. 상대방이 남자라면 2002년 월드컵의 개최지라는 것을 알리는 것도 좋다. 그들도 축구에는 광적이다.

이스라엘에는 독일과 일본제 자동차가 많다. 근래에는 한국의 자동차 진출이 한국을 알리는 데 기여했다. 대우, 현다이(현대), 가야(기아)의 자동차가 이스라엘 도로를 누비고 있다. 세피아, 란트라(엘란트라), 엑센트, 봉고 등 많은 한국차들이 있다. 삼성의 가전제품도 다양한 제품이 팔리고 있다. 현대, 대우, 기아, 삼성이 한국의 브랜드임을 말한다면 한국에 대하여 새롭게 인식할 것이다. 자동차 생산을 하지 않는 이스라엘은 자동차 생산국이라면 기술수준이 높다고 평가한다.

이스라엘 사람들은 아랍사람들을 싫어하기 때문에 동남아를 제외한 일본이나 중국, 한국의 아시아인에게는 차별을 두지 않는다.

비록 IMF로 경제가 어렵기는 하지만 우리의 임금수준이 높기 때문에 다른 동남아 노동자와는 비교가 안된다는 것을 알려라. 혹 당신의 영어가 짧아서 한국에 대해 알리기가 어렵다면 동남아 노동자로 취급 당할지도 모른다.

6장
키부츠로 떠나자

키부츠 발런티어 지원 절차

① 지원 절차
지원서류 접수 인터뷰 키부츠배정 오리엔테이션 출발
보통 지원서류 접수 후 출발까지는 1개월이 걸린다.

① 지원 자격은 ?
만 18세 ~ 만 32세의 건강한 성인 남녀
간단한 생활영어가 가능한 사람
최소 8주 이상 참가 가능한 사람

② 구비서류
• Kibbutz Application Form : 대표부 지정양식. 작성시 지원자와 관련
되지 않는 사항은 그냥 비워 두지 말고 "해당사항없음"이라고 표시할 것.
• Medical Certificate : 대표부 지정 양식. 지정 병원 두지 않음(가까운
병원 이용 바람). 우측 상단에 사진 부착. 사진 위에 병원직인 날인 요함.
유효기간은 출발기준 6개월 이내에 검사한 것만 유효.
• 여권 사본 : 사진 붙은 면만 복사. 유효기간 8개월 이상 남은 것. 여권 신
규 신청자는 5년 복수여권 신청 요망(단, 군미필자와 2개월 참가자는 제외).
• 주민등록등본 1통 : 접수일 기준 1개월 이내 발급된 것.
• 재학 or 휴학증명서 1통 : 학생인 경우만 해당

③ 서류접수 방법
방문접수 or 등기우편접수(주소)

④ 인터뷰

- 예약 : 서류접수시 가능. 등기우편접수자에게는 전화로 우편도착 통보 시. 서류접수 당일 인터뷰 불가.
- 일시 : 매주 금요일 오전 10시/오후2시 중 지원자가 선택
- 내용 : English Test & Kibbutz Volunteer 적합여부 파악
- English Test 방법 : 필기(번역/작문), 청취력 테스트, Oral Test. 수준은 중학교과 수준 이상이며, 인터뷰 통과율은 92% 정도이다. 총 Test시간은 약 70분 정도 진행된다.

⑤ 키부츠 배정

- 인터뷰 통과 후 지원자가 희망하는 시기에 맞춰 배정함.
- 한국 이외의 지역에서 키부츠로 갈 경우에도 배정예약 가능함.

⑥ 오리엔테이션

약 6시간 정도 진행된다. 보통 출발일 1~2주 전쯤에 있다. 키부츠 생활에 필요한 여러 가지 내용과 국제학생증, 유레일 패스, 국제전화카드, 여행자 보험 등의 설명과 신청도 받는다.

⑦ 출발

출발은 매주 하고 있으며 보통 서류접수에서 출발까지 1개월이 걸린다. (단, 영어연수 참가자의 경우는 1개월 이상이 걸릴 수도 있다.)

출발인원은 1인 출발, 2인 출발, 4~6명 출발 등 어떤 형태로든 가능하며 인터뷰 통과 후 출발사항을 선택하여 신청할 수 있다.

특히 4~6명이 같은 키부츠로 갈 경우 공항에서부터 배정 받은 키부츠까지 Pick Up Service가 있어 차비를 들이지 않고, 키부츠까지 편하게 갈 수 있어 좋다.

Kibbutz Application Form

Part I : Do write in Korean

<table>
<tr>
<td rowspan="4">Photo
(within 3 months)</td>
<td rowspan="2">Name</td>
<td colspan="3">(Korean)</td>
</tr>
<tr>
<td colspan="3">(English)</td>
</tr>
<tr>
<td>ID No.</td>
<td>–</td>
<td>Sex</td>
<td>m / f</td>
</tr>
<tr>
<td rowspan="3">Phone No.</td>
<td>home</td>
<td colspan="2">– –</td>
</tr>
<tr>
<td>cellular</td>
<td colspan="2">– –</td>
</tr>
<tr>
<td></td>
<td colspan="2">– –</td>
</tr>
</table>

E-mail	
Address	(zip code : –)

Profession		Marital Status	single/ married
Religion		Army Duties	
Height	cm	Weight	kg
Blood type		Visual	(R) (L)

※ Detail major operations/ hospitalization (include dates) 과거 수술이나 입원 경력 :

※ Detail all allergies and drug reactions 알레르기 현상이나 약물반응 유무 :

※ Diseases you suffered (including mental disorder and depression/ dates)

정신질환 경력 :

Intended length of stay in Kibbutz :   / / ~ / / (months)

※ Do not fill out the below. The staffs only.

Interview Date	1st :	(시)	Result	A B C F
	2nd :	(시)	Result	A B C F

This form is created by the United Kibbutz Movement Korea Representative, Seoul, Korea/ 뒷면계속...

• 지원서 앞면

Part II : Do write in Korean

	년 월	고등(중)학교 (중퇴/졸업/검정고시합격)	
학	년 월	대학(교)	과 입학
	년 월	대학(교)	과 (중퇴/편입)
력	년 월	대학(교)	과 (재학/휴학/졸업)
	년 월	대학원	과 (재학/휴학/졸업)

사	근무처명	담당 업무	근무 기간		
회			~		
활					
동			~		

가	성 명	나 이	관 계	학 력	직 장 명	동거여부
족						
사						
항						

¶키부츠 프로그램은 어떻게 알게 되었나요?

¶키부츠 프로그램 참가 목적은 무엇인가요?

¶유의사항 :
1. 제출된 지원서류는 일체 반환되지 않습니다.
2. 출발 및 채류기간은 현지사정에 의해 변동될 수도 있습니다.
3. 인터뷰 결과에 대한 이의제기는 받지 않습니다.
4. 영문건강진단서 상의 결과가 허위로 밝혀지면 참가중 불이익을 받습니다.
5. 간염보균자는 참가할 수 없습니다.

－위 사항을 확인하고 지원합니다. / 신청일 :   년   월   일
신청인 :   (인)

이스라엘 키부츠연합 한국대표부 Tel 02-718-6112/ Fax 02-703-7180/ www.kibbutz.co.kr

■건강 진단서 양식

 ISRAEL MINISTRY OF FOREIGN AFFAIRS – JERUSALEM
Division of International Cooperation – MASHAV

FORM D – MEDICAL CERTIFICATE

INSTRUCTIONS:

To be completed in triplicate, after a thorough clinical and laboratory examination, including X-ray of chest, by a medical officer of the Ministry of Health of the applicant's country of residence or by a registered Medical Practitioner approved by such Medical Officer. The Government of Israel reserves the right to require the applicant to undergo a further medical examination before or during his/her studies.

PARTICULARS OF APPLICANT

Surname		First name(s)		Date of birth	Sex

CHECK WHERE APPLICABLE	NO	YES	IF YES, GIVE FULL PARTICULARS
A. Medical History			
(1) Has any member of applicant's family suffered from: Tuberculosis, Mental illness, Asthma, Epilepsy.			
(2) Has the examinee suffered from diseases of the following organs	NO	YES	
a. Heart (cardiovascular)			
b. Lung (TB, asthma, tumor)			
c. Stomach, intestines, liver			
d. Kidney (nephrititis, stones)			
e. Nervous system (convulsions, stroke, mental illness)			
f. Glandular system (goitre, diabetes, anemia)			
g. Skin, muscles, bones, joints			

B. Medical Examination			
(1) Blood Pressure Systolic		Diastolic	
(2) Urinalysis: Is sugar present	NO	YES	
Is albumen present			
(3) Is there evidence of abnormality of			
a. Heart and cardiovascular system			
b. Lung (emphysema, males)			
c. Abdomen (liver, spleen, hernia)			
d. Head and neck (vision, hearing, speech, thyroid)			
e. Skin, lymph nodes, muscles, bones, joints			
f. Nervous system: has he been hospitalized for mental illness			
(4) Does the examinee suffer from			
a. Infectious diseases (TB, trachoma, malaria, bilharzia, leprosy)			
b. STD (sexually transmitted diseases) including AIDs			
(5) Does the examinee require medication or have any dietary restrictions due to health conditions			

C. Conclusion

(1) Does the examinee suffer from wounds or diseases requiring medical treatment or attention?	NO	YES
(2) (For women): According to the examination, the applicant shows signs of pregnancy?	NO	YES
(3) Having considered the applicant's medical history and present mental and physical state, is the person examined fit to travel by air and study abroad?	NO	YES

Name and address of medical practitioner _____

Signature _____ Date _____

Name and address of government medical officer _____

Signature _____ Date _____ Official stamp of Office _____

• 키부츠 건강 진단서 작성법 : 이스라엘 외무부에서 요구하는 지정양식이다.

가까운 내과로 찾아가서 의사에게 작성을 의뢰하면 된다. 혈액과 소변검사를 하고 X-Ray를 찍게 될 것이다. 건강하고 질병이 없다면 각 항목에 'NO' 라고 답변을 할 것이다.

자, 건강 진단서의 C번 Conclusion을 봅시다.

남성 지원자는 1, 3번만 확인하면 되고, 여성지원자는 1, 2, 3번에 모두 확인해야 된다. 특히 3번에 주의하자. 3번의 질문은 '이 사람은 심신이 건강하여 해외여행이나 체류에 이상이 없음을 확인합니까?' 이다. 따라서 건강하면 'YES'로 표시되어야 한다. 주의하십시오. 3번 항목에 'NO' 라고 표시가 되면 다시 병원에 가서 고쳐 와야 하므로 미리 읽어보고 주의해서 제출하도록 한다.

■ 여권 만들때 필요한 서류

● 남자

• 병역 필한 만 30세 이하의 남자 :

주민등록증 원본 + 여권용 사진 2매 + 여권신청비 +

주민등록 초본(하단에 병역관계 나타난 것으로)

• 병역 필한 만 30세 이상의 남자 :

주민등록증 원본 + 여권용 사진 2매 + 여권신청비

• 병역 미필한 남자 :

주민등록증 원본 + 여권용 사진 2매 + 여권신청비 +

국외 여행 허가서 (병무청 발급)

● 여자

주민등록증 원본 + 여권용 사진 2매 + 여권신청비

● 여권발급장소 : 외무부, 서울 6개 구청 (강남, 노원, 동대문, 서초, 영등포, 종로구청), 지방 광역시청 / 도청

● 여권발급소요기간 : 3일~7일

● 학생일 경우 재학증명서 원본 혹은 복사본

학생은 이 서류가 있어야 항공요금 할인을 받을 수 있다.

위의 서류가 모두 갖추어지면 『이스라엘 키부츠연합 한국대표부』에 우편으로(등기) 혹은 방문해서 접수하면 된다.

② 인터뷰 예약

상기의 서류가 『이스라엘 키부츠연합 한국대표부』에 접수되면 '영어 인터뷰' 날짜가 정해진다. 한국인이면 『이스라엘 키부츠연합 한국대표부』에서 실시하는 영어인터뷰를 마치고 등록해야 한다. 키부츠 발런티어의 모든 생활은 영어로 이루어지기 때문에 반드시 일정한 수준의 영어를 구사할 줄 알아야 한다. 기존의 발런티어들이 의사소통이 잘되지 않아서 많은 오해를 받았었고 한국인 발런티어에 대해 좋지 않은 인상을 남겼던 것을 생각한다면, 영어실력이 얼마나 중요한지 새삼 깨달을 수 있다. 또한 이 인터뷰는 단순히 영어실력이 어떠한지 보기만을 위한 것은 아니다. 발런티어로서 이스라엘에 가서 세계 여러 젊은이들과 함께 생활한다는 것은 단순히 해외에서 생활하는 것 그 이상의 큰 의미를 지닌다.

따라서 인터뷰에서는 다른 나라의 젊은이들과 비교해서 손색이 없는 건강한 몸과 건전한 정신을 가졌는지, 본인의 조국에 대한 자긍심을 가졌는지, 또 조국에 대해 어느 정도 이해하고 있는지 등을 본다. 또한 같이 가는 다른 한국인 발런티어에게 나쁜 영향을 미칠 소지가 있는지에 대한 판단을 해서 문제를 사전에 방지하자는 의도이다. 심신이 건전하고 건강한 사람(18세~32세)만 갈 수 있다. 해외에 나가서 한국에 대한 좋은 인상을 심어주고 한국을 널리 알리고 성실히 맡은 책임을 다할 수 있는 사람만이 갈 수 있다는 것이다.

인터뷰 날짜는 서류제출 후 빠르면 3일 늦어도 15일 이내로 시간이 정해지고 약속된 날 대표부로 나와서 인터뷰를 받으면 된다. 인터뷰의 소요시간은 약 30분 정도이고 생활 영어가 가능한지를 테스트한다.

예약 : 서류접수시 가능. 등기우편접수자에게는 전화로 우편도착 통보시. 서류접수 당일 인터뷰 불가.

일시 : 매주 금요일 오전 10시/오후2시 중 지원자가 선택

내용 : English Test & Kibbutz Volunteer 적합여부 파악

English Test 방법 : 필기(번역/작문), 청취력 테스트, Oral Test. 수준은 중학교과 수준 이상이며, 인터뷰 통과율은 92% 정도이다. 총 Test시간은 약 70분 정도 진행된다.

③ 인터뷰 판정과 영어연수

『이스라엘 키부츠연합 한국대표부』의 한국인 코디네이터와 영어로 인터뷰를 한다. 필기와 실기 2가지 테스트를 받게 되며 인터뷰 결과에 따라 A, B, C등급으로 나뉜다.

• A 등급자 : 영어로 의사소통에 어려움이 없고 본인의 의사표현 및 생활하는 데 지장이 없는 사람이다. A등급자는 바로 발런티어 생활을 할 수 있다.

• B 등급자 : 영어에 대한 지식(읽기와 듣기) 은 가지고 있으나 의사표현에 제한을 받는 사람.

• C 등급자 : 영어에 대한 지식이 희박한 사람이다. 의사표현을 제대로 할 수 없으며 많은 노력이 필요한 사람이다. C 등급자는 이스라엘에서 실시하는 6주 영어연수를 받거나 영어를 좀더 준비한 후에 다시 인터뷰를 받아야 한다.

이러한 C등급자는 이스라엘에서 실시하는 6주(총 72시간)의 영어연수를 받아야 한다. 모국어가 영어인 선생님과 함께 하루에 6시간, 일주일에 6일을 공부한다. 물론 6주라는 기간은 영어를 능숙히 말하게 하는 데는 부족하고 짧은 기간이지만 연습이 되어 있지 않은 사람들에게 연습할 수 있는 기회를 줌으로 해서 영어에 대한 자신감을 키우고 앞으로의 발런티어 생활에 잘 적응할 수 있는 기초를 다져 준다.

④ 키부츠 배정

인터뷰 통과 후 지원자가 희망하는 시기에 맞춰 배정함.

한국 이외의 지역에서 키부츠로 갈 경우에도 배정예약 가능함.

⑤ 해외 여행자 보험

기후와 언어 습관이 다른 나라에 장기간 체류할 경우 갑자기 일어날 수 있는 예상치 못한 사고에 대비하기 위하여 해외 여행자보험을 들어 놓는 것이 좋다.

여행 중에 생길 수 있는 사고란 불의의 사고로 인한 사망에서부터 상해, 질병, 손해배상, 휴대품 도난 등을 말한다. 보상을 받을 수 있는 서비스의 한도와 제공하는 것은 보험회사마다 다르나 임신, 출산, 유산, 치아보철 등 치과 처치 비용, 안경 및 콘택트렌즈 구입 그리고 보험 가입자가 앓았던 이전의 질병에 대해서는 보상을 받지 못한다. 여행자 보험을 신청하는 것은 간단하다. 청약서 1통만 작성하면 그 자리에서 신청할 수 있고 본인 사망시에는 최고 3억원까지 보상이 가능하다. 보험금은 여행기간과 보상금액에 따라 다소 차이가 있다.

• 보험금의 청구

필요한 서류를 갖추어 보험회사의 해외지사에 연락한다. 의료 관계의 경우는 진단서, 치료비 명세서 등의 서류가 필요하고 휴대품 분실의 경우는 경찰서에 신고한 서류와 진술서 등이 필요하다.

⑥ 출발 준비

● 국제운전 면허증 만들기 : 자동차를 렌트하지 않더라도 현재 가지고 있
는 면허증을 국제운전 면허증으로 바꾸어서 가지고 가면 편리하게 쓰
일 때가 많다.
국제운전 면허증은 각 운전면허 시험장에서 만들 수 있다.

● 국제학생증 : 학생은 국제학생증을 만들어 가는 것이 좋다.
  • 국제학생증 신청 장소 : 국제학생 여행사(KISES)
    서울시 종로구 종로 2가 YMCA 빌딩 505호 ☎ 732-6646
  • 신청서류 : 신청서, 재학 증명서 및 학생증 사본, 사진 1매
    수수료, 휴학생도 가능하고 학생이면 나이에 상관없다.
    신청 즉시 발급된다. 국제학생증 유효기간은 1년이다.

● 유스호스텔 회원증 : 이스라엘에도 이용할 수 있는 유스호스텔이 많이
있고, 특히 유럽을 여행할 때 유스호스텔을 이용하면 알뜰한 여행을
할 수 있다.

● 국제유스호스텔회원증 신청 장소
  • 한국 유스호스텔 연맹
    종로구 적선동 80 적선현대빌딩 408호
    (지하철 3호선 경복궁역에서 하차. 5번출구) ☎ 730-2233
  • 강남지부 ☎ 02-424-1855   • 부산,경남 ☎ 051-462-993
  • 전   북 ☎ 063-287-3020   • 대전,충남 ☎ 042-489-9905
  • 신청서류 : 신청서

수수료 : 25세를 기준으로 나이에 따라 비용도 약간 다르다.
신청 즉시 발급된다.

● 환전하기 : 키부츠에 체류하는데 많은 돈이 들지는 않지만 여행계획을
가지고 있다면 약간의 개인경비는 가지고 가야 한다.

키부츠는 발런티어에게 숙식과 용돈을 제공하지만 발런티어가 개인적
으로 써야할 돈이 필요할지 모르므로 약간의 비상금은 가지고 가는 것이
좋다.

약 $500 정도면 6개월간 체류하고 이스라엘을 여행할 수 있다. 키부츠
에 가면 (각자 배정 받은 키부츠에 따라 차이가 있겠지만) 예치금을 요구
하는 키부츠도 있다. 금액은 약 $30에서 $50까지 다양하다. 이 예치금은
후에 키부츠를 나올 때에 돌려 받는다.

이스라엘에서 쓰이는 화폐단위는 '쉐켈(NIS)' 인데, 우리나라에서는
환전할 수 없다. 미국달러(US$)로 환전을 해서 이스라엘로 가지고 가면
된다. 이스라엘의 유명한 관광지에서는 모두 미국달러가 통용된다.

달러는 현금과 여행자수표(T/C Traveler's Check)를 골고루 가져가는
것이 좋다. 환전을 할 때는 액면가가 큰돈과 적은 돈을 적당히 섞어서 환
전하자. 액면가가 큰돈만 환전을 하면 사용하기에 불편할 수도 있고, 액
면가가 적은 돈만 환전하면 부피가 너무 커져서 가지고 다니기에 위험할
수도 있다.

●한국의 독특한 문화 공부하기

20년이 넘게 대한민국의 국민으로 살아오면서 우리는 엄청나게 많은 정신적·문화적인 혜택을 입었다. 그러나 막상 외국에 나가서 한국에 대해 이야기해 보라고 하면 무엇을 이야기해야 할지 모르는 경우가 많다. 이것은 짧은 영어실력 때문이라고 생각하지 않는다. 모국에 대해 깊이 생각해 보지 않았고 사물과 주변환경에 대해서 주의 깊게 생각해 보는 습관을 들이지 않았기 때문이라고 생각한다.

이것은 어찌 보면 부끄러운 일이다. 외국의 여러 젊은이들과 만났을 때 무슨 이야기를 할 것인가? 그들이 우리나라에 대해서 무엇을 알까? 한국경제가 나쁘다는 것, 분단된 국가라는 것, 전쟁발발의 위험속에 산다는 것. 학생들과 노동자들의 시위가 끊이지 않는다는 것 등 부정적인 소식들은 전세계적으로 보도되기에 잘 알려져 있다.

그러나 우리나라에 대해서 이러한 부정적인 소식조차도 모르고 있는 사람들이 더 많다. 우리나라를 외국의 친구들이 모른다고 해서 낙심하거나 기죽지는 말자! 큰 가능성을 가지고 있다고 생각하면 되니까 말이다. 모르는 것이 많다는 이야기는 백지나 마찬가지라는 의미다. 글자를 새겨 넣을 수 있는 공간이 그만큼 많다는 뜻이므로 그들의 빈 종이 위에 우리의 좋은 글씨를 쓰면 되는 것이다. 우리나라의 좋은 관습과 풍습, 그리고 독특한 제도와 문화를 잘 습득해서 가도록 하자. 책도 많이 읽고 정보도 많이 가지고 가자.

• 예쁜 한국의 기념품 준비하기

가장 한국적인 물건에는 무엇이 있을까?

태극기? 장고? 고무신? 한복? 그림엽서? 돈?

서양 사람들에게 동양은 언제나 신비로운 곳으로 인식되어 왔다. 지금도 그 생각에는 변함이 없다. 한 번쯤은 반드시 여행하고 싶다고 생각하고 있다. 이번 기회를 통해 그들에게 우리나라를 많이 알려 한국에 오고 싶게 만들자.

발런티어 생활을 하면서 만나게 되는 많은 친구들과 사람들 같은 피부색, 같은 문화권에 사는 사람들보다도 더 소중하게 느껴지는 친구도 몇 명 생길 것이다. 그러나 언젠가는 헤어져야 할 그들. 아쉽지만 또 다른 만남을 기약하면서 보내야 한다. 그럴 때 빈손으로 보내야 하나? 그러기에는 너무나 서운하고 무언가 아쉽다. 예쁜 한국의 기념품을 준비해 보면 어떨까? 자그마한 열쇠고리, 자동차 안이나 벽에 걸 수 있도록 만든 장식품 등. 선물을 받았을 때처럼 기쁘고 마음에 오래 남는 경우가 없다. 특히 그 선물이 독특하고 신기한 것일 경우에는 더욱 그러하다. 그러나 주는 이나 받는 이나 비싼 선물이라면 부담스럽다. 시내를 샅샅이 뒤져서 값도 싸면서 질이 나쁘지 않은 물건을 준비해 보자.

선물을 주는 대상은 룸메이트, 발런티어 매니저, 발런티어 친구들 중에서 친하게 지냈던 몇몇이 될 수 있고 혹은 여행중에 알게 되는 사람일 수도 있다. 너무 많이 준비해 가면 가치 없이 뿌리고 오게 되는 경우가 생기고 너무 적게 준비해 가면 주고 싶은 사람에게 주지 못하는 경우도 생긴다. 얼마나 오랜 기간 외국에 머물게 될지를 따져서 알맞은 갯수의 선물을 준비하자.

7 오리엔테이션 참가

설명회와 인터뷰 그리고 입금 등 모든 준비가 끝나면 출발 1~ 2주 전 오리엔테이션이 있다. 오리엔테이션 날짜를 통보받으면 『이스라엘 키부츠연합 한국대표부』로 나오면 된다.

키부츠로 떠나기 전 모든 준비 사항을 확인하는 시간으로 약 6시간 정도 걸린다. 필기도구와 여권을 가지고 오는 것이 좋다. 이스라엘로 떠나기 전에 미리 자신이 갈 키부츠를 배정받으며, 자신이 가야 할 키부츠에 대한 설명과 자료를 얻을 수 있다.

키부츠 생활에 필요한 여러 가지 내용과 국제학생증, 유레일 패스, 국제전화카드, 여행자 보험 등의 설명과 신청도 받는다.

8 출발

출발은 매주 하고 있으며 보통 서류접수에서 출발까지 1개월이 걸린다. (단, 영어연수 참가자의 경우는 1개월 이상이 걸릴 수도 있다.)

출발인원은 1인 출발, 2인 출발, 4~6명 출발 등 어떤 형태로든 가능하며 인터뷰 통과 후 출발사항을 선택하여 신청할 수 있다.

특히 4~6명이 같은 키부츠로 갈 경우 공항에서부터 배정 받은 키부츠까지 Pick Up Service가 있어 차비를 들이지 않고, 키부츠까지 편하게 갈 수 있어 좋다.

키부츠로 떠나기

■ 발런티어 짐싸기

• 가방 준비 : 여행할 때 쓰던 가방이 있다면 새로 사지 말고 그 가방을 이용하면 된다. 그러나 새로 가방을 사야 할 경우라면 잘 생각해 보고 고르는 것이 좋다. 키부츠 발런티어로 떠나는 것은 우아하게 관광을 떠나는 것이 아니기 때문에 약간 험악한(?) 가방을 가지고 가도 좋다. 비행기를 타고 내리고를 몇 번만 하면 가방이 많이 상한다. 상한 가방을 부여안고 울상을 지어 봐야 아무 소용이 없는 일이다.

여행용 가방의 종류와 크기는 다양하지만 발런티어 지원자들은 배낭이나 천으로 된 가방을 준비하는 것이 좋을 것이다. 끌고 다니는 여행용 가방도 좋지만 어깨에 메는 것이 더 편리할 것이다. 배낭족들이 질질 끌고 다니는 가방 가지고 다니는 것을 보았는가? 어깨에 메고 허리에 차고 다니는 것이 편리하다.

• 체크 리스트 : 출발 전 오리엔테이션에 참가하면 출발 전 체크 리스트를 받을 수 있다. 체크 리스트를 보고 빠진 것이 없는가 잘 준비하자.

• 생필품 : 세면도구(칫솔, 치약, 비누, 샴푸, 수건), 화장품(스킨, 로션, 크림, 립스틱 등)

• 옷 : 속옷, 양말, 얇은 긴 소매 웃옷 2-3벌, 청바지 1벌, 얇은 긴바지 1벌, 반바지 2벌, 짧은 소매 웃옷 2-3벌, 겨울에 체류한다면 따뜻한 스웨터.

• 그 외 : 선글라스, 태양차단크림, 카메라, 필름(필름은 한국이 가

장 싸다), 콘택트 렌즈 여분 1벌, 렌즈 세척제, 식염수 1개(부피를 많이 차지하므로 1병 정도만 준비해 가고 현지에서 사서 쓰자), 운동화, 샌들, 실내용 슬리퍼, 문구류(볼펜, 노트), 알람 시계, 증명사진(비자 갱신용), 모자, 건전지, 건전지 충전기, 워크맨, 헤어드라이기, 면도기.

• 이스라엘 전압 : 220V. 전기콘센트의 구멍이 3개이지만 한국 가전제품을 사용하는 데는 아무런 문제가 없다. 한국 가전제품의 플러그 굵기가 굵으므로 콘센트 연결부분을 사면 된다.

• 옷은 세탁해서 입으면 되므로 절대로 많이 가져가지 말자. 키부츠의 발런티어들은 멋쟁이가 아니다. 키부츠 멤버들도 멋쟁이가 아니므로 혼자 특별나게 입는다면 시선을 한몸에 받을 것이다. 단정하고 실용적인 옷으로 가지고 가면 된다. 정장을 입을 일은 없으므로 정장을 대신할 깔끔한 옷을 1벌 정도만 준비한다.

■ **김포공항으로**

• 병무신고 : 만 30세가 넘지 않은 남자는 반드시 병무신고를 해야 한다.
• 군필자 : 여권 주민등록증 혹은 주민등록 초본, 대한민국 출입국 카드
• 미필자 : 여권, 국외여행허가필증, 대한민국 출입국 카드
• 귀국 후 신고 : 공항 또는 해당 동사무소에 신고
• 공항세 : 9천원 (1998년 4월 현재)
• 출국세 : 1만원 (1997년 7월부터 신설)

■ 입국카드 작성

• 대한민국 출입국카드 : 대한민국을 출입국할 때 3층 출국장의 출입국 관리국(Immigration)을 통과할 때 제출한다. 나머지 반쪽은 입국시 제출한다.

• 이스라엘 입국카드 : 이 양식은 기내에서 나누어준다.

입국카드는 2장이 겹쳐져 있고 앞장을 쓰면 뒷장까지 베껴지게 되어 있다. 본인의 성과 이름, 본인 아버지의 이름, 국적, 성별, 생년월일, 여권번호, 한국의 집주소 등을 쓴다. 이스라엘 주소란에는 각자가 배정 받은 키부츠의 이름을 쓰면 된다.

■ 탑승수속하기

• 여권과 항공권

항공권은 우리가 흔히 하는 말로 비행기표이다. 이 비행기표를 탑승권(Boarding Pass)으로 바꾸어야 한다.

항공권에는 이름, 지역, 출발시간, 유효기간, 수화물 무게제한, 제한사항, 항공권을 발권한 날짜와 장소 등이 표시되어 있다. 여권에 있는 본인의 이름과 다름이 없는지 잘 살펴보고 특히 성(Family Name)이 틀리게 발권되었을 때는 곤란을 겪는 경우가 많으므로 주의해야 한다.

또 반드시 검토해야 할 중요한 사항이 있다. 항공권은 내가 비행기를 몇 번 타게 되는가에 따라 그 매수가 결정되므로 몇 장으로 이루어져 있는지를 확인해야 한다. 예를 들어 서울에서 AIR FRANCE를 타고 이스라엘의 텔아비브까지 갔다가 서울로 다시 돌아온다고 한다면 이러한 여정이 된다.

서울 - 파리 - 텔아비브 - 파리 - 서울. 최종적으로 서울로 돌아올 때까지 4번 비행기를 타게 되므로 본인이 소지하고 있는 항공권이 4장으로 되어 있는지 잘 세어 보아야 한다. 간혹 비행기표를 발권하는 회사에서 실수하여 적게 주는 사고가 생길 수 있기 때문이다.

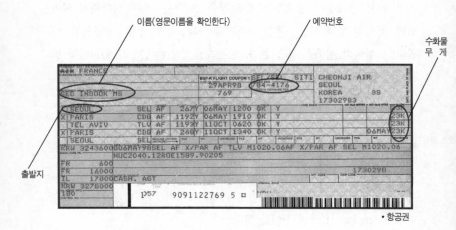

• 항공권

• 짐 부치는 법 & 무게 제한 :

해당 항공사의 카운터에 여권과 항공권을 제시하면 탑승권으로 바꾸어 주고 짐을 부쳐 준다. 부치는 짐 안에는 깨지는 물건이 없도록 주의해야 한다. 무게는 보통 20kg으로 제한되어 있고 2개까지 부칠 수 있다. 주의할 점은 20kg짜리 2개가 아니라 2개를 합쳐서 20kg가 넘지 않도록 하는 것이다. 짐을 부치면 부친 갯수 만큼의 짐표(Baggage Tag)를 준다. 이 짐표는 해당 목적지에 도착할 때까지 버리지 말고 잘 간직하고 있어야 한다. 해당 목적지에 도착하여 짐을 찾을 때 본인이 부친 짐이 나오지 않으면 그 짐표를 가지고 신고를 해야 항공사의 전산처리망을 통하여 짐을 찾을 수 있다.

• 초과 수하물 부치는 법 : 수하물이 초과되면 추가로 경비를 지불해야 한다. 비용은 항공사마다 비행지역마다 다르다. 통상적으로 이스라엘의 경우 10kg정도 초과했을 경우에 약 US$100 정도 추가된다고 보면 된다.

- **탑승권**(Boarding Pass)**이란?**

• 탑승권(Boarding Pass) 보는 법 : 비행기표를 항공사 카운터에 제출하면
  비행기표를 탑승권으로 바꾸어 준다.

 탑승 수속에 대해 잘 모르는 사람들은 다음과 같은 실수를 할 수 있다.
부칠 짐이 없으면 비행기표만 가지고 바로 비행기를 탈 수 있다고 생각
하는 것이다. 그러나 이 비행기표를 반드시 탑승권으로 바꾸어야 비행기

출발지　목적지

• 탑승권

탑승시간

를 탈 수 있다. 탑승권에는 본인이 타고 갈 비행기의 출발 게이트 번호와
좌석번호 그리고 몇 시까지 비행기에 탑승해야 하는지에 대해 표기가 되
어 있다. 이 탑승권의 일부는 비행기 탈 때 항공사 직원에게 주고 나머지
일부는 본인이 가지고 있을 수 있게 되어 있다.

• 항공사 보너스 마일리지 카드 : 여러 항공사에서 세일즈의 일환으로 마
  일리지 보너스를 제공한다.

■ 여기는 비행기 안

• 좌석 찾아 앉기 : 비행기는 그 종류와 크기가 다양하다. 탑승권에 쓰여
있는 본인의 좌석번호를 확인하고 자리에 앉는다.

• 으, 괴롭다! 자연이 나를 부르는구나! (기내 화장실 사용법) :
보통 기내의 앞, 중간, 맨 뒤에 위치해 있다. 화장실의 손잡이 부분에
'OCCUPIED' 라고 써 있는지 아니면 'VACANT' 라고 써 있는지 확인
하고 사용하도록 한다. 'VACANT' 라는 표시등이 들어와 있는 칸을 택
하여 들어가고 문은 밀면 열린다. 안으로 들어가서는 반드시 고리를 잠
가야 밖에 'OCCUPIED' 란 표시등이 들어온다. 문을 닫기만 하고 잠그
지 않으면 'VACANT' 표시가 되어 누군가 안으로 들어올 것이다.

• 기내에서 제공받을 수 있는 것
음료수, 담요, 신문, 잡지 등등. 아무리 이코노미 클래스를 탔더라도
손님은 왕인데… 필요한 것이 있다면 무엇이든지 기내승무원에게 부탁하
자. 예전에는 흔치 않았지만 요즘에는 믿음직스러운 남자승무원들이 팔
을 걷어붙이고 도와주는 경우가 많다. 애교스러운 미소와 함께 남자승무
원에게 용건을 말해 보는 것도 좋을 것이다.

여기는 이스라엘입니다

1. 텔아비브 벤구리온(Ben Gurion) 공항에 내려서

• 입국 수속 : 이스라엘 입국카드를 제출한다.

입국카드 뒷장의 이스라엘 출국카드는 보관하고 있다가 이스라엘 출국할 때 제출한다.

• 짐 찾기 : 모니터에 항공기 번호와 짐 찾는 래인(Lane) 번호가 표시된다. 만일 짐이 도착하지 않았다면 분실신고를 한다. 분실신고소는 짐 찾는 곳 옆에 있다.

'Lost And Found' ☎ 03-9712541/03-9716934 FAX 03-9712173

가방의 크기, 디자인, 색깔을 신고서에 기입하고 연락처를 적으면 가방을 찾은 후 연락처로 보내준다.

2. 나 데려가세요 (키부츠 발런티어 매니저와의 만남)

짐을 찾아서 건물 밖으로 나오면 키부츠 이름을 적은 종이를 들고 있는 발런티어 매니저가 기다리고 있다. 매니저가 자동차를 가지고 와서 키부츠까지 데리고 간다.

3. 어디로 가나요?

이스라엘에는 약 270개의 키부츠가 있다. 매번 발런티어들이 떠날 때마다 다른 키부츠에 배정된다. 키부츠 분포 지역은 북부지역, 갈릴리지역, 중부지역, 사해 근처, 예루살렘 근처, 남부지역, 에일랏 근처 등으로 나뉜다.

4. 반갑다! 노랑머리들아! (발런티어들과 사귑시다)

발런티어의 국적은 정말 다양하다. 노르웨이, 남아프리카공화국, 이태리, 캐나다, 미국 등. 이런 기회를 갖게 되다니 난 정말 키부츠에 잘 온 것 같다.

그러나 나는 정말 뼈대있는 집안에서 온 점잖은 한국인인가보다. 저 노랑머리들이 떠들고 까부는 것이 나의 상식으로는 적응이 불가능!

그러나 나는 이 먼 곳 이스라엘에 다양한 문화를 접해 보고 외국친구들을 나의 팬으로 만들겠다는 굳은 의지를 가지고 오지 않았는가? 귀엽게 봐주자.

이제부터 나의 별명은 '언니' '오빠'이다. 모두들 나를 '언니' '오빠'로 불러다오. 서양문화의 개방성을 실감하면서 나는 동양의 미덕을 그들에게 가르쳐 주겠다. 너, 독일에서 온 발런티어야, 너는 정말 내 맘에 드는구나 … 주소를 꼭 교환하고 독일로 놀러 가야지!

국적과 피부색과 문화는 완전히 다르지만 그래도 젊음이 있기에 통하나 보다. 함께 땀흘려 일하면서 느끼는 일체감. 다른 어느 곳에서도 느껴보지 못했던 충만한 마음을 가지고 독립된 나를 본다.

키부츠와 이별

■ 즐거웠던 생활이여 안녕!

• 공항으로 가기 : 김포공항에서 나를 위해 손을 흔들던 가족과 친구의 모습이 눈에 선한데 벌써 한국으로 돌아가게 되다니… 집이 그리운 적도 있었고 영어실력의 한계를 느껴 외국 발런티어들이 꼴보기 싫은 적도 있었지만 많은 경험을 했다. 사해에서의 진흙팩 경험, 이집트, 요르단, 그리스, 터키 등으로의 여행. 정말 나는 내가 생각해도 똑똑하고 멋있어진 것 같다.

회자정리라고 했던가. 모두모두에게 인사하고 언젠가는 다시 만날 것을 기약하면서 짐을 싼다. 키부츠 안전금고에 맡겼던 내 귀중품과 쓰지 않은 용돈 그리고 처음에 맡겼던 예치금(Deposit)을 찾는다. 그리고 빠뜨리지 말아야 할 것이 또 하나 있다.

기념품 교환. 소중하게 싸가지고 간 기념품을 적절하게 나누어주고 한국의 미가 얼마나 독특한 것인지 한 번 더 뽐내자.

키부츠의 발런티어로 생활하고 난 후에 나는 무엇을 얻었는가? 멋지게 그을린 갈색 피부, 남는 것은 사진뿐이라고 무지하게 찍어 댄 기념사진들, 훨씬 진보한 내 영어실력, 그러나 그보다 더 중요한 것을 얻었다.

나는 이제 내 미래가 두렵지 않다. 아직은 구체적인 계획도 생각도 없지만 무엇이든지 잘할 수 있다는 확신을 가진다. 나는 성장했고 강해졌으니까. 예전의 나와는 다르다. 키부츠에서 일하며 얻은 체험은 나의 미래에 중요한 밑거름이 될 것을 믿는다.

• 출국수속하기 : 텔아비브의 국제공항은 출국수속이 세계에서 제일 까다롭기로 유명하다.

따라서 반드시 탑승시간 3시간 전에 텔아비브의 벤구리온 공항에 도착하도록 한다. 다른 나라 공항에서는 그냥 탑승권을 받지만 벤구리온 공항에서는 보안검사를 먼저 해야만 탑승권을 받는다. 아랍과 대치하고 있는 이스라엘의 상황을 이해하고 까다로운 보안검사에 짜증내지 말고 침착하고 여유있게 임하는 것이 좋다.

첫번째 보안요원이 몇 가지 질문을 하고 다른 요원이 똑같은 질문을 반복한다. 그리고 두 명의 보안요원은 질문에 대해 동일한 대답을 했는지를 서로 확인한다. 답변내용이 다를 경우에는 문제가 복잡해질 수 있으므로 주의한다.

● **질문의 종류는 예를 들면 다음과 같다.**

• 이스라엘에 얼마간 체류했으며 그동안 무엇을 했는가?

발런티어를 증명할 수 있는 서류를 보여준다.

• 이스라엘 밖으로 여행을 한 적이 있는가?

• 알고 있는 아랍인이 있는가?

없음으로 답할 것. 아랍신문이나 편지는 미리 가방 깊숙히 넣어둔다.

• 무기류를 소지하고 있는가?

없음으로 답할 것.

• 모르는 물건을 전해 달라고 부탁받은 적이 있는가?

모르는 물건을 받아서는 안된다.

- 가방은 본인의 것인가?

  가방 안에 본인의 것이 아닌 물건이 들어 있지는 않은지 확인하라고
  요청한다. 그러면 가방을 열어서 본인의 물건임을 확인하는 행동을
  보여 주면 된다.

- 아침에 짐을 꾸린 후 지금까지 가방을 홀로 두지는 않았는가?

  이것은 불순한 생각을 가진 이들이 폭발물을 가방에 넣을 기회가
  있었는지를 확인하기 위한 질문이다.

  * 보안검사가 끝나면 확인스티커를 비행기 티켓과 가방에 붙여준다.
  항공사 카운터로 가서 짐을 부치고 탑승권을 받는다.

■ **집으로**

아! 얼마나 되었던가. 이 한국의 공기와 매연을 맡았던 적이!

대한민국아, 여전하구나. 애고애고 외국물을 먹더니 나도 벌써 서양화
되었나? 예전에는 느끼지 못하던 한국의 매연이 코에 거슬리는 것을 보
니.

그러나 나는 이제 내 모국으로 돌아왔고, 여기서 내 나라를 위하여
나아가서는 세계를 위하여 그리고 세계 안에서 빛나는 나를 위하여 뛰련
다.

7장
이스라엘과 주변국가 여행정보

■ 여행을 떠나기 전의 사전 준비

　이스라엘은 풍부하고 다양한 역사를 가지고 있는 땅이다. 땅만 파면 무궁무진한 과거의 보물들을 토해 놓는 곳이 이스라엘이다. 그러나 과거로의 시간여행은 준비 없이 가면 아무런 재미도 감흥도 느끼지 못한다. 지금까지 멀게만 느껴졌던 세계사 특히 중동사에 관심을 가지고 방문을 해보자.

　유럽을 여행하면 수백 년의 역사를 자랑하는 명소를 만나게 된다. 그러나 이스라엘에는 삼천 년, 이천 년 전의 역사 현장이 수두룩하다. 천년이 된 유물들이 대단하게 여겨지지 않는 곳이 바로 중근동 지역이다. 이스라엘뿐만 아니라 인접국가인 이집트, 요르단, 터키, 그리스 모두가 살아 있는 역사의 현장들이다. 부지런히 공부한 후 시간여행을 떠나 보자. 미리 준비를 못했다면 현장에서 얻을 수 있는 자료를 놓치지는 말자.

　모자, 선글라스, 물병 챙기고 출발!

이스라엘 땅 속에는 보물(?)이 가득하다 (하솔의 발굴현장)

• 버스 시간표 확인

주요 도시를 운행하는 버스를 제외하고 배차 간격이 길므로 미리 확인하지 않으면 길에서 시간을 낭비하기 쉽다.

막차를 놓치지 않도록 조심하고 금요일에는 버스가 일찍 끊기므로 미리 시간을 확인한다.

• 방문지의 입장시간 확인

유대인 장소는 토요일, 기독교 장소는 일요일에 문을 닫는 곳이 많다. 관광지의 입장시간은 보통 여름에 6시, 겨울에 5시까지. 금요일은 오후 1시나 2시까지 문을 연다.

■ 학생을 위한 이스(ISSTA) 여행사

학생전문 여행사(Israel Student Travel Association). 국제학생증이 있으면 가장 싼값의 학생용 비행기 티켓을 살 수 있다. 일반인도 이용 가능하다. 유럽으로 가는 저렴한 전세비행기(charter flight)가 많다. 2~3개월 전에 예약을 해야 한다. 싸이프러스와 그리스로 가는 페리티켓도 학생요금으로 살 수 있다.

늘 사람이 많아서 기다려야 한다. 전화보다는 직접 방문해서 여러 가지를 질문하는 것이 좋다.

• 예루살렘 지점

    31 Haneviim St. ☎ 02-672-2799

    여는시간 일-화, 목 09:00-18:00 수, 금 09:00-13:00

• 히브리대학 내 Goldsmith Bld. ☎ 02-582-6116

    여는시간 일-목 8:30-16:30

- 5 Yoel Moshe Salomon St. ☎ 02 - 624 - 3177
  번화가 벤예후다 거리에서 가깝다.
- 텔아비브 지점
  128 Ben-Yehuda St. ☎ 03 - 521 - 0555
- 하이파 지점
  2 Balfour St. ☎ 04 - 866 - 9139/ 867 - 0222
  테크니온 대학 내 ☎ 04 - 832 - 6739
- 무료 안내전화
  Toll free 177 - 622 - 2333

■ 각 도시마다 관광안내소를 잘 이용하라.

지도를 무료로 얻을 수 있고 가고자 하는 지역의 안내도 받을 수 있다.
Central Bus Station의 Information이라고 크게 쓴 안내소 (히 : 모디인) 에서
는 가고자 하는 곳의 버스 노선과 시간표를 친절하게 가르쳐 준다.

(* 히 : 히브리어 약칭)

■ Central Bus Station

이스라엘은 도시가 크지 않기 때문에 텔아비브만 제외하고 각 도시마
다 시외버스 터미널이 한 개씩 있다. 터미널이라고 하면 잘 알아듣지 못
하므로 Central Bus Station (히 : 타하나 멜카짓트) 이라고 해야 한다. 일반
버스정거장은 Bus Stop (히: 타하나트 오토부스).

텔아비브에는 시외버스 터미널이 두 군데 있다. 일반적으로 Tel Aviv
Central Bus Station이라고 하면 시내에 있는 것을 말하고, 텔아비브의 북
쪽 기차 정거장(Arlozorov St.) 에 있는 것은 North Tel Aviv라고 한다.

■ National Parks Ticket

43개의 이스라엘 국립공원을 모두 방문할 수 있는 티켓으로 유효기간은 2주일이다. 국립공원을 네 군데 이상 방문한다면 National Parks Ticket을 구입하는 것이 더 경제적이다. 티켓은 각 국립공원에서 구입할 수 있다.

가격은 약 $15. Israel Natinal Parks Authority ☎ 03-576-6888

• 세계 각국 GNP 1995년 (US$)

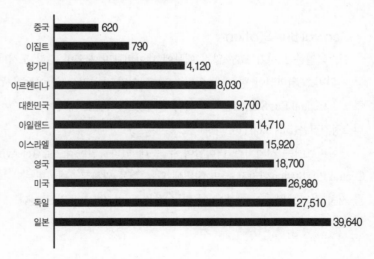

국가	GNP
중국	620
이집트	790
헝가리	4,120
아르헨티나	8,030
대한민국	9,700
아일랜드	14,710
이스라엘	15,920
영국	18,700
미국	26,980
독일	27,510
일본	39,640

• 이스라엘 국립공원
(National Parks in Israel)

1. 님로드 요새 Nimrod Fortress
2. 훌샤트 탈 Hurshat Tal
3. 바람 Baram
4. 텔 하솔 Tel Hazor
5. 아흐지브 Achziv
6. 예히암 요새 Yehiam Fortress
7. 고라신 Korazim
8. 거라사 Kursi
9. 하맛 티베리야 Hamath Tiberias
10. 벨보이르 Belvoir
11. 벧샨 Bet Shean
12. 간하쉴로샤 Gan Hashilosha(Sachne)
13. 벧알파 회당 Bet Alpha Synagogue
14. 하롯샘 Maayan Harod
15. 텔 므깃도 Tel Megido
16. 벧쉐아림 Bet Shearim
17. 갈멜산 Mt. Carmel
18. 가이사랴 Caeserea
19. 세바스테 Sebaste(Samaria)
20. 아벡 Afek-Antipatris
21. 아쿠아벨라 Aqua Bella
22. 카스텔 Castel
23. 예루살렘성벽 Jerusalem Walls
24. 헤로디온 Herodion
25. 텔 여리고 Tel Jericho
26. 여리고 회당 Jericho Synagogue
27. 히삼궁전 Hisham's Palace
28. 쿰란 Qumran
29. 맛사다 Masada
30. 벧구브린 Bet Guvrin
31. 아쉬켈론 Ashkelon
32. 야드 모데하이 Yad Mordechai
33. 에쉬콜 Eshkol
34. 텔 아라드 Tel Arad
35. 맘쉬트 Mamshit
36. 쉬브타 Shivta
37. 벤구리온 무덤 Ben Gurion's Tomb(무료)
38. 에인 아브닷 Ein Avdat
39. 아브닷 Avdat
40. 알렉산더강 Alexander River
41. 텔 브엘쉐바 Tel Beer Sheva
42. 찌포리 Zippori
43. 야르콘강 수원 Yarkon Source

예루살렘 지역

■ 예루살렘 (히: 예루샬라임)

'평화의 도시'라는 뜻. 약 3천 년 전 다윗왕이 가나안 원주민을 쫓아내고 이스라엘의 수도로 삼았다. 솔로몬이 성전을 건설한 이후 정치적 종교적 중심지가 되었다. 1948년 이스라엘이 독립할 때 동예루살렘은 요르단 소유였으며 1967년 6일 전쟁 때 탈환했다. 성벽으로 둘러싸인 구도시(Old City)와 구도시 밖의 신도시(New City)로 나뉜다.

'황금의 예루살렘'이라고도 불리며 세계 3대 종교의 중심지인 이 도시는 고대와 현대를 함께 간직한 독특한 도시이다. 예루살렘의 건축물은 콘크리이트 대신 유대광야의 석회암(limestone)을 외벽재로 사용하여 도시는 하얀빛을 띤다. 그러나 예루살렘의 색은 고정되어 있는 한가지 색이 아니라 태양빛의 반사에 따라 시시각각으로 변한다. 아침에 해뜰 무렵과 한낮, 저녁 노을이 질 무렵에는 각각 조용하고 화려하고 엄숙한 빛을 발하는 아름다운 예루살렘을 직접 느껴보자.

■ 예루살렘 구도시(Old City)

성경에서 말하는 예루살렘은 구도시만을 일컫는다. 대부분의 유적지는 구도시 안에 있다. 현재는 4구역으로 나뉘어 있다. 유대인 지역(Jewish Quarter), 모슬렘 지역(Moslem Quarter), 크리스천 지역(Christian Quarter), 아르메니안 지역(Armenian Quarter).

성안은 넓지 않기 때문에 걸어서 다닐 수 있다. 자파문(Jaffa Gate)으로 가는 버스편이 제일 많으므로 자파문에서 시작해서 자파문으로 다시 나오는 것이 편하다.

모두 8개의 성문이 있다. Jaffa Gate (서), New Gat, Damascus Gate (북), Herod Gate, Lion's Gate (동), Golden Gate, Dung Gate (남), Zion Gate. 8개의 성문 중 Golden Gate 만 사용되지 않는다. 성벽의 둘레는 약 4,400m.

■ **통곡의 벽** (Western Wall, Wailing Wall)

주후 70년 로마군이 예루살렘 성전을 파괴할 때 성의 서쪽벽만을 남겨 놓았다. 로마시대에 유대인의 예루살렘 거주는 법으로 금지되어 있었고 일 년에 오직 하루 '성전 파괴일' (티샤베아브, 아브月 9日) 에만 예루살렘의 남아 있는 서쪽벽에 와서 기도하는 것이 허락되었다. 서쪽벽에 온 유대인들은 이스라엘과 성전 파괴를 슬퍼하면서 눈물 흘리고 기도하였고, 여기서 '통곡의 벽' 이라는 이름이 유래되었다. 유대인이 가장 거룩하게 여기는 곳이다.

남자는 (관광객 포함) 머리에 '키파' 라고 하는 모자를 써야만 통곡의

통곡의 벽

벽에 가까이 갈 수 있다. 종이 키파를 입구에서 무료로 빌려준다. 안식일에는 사진을 찍을 수 없다. (교통편 : 버스 1, 38)

■ **성전산** (Temple Mount)

아브라함이 이삭을 제물로 바치려던 모리아산. 솔로몬이 성전을 지은 곳. 솔로몬의 성전은 주전 586년 바벨론의 느부갓네살왕에 의해 파괴되었다. 그리고 70년 후 유대인이 재건했으나 규모는 예전 같지 않았다. 헤롯대왕(주전 37-주전 4)에 의하여 웅장하게 재건된 성전을 제2성전이라 부른다. 이 성전은 주후 70년 로마에 의하여 파괴되었으며, 주후 7세기 모슬렘은 그 자리에 황금사원(Dome of the Rock)을 건설했다. 아브라함이 이삭을 제물로 바치려 했던 반석 위에 세워졌기에 Dome of the Rock 이라 불리며(또는 오마르 사원) 지붕이 황금의 돔으로 되어 있다. 알악사(El Aksa) 사원도 있다.

• 유료. 여는시간 : 08:00-11:00

■ 비아돌로로사 (Via Dolorosa) : 십자가의 길

라틴어로 '슬픔의 길'이라는 뜻. 예수님이 재판을 받은 빌라도의 법정에서 시작하여 골고다 언덕까지의 14처. 예수님이 십자가를 지고 가시던 길을 기도하는 마음으로 밟아 보면 좋겠지만 주위에는 관광객을 유혹하는 기념품 상점이 너무 많고 소란하다. 먼저 비아돌로로사를 끝까지 가고 그 후에 기념품을 사는 것도 늦지 않다. 비아돌로로사의 마지막 장소는 성묘교회(聖墓 Holy Sepulchre). 교회 안에 골고다 언덕과 예수님의 빈 무덤이 있다.

매주 금요일 오후 3시 프란체스카 수도사들이 빌라도의 법정에서 십자가를 메고 비아돌로로사의 길을 따라 행진하며, 그때 동행을 해도 된다.

■ 베데스다 연못 (Pool of Bethesda)

예수님이 38년 된 중풍병자를 고쳐 주신 곳. 십자군 시대 교회의 흔적이 남아 있다. 사자문 (Lion's Gate) 안으로 들어가면 2분 거리. 육중한 나무문으로 되어 있는 성안나교회 안으로 들어가야 베데스다 연못이 있다. 주의하지 않으면 성안나교회로 들어가는 문을 찾기가 어렵다.

• 유료. 여는시간 월-토 08:00-11:45 14:00-18:00 (겨울 17:00까지)

■ 다윗왕의 무덤 (David's Tomb)

시온문 (Zion Gate) 밖 시온산에 위치하고 있다. 전통적으로 다윗왕의 무덤이라고 알려져 왔으나 원래 다윗왕은 다윗의 성 (City of David) 에 묻혔다. 현재의 무덤이 역사적 장소는 아니지만 유대인들은 상관치 않고 방문한다.

■ 최후의 만찬 다락방 (The Last Supper, Coenaculum)

다윗왕의 무덤 2층에 위치하고 있다. 예수님이 제자들과 함께 최후의 만찬을 한 장소는 신약성경에 '성안' 이라고 표현되어 있다. 현재의 예루살렘 남쪽 성은 옛날보다 축소된 것이므로, 이곳도 전에는 성안이었다.

■ 다윗성 (City of David)

분문 (Dung Gate) 밖으로 걸어 나가면 된다. 표지판이 분명하지 않고 들어가는 길도 좋지 않지만 예루살렘 역사를 이해하려면 꼭 방문해야 할 곳이다. 주전 1,000년 다윗왕은 예루살렘을 수도로 정하고 이름을 다윗성이라 불렀다. 솔로몬왕은 다윗성 북동쪽에 성전을 건설했고, 시간이 지나면서 예루살렘은 점차 북쪽으로 확장되었다. 다윗성 안에는 지도와 안내문이 잘 되어´있다. '워렌의 수구' (Warren's Shaft) 는 고대 예루살렘 주민들이 물을 어떻게 성안으로 끌어들였는지를 보여준다. 갱도 안으로 직접 들어가 보면 고대인의 지혜로움에 탄복할 것이다.

• 유료. 여는시간 일-목 09:00-17:00 금 09:00-13:00

■ 기혼샘과 실로암 연못 (Gihon Spring & Pool of Siloam)

다윗성에서 언덕을 따라 내려가면 기혼샘을 만날 수 있다. 구약시대에 예루살렘성에 식수를 공급해 주는 중요한 수원이 기혼샘이었다. 히스기야왕 시대 (주전 727-698) 에 앗시리아가 공격을 해 오자 성밖에 있는 기혼샘의 입구를 봉쇄하고 성안으로 물을 끌어들일 수 있도록 히스기야 터널 (533m) 을 급히 만들었다. 히스기야 터널을 통해 성안으로 끌어들인 물이 모인 곳이 실로암 연못이다. 터널은 양쪽으로 파고 들어가서 정확히 한 지점에서 만났다. 물이 귀한 나라에서 수원을 빼앗기지 않으려는 지혜와 기술에 감탄할 수밖에 없다. 기혼샘에서 터널로 흐르는 물은 여름에도 물이 사람의 가슴까지 차 오를 정도로 수량이 많다. 이전에는 물이 가득 찬 터널을 통과할 수 있었으나 지금은 수질 상태가 좋지 않아 터널 안으로 들어가는 것은 권하지 않는다.

■ 베드로 통곡 교회 (갈리칸투 Gallicantu)

대제사장 가야바의 집 터 위에 세워진 교회. 예수님이 체포되어 이곳으로 끌려왔을 때 베드로는 상황을 살피기 위하여 왔다가 세 번이나 예수님을 부인했다. 베드로가 부인하고 나자 곧 닭이 울었고 그는 자신의 배신을 후회했다. 갈리칸투는 '닭이 울었다' 는 뜻이다.

• 유료. 일요일은 문 닫음

■ 감람산 (Mt. Olive)

예루살렘 성벽 동쪽 경계는 기드론 골짜기이며 기드론 골짜기 건너편이 감람산이다. 다마스커스문 (Damascus Gate) 밖의 아랍 버스터미널에서 감람산으로 가는 버스를 탄다. 감람산 정상에서 걸어 내려가다 보면 2~3분 거리에 승천교회, 주기도문교회가 있다. 조금만 더 걸어 내려가면 예루살렘 전경을 볼 수 있는 전망대가 있고, 전망대 밑으로는 유대인들의 무덤이 있다. 사진을 찍고 길을 따라 감람산을 내려가면서 눈물교회, 겟세마네 동산으로 걸어가자.

■ 승천교회 (Church of Ascension)

부활한 예수님이 40일 동안 계시다 감람산 정상에서 하늘로 승천한 것을 기념하는 교회. 그러나 지금은 모스크 (회교사원) 지붕이 씌워져 있고 아랍인이 관리를 한다.

■ **주기도문교회** (Pater Noster)

예수님이 제자들에게 어떻게 기도해야 하는지 모범으로 가르쳐 주신 것이 '주기도문'. 이것을 기념하기 위하여 콘스탄틴 황제의 어머니 헬레나가 주후 4세기에 교회를 짓고자 기초를 세웠으나 완공하지 못했다. 교회 마당에는 세계 각국의 언어로 주기도문이 기록되어 있다. 한국어로 된 기도문을 찾아보자.

• 무료. 일요일은 문 닫음

■ **눈물교회** (Dominus Flevit)

예수님은 예루살렘성이 파괴될 것과 그 백성들이 흩어질 것을 미리 아시고 예루살렘성을 보시며 눈물을 흘리셨다. 교회 마당에서 예루살렘의 황금사원이 가까이 보인다. 교회 안에서 창문을 통해 보이는 예루살렘의 모습이 아름답다.

■ **겟세마네 동산** (Gethsemane)

예수님이 기도하기 위하여 자주 찾던 동산이며 로마군에게 잡히기 전에 마지막으로 기도했던 동산이기도 하다. '기름을 짜다' 라는 이름의 뜻처럼 예수님은 이곳에서 십자가를 지기 전 마지막으로 고통스러운 기도를 했다. 마당에는 오래된 감람나무(Olive Tree)가 많이 있다.

교회 안은 다른 교회와 달리 조명이 어두워 예수님의 최후의 기도를 묵상할 수 있도록 돕는다. 마음을 가다듬고 묵상 기도를 해보자.

• 무료. 여는시간 08:30-11:45 14:30-17:00

겟세마네 동산

■ **다윗의 망루 박물관**

(The Tower of David Museum, The Citadel of David)

예루살렘의 역사 박물관. 시대별로 자료를 전시하여 한 눈에 예루살렘의 역사를 알 수 있다.

자파문(Jaffa Gate)에 위치.

• 유료. 여는시간 : 일-목 10:00-17:00 (겨울 16:00)

금-토 10:00 -14:00 버스 1, 3, 13, 20, 38

■ **카르도**(Cardo)

예루살렘을 관통하는 로마시대의 거리. 비잔틴과 십자군 시대 건축 흔적이 남아 있다. 현재는 기념품을 파는 가게들이 밀집되어 있다. 유대인 구역(Jewish Quarter)에 있음

■ **불탄 집** (Burnt House)

로마가 예루살렘 공격시 (주후 70년) 화재로 붕괴된 집터. 유명한 제
사장 가문에 속한 집이다. 고고학 발굴을 통한 유물들을 볼 수 있다. 슬
라이드 쇼 상영. 유대인 구역 (Jewish Quarter) 에 있음.

주소 : 13 Tiferet Israel St

• 유료. 여는시간 일-목 09:00-17:00 금 09:00-13:00

■ **성벽 따라 걷기** (Ramparts Walk)

예루살렘 성벽 위로 걸어가면서 예루살렘 구도시의 전경을 볼 수 있
다. Lion' s Gate , Jaffa Gate , David' s Tower에서 출발한다.

• 유료. 여는시간 매일 09:00-17:00 ☎ 02-622-4403

■ **정원무덤** (Garden Tomb)

1883년 영국의 고든 장군이 골고다 언덕과 예수님의 무덤을 발견했다
고 주장한 곳. 영국교회에서 관리하고 있다. 주후 1세기 당시의 무덤 형
태가 잘 보존되어 있고 조용히 묵상하기에도 좋은 장소이다. 그러나 역
사성은 없다. 일요일 문 닫음.

예루살렘 신도시 (New City)

■ 제2 성전 모델 (Model of Second Temple)

아비 요나 교수가 만든 1/50로 축소된 신약시대의 예루살렘 모델이 Holy Land Hotel 마당에 전시되어 있다. 입장료가 다소 비싸지만 볼 만한 가치가 있다. 모델만 봐서는 잘 모르기 때문에 단체 관광객에게 설명을 해 주는 영어 가이드의 설명을 살짝 들어보자. 가이드의 해박한 설명을 들으면 그 시대로 돌아간 듯한 느낌을 받을 것이다.

• 유료. 여는시간 일-목 08:00-21:00 금, 토 08:00-17:00 버스 21

■ 야드바셈 (Yad Vashem 6백만 유대인 학살 추모관)

나치가 유대인을 학살하던 당시의 자료가 전시되어 있다. 인간이 얼마만큼 잔인할 수 있는지를 보여주는 생생한 사진들이 방문객들을 엄숙하게 만든다. 방문객 중에는 독일인들도 많다. 꼭 방문해서 고난의 민족 유대인을 이해하고 우리의 역사를 비교해 보자.

입구에서 본관에 이르는 길에는 유대인을 구해 준 선한 이방인에게 감사를 표하는 나무를 심어 놓았다. 나무마다 선한 이방인들의 이름과 국가가 기록되어 있다. 영화 '쉰들러 리스트'로 널리 알려진 쉰들러의 나무도 있다. 쉰들러 나무 밑에는 작은 돌이 많이 놓여 있어서 쉽게 찾을 수 있다. 유대인들은 무덤 위에 작은 돌을 올려놓는 것으로 추모의 뜻을 표한다.

• 무료. 여는시간 일-목 09:00-16:30 금 09:00-14:00
  버스 13, 17, 20, 23, 24, 26, 27

■ 헤르즐 박물관

시온주의 창시자인 헤르즐(1860-1904)을 기념하는 박물관. 마당에 있는 큰 나무는 레바논의 백향목. 오솔길을 따라 걸어가면 이스라엘 주요 인사들의 무덤이 있다. 중동평화를 실현시키기 위해 노력하다 암살당한 故 이쯔학 라빈 총리의 무덤도 있다. 노벨평화상 수상자이며 총리를 지낸 라빈의 묘소가 너무나 작고 검소하게 꾸며져 있는 것을 보면 이스라엘이 어떤 나라인지를 알게 될 것이다. 야드바셈 정거장에서 내리면 된다.

• 무료. 여는시간 일-목 09:00-17:00 금 09:00-13:00

■ 이스라엘 박물관 (Israel Museum)

이스라엘에서 가장 크고 중요한 박물관으로 고고학과 인류학 전시실이 있다. 사해사본 전시실 (The Shrine of the Book) 에는 쿰란에서 발견된 이천 년 전의 성경사본과 바르 코크바 시대의 유물이 전시되어 있다.

• 유료. 여는시간 일, 월, 수, 목 10:00-17:00

화 16:00-22:00 금 10:00-14:00 토 10:00-16:00 버스 9, 17, 24

■ 국회의사당 (Knesset)

국회의사당 정면에 대형 메노라 (7가지의 촛대) 가 있다.

메노라는 이스라엘의 국장(國章)

■ 성서공원(Tantur , Biblical Resources Pilgrim Center)

성서시대의 모습을 재현한 공원. 타작마당, 채석장, 십자가, 제단, 우물, 물 저장소, 올리브 짜는 틀, 포도주 짜는 틀, 짐승 우리, 망대, 최후의 만찬 식탁 등이 재현되어 있다. 미리 주문하면 최후의 만찬 스타일의 식사를 할 수 있다. 길로에서 베들레헴 가는 길목에 위치.

• 유료. 일요일은 문 닫음 ☎ 02-676-0911 버스 31

■ 벤예후다 거리(Ben Yehuda St.)

예루살렘의 가장 번화한 거리. 야외 카페와 식당, 기념품 가게가 많다. 해가 지고 날씨가 시원해지면 낮보다 사람들이 더 붐비는 생동감 넘치는 거리. 야외 카페에서 커피를 마시며 지나가는 사람들을 구경해 보자.

■ 마하네 예후다 시장 (Shuk Mahane Yehuda)

예루살렘의 재래식 시장. 품질 좋고 값싼 야채와 과일이 많다. 싸다고 외치는 상인들의 모습이 우리 재래시장과 비슷하다. 대부분의 시내버스가 마하네 예후다 앞으로 지나간다.

■ 대회당 (The Great Synagogue)

예루살렘에서 회당을 방문해 보는 것도 좋은 경험. 스테인드글라스의 창문이 인상적이다. 58 King Georst St.

예루살렘 주변 지역

■ 여리고 (Jericho)

역사상 가장 오래된 도시 중의 하나이다. 해발 -250m. 겨울에도 기후가 온화하고 물이 많아서 '종려성읍'이라 불렸다.

텔(Tel) 여리고에서 고대도시의 흔적을 찾아보지만 발굴을 위해 땅을 판 흔적만이 있을 뿐 아마추어의 눈에는 별다른 것이 눈에 띄지 않는다. 출애굽을 한 이스라엘 백성이 가나안 땅으로 들어오면서 가장 처음 공격하여 승리를 거둔 도시. 이스라엘 백성이 6일 동안 매일 하루에 한 바퀴씩 여리고성을 돌고, 칠일째 되는 날 일곱 바퀴를 돌자 성이 무너졌다. 예수님이 삭개오를 만난 곳이며 소경 바디매오의 눈을 뜨게 한 곳이다.

텔 여리고에서 서쪽을 바라보면 황량한 산이 보인다. 예수님이 사탄에게 시험을 받았다는 '시험산'으로 불린다. 텔 여리고에서 큰길 쪽으로 나오면 '엘리사의 샘'이 있다. 엘리사가 소금을 뿌려 쓴 물을 단물로 만들었다는 샘이다. 온화한 기후로 여리고의 오렌지는 달고 맛있다. 과일가게의 오렌지 유혹을 거부하지 말라!

예루살렘 Central Bus Station에서 버스를 타면 유대광야를 지나 여리고로 간다. 30분 거리. National Park

텔(Tel)이란?

고대 주거지가 외부의 침입으로 파괴되고 난 후 그 위에 다시 주거지가 만들어진다. 이러한 파괴와 재건이 반복되면서 이 주거지역만 언덕처럼 높아지는 텔이 형성되는 것이다. 이스라엘의 중요한 고대도시는 텔의 형태로 남아 있다.

탄생교회 앞에서의 성탄절 행사

■ **베들레헴** (Bethlehem)

'떡집 (빵집)' 이라는 뜻. 요셉은 호적을 등록하기 위하여 만삭의 마리아를 데리고 고향 베들레헴으로 온다. 여관을 구하지 못한 마리아는 베들레헴의 말구유에서 아기 예수를 낳는다. 탄생교회 (Church of the Nativity) 의 마당에서는 해마다 성탄절이면 성탄행사가 열린다. 예루살렘에서 남쪽으로 8km 떨어진 곳에 있다. Damascus Gate 건너편 아랍 버스 터미널에서 버스나 쉐루트를 타고 가자.

■ **라헬의 무덤**

베들레헴으로 들어가는 어귀에 이스라엘 군인들이 보초를 서고 있는 곳이다. 야곱의 아내이자 요셉의 어머니인 라헬은 아들 베냐민을 낳다가 산고로 베들레헴에서 죽었다. 베들레헴의 탄생교회를 가는 버스 안에서 보는 것만으로 족하다.

막벨라굴 위에 세워진 사원

■ 헤브론(Hebron)의 막벨라굴

헤브론은 가나안의 오래된 도시 중의 하나. 아브라함은 그의 아내 사라를 매장하기 위하여 헷족속으로부터 막벨라굴을 샀다. 아브라함, 이삭, 야곱, 사라, 리브가, 레아는 모두 막벨라굴에 장사되었다. 다윗은 왕이 되기 전 7년 반 동안 헤브론에서 통치했다. 헤롯대왕은 유대백성의 환심을 사기 위하여 이곳에 거대한 건축물을 지었다.

현재는 헤브론의 유대인 정착촌 때문에 유대인과 아랍인의 충돌이 자주 발생하는 곳이다. 예루살렘에서 남쪽으로 42km. Damascus Gate 건너편에서 아랍버스나 쉐루트를 타면 된다.

■ 벧구브린 (Beth Guvrin)

헬라시대에 번성했던 유대인의 도시. 시돈사람들이 무덤으로 사용했던 동굴 무덤의 벽화가 지금까지 잘 보존되어 있다. 석회암을 캐려는 목적으로 파내려간 구멍은 거대한 동굴을 형성했다.

• National Park 여는시간 일-목 08:00-17:00, 금 08:00-16:00
　(문 닫기 한시간 전까지 입장해야 한다. 겨울에는 1시간 일찍 닫음.)

대중교통은 불편하다. Kiryat Gat에서 버스 11번이 Beth Guvrin 키부츠까지 운행한다. 버스정거장에서 입구까지 걸어간다. 벧구브린에서 막차는 오후 5시 (토 오후 2시) 이므로 시간 계획을 잘 세워야 한다.

전화카드(Telecard)
20, 50, 120 유니트(Units) 짜리가 있다. 1 유니트는 시내 한 통화. 공중전화에도 전화번호가 있어서 전화를 받을 수 있다.

텔아비브 (Tel Aviv)

자파 (Jaffa) 의 확장된 신도시가 텔아비브이다. 유럽에서 이민온 유대인들이 정착하면서 1910년 텔아비브라는 이름을 붙였다. '봄언덕 (Spring Hill)' 이라는 뜻의 텔아비브는 시온주의자 헤르즐의 유토피아 소설 '오래된 새나라 (Altneuland)' 에 나오는 이름이다.

예루살렘이 종교적이고 고풍스러운 분위기를 자랑하는 도시라면, 텔아비브는 현대적이고 활발한 분위기를 지닌 도시이다. 현대식 높은 빌딩과 지중해 해변이 잘 어울리는 도시이다.

■ **카르멜 시장** (Carmel Market)

텔아비브에서 가장 크고 전통적이며 오리엔탈 냄새가 풍기는 야외시장이다. Allenby St. Hacarmel St. 코너에 위치. 버스 2, 4, 10, 18, 24, 25

■ **디즌고프 센터** (Dizengoff Center)

현대식 쇼핑 센터로 많은 상점과 식당, 커피숍과 극장이 있다.
Dizengoff St. 버스 5, 61, 99

■ **디아스포라 박물관**(Beth Hatefutsoth)

텔아비브 대학 내에 있는 박물관으로 유대인의 방랑의 역사를 다양한
시청각 자료를 통해 일목요연하게 볼 수 있다. Klausner St. Ramat Aviv.

• 유료. 여는시간 일-목 10:00-16:00 수요일은 18:00까지.
금 09:00-13:00

■ **구도시 자파** (Old Jaffa 히: 야포)

자파(한국성경의 '욥바')는 이스라엘의 오래된 항구도시로 야포는 히
브리어의 '아름다운' 이라는 단어에서 파생되었다. 현재 자파는 텔아비브
에 속해 있다. 선지자 요나는 니느웨로 가라는 하나님의 명령을 무시하
고 다시스 (지금의 스페인) 로 가기 위하여 자파에서 배를 타고 도망을
갔다. 베드로는 자파에서 기도하는 중에 더러운 짐승이 보자기에 싸여
내려오는 환상을 보았다. 이것을 기념하는 베드로 교회가 자파에 있다.
예술가들이 사는 예술의 도시 자파에는 화랑이 많다.

갈릴리 지역

■ **갈릴리 바다** (The Sea of Galilee 히:얌 키네렛)

길이는 21km, 폭 11km, 수심 40-50m, 둘레는 53km이다. 해발 -200m
의 담수호이다.

신약성경에는 티베리야 바다, 티베리야 호수, 기넷사렛 바다 등 여러
가지 이름으로 등장한다. 히브리어로는 얌 키네렛이라 부른다. 키놀이라
는 하프모양의 악기와 바다의 모양이 비슷해서 붙여진 이름이다. 티베리
야는 헤롯 안티파스(주후 1세기)가 도시를 세우고 로마황제 티베리우스
의 이름을 따라 명명했다. 티베리야 바다는 티베리야 도시의 이름을 따
라 부른 것이다.

예수님은 갈릴리의 어부들을 제자로 삼고 대부분의 활동을 갈릴리를
중심으로 했다.

■ **티베리야** (Tiberias 히: 티베리야)

티베리야의 높은 건물은 관광객을 위한 호텔이 대부분이다. 티베리야
에는 호텔뿐만 아니라 유스호스텔도 많이 있다. 배낭족에게는 약간 비싸
겠지만 갈릴리가 자랑하는 베드로 고기 (St. Peter's Fish)를 맛보는 것도
괜찮을 듯 싶다. 생선은 통째로 튀겨서 요리하고 샐러드와 피터빵이 함
께 나온다. 해가 지고 선선해지면 호수 주변의 야외 카페에서 바람을 쐬
면서 커피를 마셔 보자. 평화로운 갈릴리의 야경이 마음을 넉넉하게 해
줄 것이다.

Jordan River Hotel과 Caesarea Hotel에서 호숫가로 나오면 선착장이 있
다. Lido Sailing의 유람선은 티베리야 주변을 돌고, Kinneret Sailing의

유람선은 티베리야 주변을 도는 것과 티베리야와 호수 건너편의 Ein Gev 키부츠를 가는 것이 있다. 키부츠 Ginnosar행도 있다.

• Kinneret Sailing (Kibbutz Ein Gev) ☎06-675-8007

■ 타브가 (Tabga)

헬라어로 '일곱 개의 샘'이라는 뜻. 예수님이 물고기 두 마리와 떡 두 덩어리로 오천 명을 먹인 오병이어 기적을 기념하는 교회이다. 1934년에 비잔틴 유적 위에 세워진 교회. • 무료. 여는시간 매일 08:00-17:00

■ 베드로 교회 (St. Peter's Church)

예수님의 수제자 베드로는 예수님을 배반한 이후 실의에 빠져 고향으로 돌아와 어부생활을 한다. 그러나 부활하신 예수님은 베드로에게 찾아와 "네가 나를 사랑하느냐?"고 세 번 물음으로써 베드로의 상처를 치료하셨고 베드로는 위대한 사도로 다시 태어난다. 1944년에 재건된 교회.

• 무료. 여는시간 08:00-11:45, 14:00-17:00. 일요일은 닫음

■ **가버나움 회당** (Capernahum 히:크파르 나훔)

갈릴리에서 예수님이 주로 거하던 곳. 예수님은 백부장 야이로의 죽은 딸을 살리고 베드로 장모의 열병을 고치는 등 많은 기적을 이곳에서 행했다. 현재의 회당은 주후 4세기에 세워진 회당을 발굴하여 재건축한 것이다.

• 유료. 여는시간 매일 08:30-16:00

■ **팔복교회** (Mt. of Beatitudes)

예수님의 산상수훈 (마태복음 5장) 을 기념하는 교회. 아름다운 갈릴리 호수가 한눈에 보인다. 정원에는 기도할 수 있는 장소가 마련되어 있다.

• 무료. 여는시간 매일 08:00-12:00, 14:30-17:00

갈릴리 북부

■ 하솔 (Hazor)

가나안의 중요도시 중 하나. 솔로몬왕은 세 개의 중요한 요새 중 하나를 이곳에 건설했다. 최근의 고고학 발굴에서도 고대의 중요한 비문들이 발견되었다. 성밖의 수원으로부터 성안으로 물을 끌어들이는 수로시설이 있다. National Park

■ 텔단 (Tel Dan)

단지파가 정착한 곳으로 중요한 수원 (水原) 이 있다. 요르단강은 '단에서부터 흐르다' 라는 뜻.

• 유료. 여는시간 08:00-17:00

■ 바니야스 (Banias)

신약시대의 가이사랴 빌립보 (Caesarea Philippi) 지방. 베드로가 "주는 그리스도시요 살아계신 하나님의 아들입니다" 라고 고백한 곳. 헤롯 빌립 (주후 1세기) 이 건설한 도시. 헤르몬산에서 눈 녹은 물이 지하로 스며들어 흐르다가 이곳에서 분출된다. 한여름에도 얼음처럼 차가운 물이 솟아 나온다.

로마시대에 판 (Pan) 신을 섬기는 신전이 있었고 이 때문에 바니야스라는 이름으로 불린다.

• Nature Reserve 유료. 여는시간 08:00-17:00

갈릴리 남부

■ **가나** (Kfar Cana)

예수님이 혼인잔치에서 물로 포도주를 만드는 첫 번째 기적을 행하신 곳. 프란시스칸의 기념교회가 있다.

■ **나사렛** (Nazareth)

나사렛에 살고 있던 처녀 마리아에게 천사 가브리엘이 나타나서 "아기를 잉태하고 아들을 낳을 것이라"는 예언을 했다. 마리아의 집터 위에 세워진 수태고지교회 (受胎告知 The Church of the Annunciation) 는 4세기의 교회터 위에 1967년에 다시 세워졌다. 교회 안팎으로 세계 각국의 민속의상을 입은 아기 예수와 성모마리아의 그림이 있다. 이스라엘에서 가장 웅장하고 아름다운 교회이다. 예수는 30세가 되기 전까지 나사렛에서 아버지 요셉을 따라 목수로 일했다. 나사렛에는 다른 아랍지역과는 달리 크리스천의 수가 많다.

• 여는시간 월-토 08:30-11:45 14:00-17:00 일요일은 오후에만 연다.

■ **하롯샘** (Maayan Harod)

길보아산의 하롯 골짜기에 위치한다. 기드온이 이곳에서 3백 용사를 뽑았다. 에인 하로드 키부츠가 가까이 있다. National Park.

■ **므깃도** (Megido)

이즈르엘 골짜기에 위치한다. 고대 팔레스타인을 통과하는 중요한 길목에 위치한 므깃도는 수없이 많은 전쟁을 치러 낸 곳이다. 가장 오래된 므깃도의 전쟁기록은 주전 150세기의 이집트 기록이다. 전시실에는 텔므깃도의 모형이 있어서 텔이 어떻게 형성되었는지를 보여준다. 솔로몬왕은 이곳을 군사전략기지로 삼았고 아합왕이 재건했다. 2900년 전에 성밖의 물을 성안으로 끌어들이기 위해 만들어진 길이 66m의 지하터널은 전쟁, 생존의 치열한 역사를 느끼게 한다. 신약의 요한계시록은 이곳이 최후의 전쟁이 일어날 '아마겟돈' 이라고 기록하고 있다. National Park.

■ **벧샨** (Beth Shean)

주전 4천 년 전부터 도시가 있었다. 길보아산에서 자살한 사울왕의 시체가 못박힌 곳이다. 헬라시대에는 스키토폴리스(Scythopolis)로 불렸다.

발굴을 통하여 재구성된 로마시대의 거대한 도시를 다시 볼 수가 있다. 6천 명을 수용할 수 있는 로마식 야외극장과 목욕탕, 넓은 거리 등이 있다. National Park .

지중해 연안

■ 아코 (Acco)

가나안 시대부터 항구로 사용되었던 아코는 헬라시대에 돌레마이라고 불리웠다. 십자군 시대에 요새로 사용되었으나 13세기부터는 내리막길을 가고 있다. 구도시 아코는 이국적인 운치가 있다. 십자군시대의 지하도시로 들어가 보자. 지하도시의 미로는 과거로의 시간여행이 주는 재미를 맘껏 맛보게 해줄 것이다.

■ 가이사랴 (Caesarea 히 : 키사리야)

'스트라토의 망대'로 불리던 고대의 항구는 헤롯대왕에 의해 명성을 날리게 된다. 헤롯대왕은 거대한 인공 항구를 건설한 후 로마의 아우구스투스 시이저에게 경의를 표하기 위하여 항구를 시이저로 명명한다. 대규모 야외극장과 도시에 식수를 공급하기 위해 만든 9km의 도수교 (Aqueduct) 가 감탄을 자아낸다.

헤롯대왕 사후 로마의 총독은 이곳에 거주했다. 예수님을 재판한 본디오 빌라도 총독도 가이사랴에 살았으며, 그가 로마황제에게 신전을 헌사했다는 내용이 쓰여 있는 돌비문이 그의 존재를 말해 준다. 진짜 비문은 박물관에 보관되어 있지만 복제품이 야외극장 들어가는 마당에 전시되어 있다. 사도 바울은 로마로 이송되기 전에 가이사랴에서 2년간 감옥에 갇혀 있었다.

로마식 야외극장의 무대에서 이야기를 하거나 노래를 부르면 마치 마이크 시설이 되어 있는 것처럼 극장의 맨 뒷자석에서도 배우의 목소리가 또렷하게 들린다. 자랑할만한 목소리를 가졌다면 가곡 한곡 불러보는 것도 좋다. 그곳에 와있는 관광객이 박수로 답례를 할 것이다.

주후 70년 이후에도 가이사랴는 로마인과 유대인, 기독교 교부들이 함께 살며 발전을 거듭했다.

National Park .

■ **아쉬켈론** (Ashkelon)

세계에서 오래된 도시 중의 하나. 주전 12세기에 블레셋에게 정복당했으며 블레셋의 주요 다섯 도시 중의 하나였다. 시대가 바뀌면서 이스라엘의 다른 도시와 마찬가지로 주인이 바뀌었다. 여름이면 해수욕을 즐기기 위해 인근 도시에서 많은 사람들이 찾아온다.

National Park .

만물박사 가이드

성경의 땅 이스라엘. 세계 각국에서 오는 성지순례객이 끊이지 않는다. 이스라엘의 여행 가이드는 해박한 지식을 가지고 있다. 여행 가이드가 되려면 관광청에서 주관하는 2년 과정의 관광학교를 졸업해야 한다. 입학 경쟁률이 치열하다. 관광학교에서는 이스라엘의 역사, 지리, 고고학, 동식물학, 민속, 종교 등을 배운다. 관광청의 자격증을 받은 가이드는 또한 해마다 1회의 재교육을 받아야 자격증을 갱신할 수 있다. 가이드는 보통 2-3개 국어에 능통하다. 이스라엘 명소에서 단체관광객을 인솔하는 영어 가이드를 만나면 살짝 귀기울여 설명을 들어보라. 돌맹이 하나에도 30분씩 설명하는 해박한 설명이 재미있다.

사해 주변

■ 사해 (The Dead Sea)

사해는 길이가 80km 폭이 16km이다. 해발 -400m로 지상에서 가장 낮은 곳에 위치한 바다이다. '죽음의 바다' 라는 뜻으로 사해라고 부르지만 이스라엘 사람들은 '소금바다'(The Salt Sea) 라고 부른다. 보통 바닷물은 염도가 4-6% 정도이지만 사해의 염도는 30%이기 때문. 바다 위로 소금 덩어리가 둥둥 떠 다니는 것을 볼 수 있다. 사해는 요르단강에서 물이 유입되지만 출구가 없으므로 엄청난 양의 미네랄이 바닷물 안에 녹아 있다. 사해의 독특하고 다양한 광물질은 중요한 지하자원으로 평가되고 있다. 부력이 높기 때문에 힘들이지 않고 물위에 뜰 수 있다.

사해의 물을 만져 보면 미네랄 함량이 많아서 마치 기름처럼 끈적거리고 미끌미끌하다. 사해의 미네랄은 피부병에 좋다. 여성들은 피부미용에 최고! 군대 갔다 온 남성들의 골칫거리 무좀치료에도 최고!

■ 사해에서 수영하기

사해에서는 누구나 수영을 할 수 있다. 수영을 못하는 사람은 겁내지 말고 천천히 물 위에 누워 보자. 수영을 잘하는 사람은 절대 수영솜씨를 뽐내어는 안된다. 사해에서 수영 못하는 사람이 어디 있다고! 잘난 척하고 수영을 하다가 옆사람에게 물을 튕길 수 있기에 주의를 해야한다. 바닷물이 눈에 들어가지 않도록 조심하자. 눈이 몹시 아프고 쓰라리다. 눈에 바닷물이 들어가면 손으로 비비지 말고 침착하게 일단 밖으로 나와서 맑은 물로 씻는다.

부력 때문에 누웠다 몸을 일으키면 잘 서지지가 않는다. 당황하지 말

고 천천히 몸을 일으키면 된다. 사해의 진흙이 유명하지만 사해 해변에
는 진흙이 없다. 가게에서 진흙팩을 사 가지고 몸에 발라 보자. 이 모습
을 카메라에 담지 않을 수 없다.

건조하고 뜨거운 곳이다. 물을 많이 마시자.

무료로 샤워를 할 수 있는 곳

- Ein Bokeq의 야외 샤워 시설은 무료이다. 그곳 식당의 탈의실을 무료로 사용할 수 있
  지만 아쉬운 것은 짐을 보관할 곳이 없다는 것이다. 사해에 수영을 하러 갈 때는 귀중
  품은 가지고 가지 말자.
- Ein Gedi에서도 무료로 샤워를 할 수 있다. 탈의실이 없어서 화장실을 이용해야 한다.
  유료 샤워실도 있다. 에인 게디보다는 에인 보케크가 더 깨끗하다. 여름에는 땅바닥이
  너무나 뜨겁기 때문에 맨발보다는 슬리퍼를 가지고 가면 좋다. 겨울에도 아주 춥지만
  않다면 수영을 할 수 있다.
- Ein Gedi Spa에서는 사해 수영과 온천을 함께 즐길 수 있다. 사해 진흙이 가득 있으므
  로 마음껏 진흙팩을 할 수 있다. 유료.

■ **쿰란**(Qumran)

1947년 베드윈 목동에 의하여 우연히 발견되었다. 쿰란에 살던 사람
들은 이 세상의 끝이 곧 임박했다는 신앙을 가지고 광야에서 독특한 공
동체 생활을 했던 무리들이다. 이들은 엣세네파라고도 불리며 신약시대
에 바리새파, 사두개파와 함께 이스라엘의 또 다른 종파였다. 주후 68년
로마의 티도 장군이 쿰란 지역을 파괴하였고 그 이후 2천년간 잊혀진 곳
이 되었다.

쿰란 사람들은 구약성경의 사본을 만드는 작업을 주로 했고 성경의 주
석작업 및 그들의 공동체 규칙 등 그들의 사상을 표현하는 저작물을 남

쿰란의 두루마리 동굴

겨 놓았다. 2천년만에 발견된 쿰란의 두루마리는 현재 사용하는 히브리
어 맛소라 텍스트를 비교 연구할 수 있는 귀중한 자료가 되고 있다. 구약
성경은 에스더서를 제외한 모든 성경이 발견되었다. 이곳에서 발견된 사
본을 '사해 사본' (Dead Sea Scroll) 이라고 부른다. 사본은 예루살렘의 이
스라엘 박물관 The Shrine of the Book에 전시되어 있다. National Park .

■ 엔게디 (Ein Gedi)

다윗이 사울왕을 피하여 숨어 다니던 곳. '염소의 샘' 이라는 이름처럼
이곳에는 샘이 있다. 엔게디 안으로 들어가면 나할 다비드(다윗) 라는 폭
포가 있다. 운이 좋으면 엔게디 근처에 서식하는 야생 사슴을 볼 수가 있
다. Nature Reserve (Nation Parks Ticket을 사용할 수 없다) 유료.

■ **맛사다** (Masada)

히브리어로 '요새' 라는 뜻. 하스몬 왕조 시대에 요새로 사용되었으나 헤롯대왕이 거대한 요새로 만들었다.

주후 70년 예루살렘성이 로마군에 의해 함락되고, 유대인 열심당원은 맛사다에서 3년 간 로마와 항쟁을 계속했다. 더 이상 로마와 싸워서 이길 승산이 없음을 안 유대인들은 로마의 포로가 되기보다는 죽음으로 영원한 자유인이 되기로 선택하고 960명이 자결을 했다. 맛사다 이야기는 유대인 역사가 요세푸스 (Josephus Flavius) 의 '유대인 전쟁사'에 기록이 되어 있다. 헤롯의 목욕탕, 수영장, 궁전, 거대한 물 저장소 등 헤롯 시대의 화려한 흔적이 남아 있다. 1963-65년 이갈 야딘의 지휘 아래 고고학 발굴이 이루어졌으며, 건물의 검은 선 이하는 원래의 것이고 검은 선 이상은 복구한 부분이다.

동서남북이 절벽을 이루고 있는 천연요새, 뜨거운 광야, 헤롯대왕, 영원한 자유인을 선택한 유대인의 자결 등 맛사다의 강렬한 인상은 쉽게 잊혀지지 않을 것이다.

이스라엘 군인들은 "맛사다가 다시는 함락되지 않을 것이다" (Masada shall not fall again) 라는 선언을 한다.

울퉁불퉁한 돌 바닥이므로 운동화를 신고 간다. 케이블카를 타고 올라가는 방법과 걸어서 올라가는 방법이 있다. 아침 이른 시간이라면 걸어서 올라가도 되지만 한낮에는 걸어가는 것을 피하는 것이 좋다.

케이블카를 타고 내려오려면 폐장 시간보다 1시간 전에는 입장해야 한다. 맛사다를 둘러보는데는 적어도 1시간이 걸린다.

• 여는시간 일-목, 토 08:00-17:00, 금 08:00-15:00
   National Park. (겨울에는 1시간 일찍 닫음)

■ 브엘쉐바 (Beer Sheva)

브엘쉐바는 '언약의 우물' '7개의 우물' 이라는 뜻으로 (창 21:25-31) 아브라함이 정착한 곳이다. 네게브 지역의 중심이지만 관광지로 볼만한 것은 거의 없다.

· 아브라함의 우물 (Abraham's well) : Hebron 과 Keren Kayemet 거리의 코너에 있다.

· 베드윈 시장 (Bedouin Market) : Eilat 과 Hevron 거리의 남쪽 코너에서 매주 목요일 장이 열린다. 유목민인 베드윈의 시장에서는 양이나 가축을 사고 팔고 그 외에 여러 잡화가 있다. 시장의 물건은 조잡하지만 분위기는 맛 볼만하다.

■ 광야 여행하기

한국에 없고 이스라엘에만 있는 것이 Negev Desert. 네게브를 보지 않았다면 이스라엘을 다 보았다고 말할 수 없다. 한국의 여행자들에게는 아직까지 사해와 맛사다만 알려져 있지 네게브의 다른 지역에 대하여는 알려져 있지 않다. 스데 보케르, 미쯔페 라몬, 팀나 골짜기. 광야의 진수들이 기다리고 있다. 놓치지 말자.

■ 스데 보케르(Sde Boker). 벤구리온 무덤(Ben Gurion's Grave)

이스라엘의 초대 총리 벤구리온이 사막을 개발해야 한다고 주장했을 때 전문가들은 돈과 시간의 낭비라고 반대했다. 벤구리온은 "making the desert bloom"이라는 구약 이사야서의 실현을 꿈꾸었다. 그는 총리직에서 물러난 뒤 스데 보케르 키부츠에서 여생을 마쳤다. 벤구리온 대학 내에 있는 벤구리온 무덤에서 보이는 네게브의 경치는 숨이 막히게 한다.

브엘쉐바에서 미쯔페 라몬(Mitzpe Ramon) 행 에게드 버스 60번이 매

1시간에서 1시간 반 간격으로 운행한다. 스데 보케르에는 정거장이 세 군데 있다. 첫 번째 정거장은 스데 보케르 키부츠 정문, 두 번째는 벤구리온의 집 (현재는 박물관), 세 번째 정거장은 Ben Gurion Institute와 벤구리온 무덤. 벤구리온 무덤을 방문하려면 세 번째 정거장에서 내려야 하며 정거장간의 거리가 멀기 때문에 잘못 내리지 않도록 조심.

"The wilderness and the desert will be glad,
And the Arabah will rejoice and blossom like the crocus (Isaiah 35:1)
광야와 메마른 땅이 기뻐하며 사막이 백합화같이 피어 무성하며"
"For waters will break forth in the wilderness
And streams in the Arabah (Isaiah 35:6)
광야에서 물이 솟겠고 사막에서 시내가 흐를 것이라"

■ 미쯔페 라몬(Mitzpe Ramon)

Ramon은 폭 9km, 길이 40km, 깊이 400m의 세계에서 가장 큰 자연 분화구(crater)이다. 미쯔페 라몬의 전망대에서 보이는 자연의 위대함에 호흡이 멈추는 것만 같은 느낌을 받는다. 하이킹 코스를 따라 가면 독특한 지형과 암반을 볼 수 있다. 하이킹을 하려면 Visitor's Center의 안내를 받아야 하고 운동화, 물을 준비한다. 지리 전공자라면 놓쳐서는 안될 곳.

브엘쉐바에서 에게드 버스 60번이 운행하며, 직행버스가 아니기 때문에 1시간 30분 걸린다.

• 유료. Park Ramon Visitor's Center ☎ 07-658-8691

■ 팀나 골짜기 (Timna Valley)

약 6천 년 전에 구리 광산으로 사용되었던 곳. 솔로몬의 기둥 (King Solomon's Pillars) 라고 불리는 곳에는 주전 14세기 이집트 신전의 흔적이 있고 주변의 자연경관이 독특하다. 도로변의 버스 정거장에서 입구까지는 약 2km 떨어져 있어서 여름에 걸어가기에는 무리이다. 혼자서는 하이킹을 할 수 없다. National Park

• 팀나 골짜기만 전문으로 하는 투어 Timna Express ☎ 07-637-474

■ 에일랏 (Eilat)

이스라엘 가장 남쪽에 위치한 휴양도시. 홍해의 산호가 아름다운 곳이다. 이집트, 요르단으로 갈 수 있는 출입국 관리소가 있다. 일년내내 태양이 뜨거운 곳으로 바다, 태양을 그리워하는 유럽 관광객이 늘 북적거린다. 물론 이스라엘 사람들도 휴가철이면 에일랏을 즐겨찾는다. 시내산을 거쳐 이집트로 가기 위해서는 에일랏의 타바를 통과해야 한다.

■ **수족관**(The Underwater Observatory)

홍해의 바다 밑에서 아름다운 산호와 형형색색의 열대어를 볼 수 있다. 63빌딩 수족관과는 비교가 안된다. 입장료가 다소 비싸기는 하지만 볼만한 가치는 있다.

• 유료.　여는시간 일-목 08:30-17:00 (16:00까지 입장 가능),

　　　　　　　　금 08:30-15:00 ☎ 07-637-3193

■ **홍해의 산호를 직접 만져 보자**

산호 해변(Coral Beach)에서는 오리발과 물안경을 빌려준다. 수영에 자신이 있으면 직접 홍해로 들어가 보자. 깊이 들어가지 않아도 아름다운 물고기와 산호가 반겨줄 것이다.

■ 육로로 갈 수 있는 주변 국가

이스라엘과 국경을 접하고 있는 국가 중에서 이집트와 요르단으로 여행이 가능하다. 아랍국가는 이스라엘 비자가 찍힌 여권 소유자는 입국을 금하고 있다. 그러나 이집트, 요르단, 터키는 이스라엘 비자가 있어도 입국할 수 있다. 이스라엘 비자는 비행기나 육로에 관계없이 입국하면서 받는다. 한 번 출국을 하면 이전의 비자는 남은 기간에 관계없이 무효가 된다.

■ 배로 가는 주변국가

• 하이파에서 가는 배편 (Ferries)

하이파에서는 터키, 그리스, 이탈리아로 가는 페리가 운행된다. 여름철에 선실이 아닌 갑판을 이용하면 경비가 적게 들지만 저녁에는 기온이 낮기 때문에 침낭을 준비해야 한다.

페리 출항시간 : 일, 목 20:00 항구세 : US$ 22

Cyprus 행 : 다음날 아침 7시에 도착. 98년 현재 US$ 58, 겨울 US$ 47

Rhodes 행 : 항해시간 이틀. US$ 101, 겨울 US$ 81

Piraeus (그리스) 행 : 항해시간 삼일. US$ 106

보안검사를 받으려면 15:30 -18:00 사이에 항구에 도착해야 한다.

• 페리 (Ferry) 전문 대행사

Caspi Travel ☎ 03-517-5749 (텔아비브) 04-867-4444 (하이파)

여는시간 일-목 08:00-18:00 금 08:00-13:00

Mano ☎ 03-522-4611 04-866-7722

Dolphin ☎ 04-852-3953

페리티켓은 ISSTA여행사에서 사는 것이 편리하다.

이집트 가기

■ 이집트 비자 받기

육로로 입국할 경우에는 미리 비자를 받아야 한다.

비자 비용 (Visa Fee) : 약 US$ 15

• **텔아비브 이집트 대사관** (Egypt Embassy)

54 Bazel St. ☎ 03-546-4151/2 여는시간 일 -목 8:00-11:00

• **에일랏 이집트 영사관** (Egypt Consulate) ☎ 07-376-882

오전 8시에서 10시 사이에 비자 신청을 하고 오후 2시 이후에 찾아

가면 된다. 그러나 아랍인들은 시간 약속을 잘 지키지 않으므로 하루

종일 걸린다. 시간 여유를 가지고 신청할 것.

■ 이스라엘에서 카이로를 가는 방법은 두 개가 있다.

• **라피아를 통해서 갈 경우** : 텔아비브와 예루살렘에서 매일 아침 출발

해서 카이로에 밤에 도착하는 버스편이 있다. 버스편은 이집트 투어

전문 여행사에 문의한다.

• **타바를 통해서 갈 경우** : 시내산과 홍해의 누에바 비치를 거쳐서

카이로로 갈 수 있다.

■ 출입국 관리소

• **라피아** (Rafiah)

아쉬켈론에서 50Km 남쪽에 위치

이집트 국경과 이스라엘 출입국 관리소를 매 20분마다 에게드 버스

(Egged Bus No. 33) 가 운행한다.

출입국 관리소에서는 이집트 비자를 발급하지 않는다.

• **타바** (Taba)

에일랏에서 타바 국경까지 에게드 버스 (Egged Bus No. 15) 가 정기 운행한다.

시내산만 갔다 올 경우에는 타바 출입국 관리소에서 이집트 방문 비자를 받을 수 있다.

■ **항공편으로 이집트에 입국할 경우에는 공항에서 비자를 받을 수 있다.**

■ **이집트 비자 대행업무**

비자발급비와 수수료를 내면 여행사에서 비자업무를 대행해 준다. 본인이 직접 비자를 받을 시간이 없을 때는 여행사에 맡기는 것이 경제적이다. 예루살렘에 거주한다면 여행사 수수료가 텔아비브 버스비보다 싸고 시간도 절약된다.

Mazada Tours : 예루살렘 9 Coresh st.

(중앙우체국에서 구도시 방향으로) ☎ 02-623-5777

텔아비브 141 Ibn Gvirol st. ☎ 03-544-4454

하 이 파 1 Khayat st. ☎ 04-862-4440

이 집 트

아프리카 대륙의 북동단을 차지, 국토는 나일 강변과 나일 삼각주, 사막, 시나이 반도의 4지역으로 구성되어 있다. 전 국토의 97%가 사막이기 때문에 거주 지역은 지중해 연안, 나일 삼각주, 나일강변으로 한정되어 있다.

5000년 이상의 장구한 역사를 자랑하는 이집트는 기원전 3000년경의 왕국 통일부터 기원전 332년 알렉산더 대왕이 이집트를 정복할 때까지를 왕조 시대라 부른다. 왕조 시대는 고왕국, 중왕국, 신왕국의 3시대로 나누어진다. 고왕국 시대에 파라오(왕)의 권위가 확립되어 파라오를 정점으로 하는 중앙집권 국가가 완성되었다. 중왕국 시대에는 대외 무역이 활발하여 세력범위가 누비아, 시리아에 이르렀고, 신왕국 시대에는 투트모스 3세가 아시아로 원정하여 누비아, 시리아, 리비아, 팔레스타인 등을 통합하여 이집트 왕국 최대의 영토를 획득하였다. 그후 국세가 쇠퇴, 기원전 7세기에 앗시리아에게 정복된 이래 페르시아, 마케도니아 등의

지배를 받았다. 알렉산더 대왕 사후 프톨레마이 왕조가 시작되었다.

기원전 30년 로마의 속국이 되었고 주후 7세기 이후는 아랍인의 침입으로 이슬람화가 진행되었다. 16세기 초에는 터키령이 되었고 18세기 말부터 유럽 열강의 침입을 받아 19세기말에는 영국령이 되었다. 1951년 이집트 공화국이 되었다.

- **인 구** : 약 5, 500만 명
- **수 도** : 카이로
- **종 교** : 이슬람교 수니파(국교), 기독교, 유대교도 있음.
- **통 화** : E£ (이집트 파운드) 1E£=100 Piasters (피아스터),
  US$ 1 = 3. 39 E£ (98년 현재)

■ 카 이 로 (CAIRO)

카이로는 '승리의 땅' 이란 뜻이며, 아프리카 최대의 도시로 인구는 1,700만 명 정도 된다. 나일강 삼각주에 위치하고 있으며 본격적인 도시 건설은 주후 969년 파티마왕조의 수도가 된 이후에 시작되었다. 시내 중심으로 나일강이 흐르고 중류 지점에 쟈말렉섬과 로다섬이 있는데 쟈말 렉섬에는 '게지라 타워'가 있다. 나일강을 중심으로 메리디안호텔 등 고층건물이 즐비하다. 시내 중심에는 타흐리르 광장이 있다.

• 교통

카이로 시내의 교통체증은 매우 심각하며, 도로에는 자동차와 사람들이 구별 없이 뒤섞여서 움직인다. 시내버스는 사람들이 문에 매달려 선 채로 운행하며, 대중교통의 버스번호는 아랍어로 표기되어 있어서 불편하다.

유스호스텔이나 값싼 호텔 근처에는 기자의 피라미드와 스핑크스로 가는 합승택시들이 있다. 유스호스텔에서 동행할 사람들을 모아서 함께 택시를 하루 빌려서 여행을 하는 것도 방법이다. 택시비는 흥정을 잘 해야 한다.

• 기차역

Ramses Station은 시내 중심의 Tahrir Sq. 에서 멀지 않다.
관광객은 안전상 일등석이나 이등석 기차를 타는 것이 좋다.
룩소(Luxor) 와 아스완(Aswan) 행은 07:30과 22:00에 각각 있다.
 Luxor : 일등석 E£53 , 학생 E£37. 10 이등석 E£33 , 학생 23. 10
 Aswan : 일등석 E£63 , 학생 E£44. 10 이등석 E£44.10, 학생 23E£

침대칸 (Sleepers) : 카이로 출발 19:45 , 룩소와 아스완의 가격은 같다.
E£313. 학생할인 없음.

•업무 시간

금요일은 회교도의 휴일이므로 대부분의 공공기관, 은행, 우체국은
업무를 보지 않는다. 대도시의 시내 은행은 하루종일 열려 있지만, 대부
분의 은행은 일요일부터 목요일까지 8:30 - 14:00에 연다.

• 박시시 (Bakhsheesh)

자선행위인 박시시의 원래 의도와는 상관없이 이집트에서는 어디서든
박시시가 팁으로 관례화 되어 있다. 서비스 종사자들이 박시시를 요구하
는 것은 어느 정도 이해가 되지만 사진을 찍어 주겠다고 해서 카메라를
주면 사진을 찍어 주고 난 후에 박시시를 달라고 손을 벌린다. 어디서든
지 박시시를 달라고 손벌리는 이들을 상대하다가는 여행은 낭패보기 쉽
상!

■ 기자 피라미드 (Giza Pyramids)

카이로 시내에서 약 15Km 떨어져 있다. 이집트에 현존하는 80개 피
라미드 중에서 이곳에 있는 3개의 피라미드 (쿠푸왕, 카프레왕, 멘카우
레왕) 의 보존상태가 가장 완벽하다. 쿠푸 (Khufu), 카프레 (Khafre), 멘카
우레 (Menkaure) 왕은 주전 26세기에 이집트 4왕조를 다스렸던 왕이다.

기자지역으로 들어가서 처음 만나게 될 피라미드는 쿠푸왕의 피라미
드로 주전 2550년경에 건설되었다. 이 피라미드의 원래 높이는 146m였

지만 약 4500년이라는 오랜 시간 동안 풍화되어 9m가량이 깎여졌다. 아직도 피라미드의 건축 기술에 대한 논란은 그치지 않고 있으며, 약 11년간 230만 개의 석회암 벽돌을 가지고 만 명이 동원되어 쿠푸왕의 피라미드를 건설하였을 것으로 추정된다.

낙타를 타고 기자 피라미드 주위를 둘러볼 수도 있다. 낙타를 타라고 원주민들이 권할 때는 미리 가격을 정하고 타는 것이 좋다.

피라밋 입장시간 08:00-17:00. 피라미드 내부로 들어가는데는 입장료가 필요하다(학생할인).

■ 스핑크스 (Sphinx)

스핑크스는 '살아 있는 형상' 이라는 뜻이다. 얼굴은 카프레왕의 모습으로 그 자신의 피라미드를 지키는 역할을 하고 있으며 사자의 모습은 왕의 힘과 권위를 상징한다.

■ 이집트 박물관 (Egyptian Museum)

카이로 중심지인 타흐리르 광장 (Tahrir Square) 의 전면에 위치하고 있다. 19세기 로제타스톤에 대한 연구가 발표되자 유럽 열강들은 이집트의 문화유산에 관심을 기울이기 시작하였고 그 결과 이집트의 고분과 신전들은 일대 수난을 겪게 되었다. 이렇게 혼란해지자 학자들은 이집트 정부에 박물관을 설치하여 문화재 유출을 방지하고 관리하도록 건의하여, 1834년 고대 이집트의 유품을 체계적으로 소장 관리하기 시작하였고 1902년에 지금의 이집트 박물관으로 자리잡게 되었다. 이집트 박물관은 5300-3500년 전의 유품들 약 10만점 이상을 소장하고 있으며, 그 중에서도 특히 순금으로 만들어진 투탄카멘 왕의 미이라가 유명하다. 박물관

안에서는 사진 촬영을 할 수 없으므로 입구에서 카메라를 맡겨야 한다.

■ **나일강** (Nile River)

　나일강은 이집트의 선물이라 할만큼 대단히 중요한 수원이며 생명 줄
이다. 약 6,500Km의 나일강의 근원은 아프리카 대륙에 있는 빅토리아
호수이며, 이곳에서 시작하여 지중해까지 북으로 흘러간다. 아프리카 중
부 고원에 내리는 비는 큰 홍수로 변해 나일강을 범람시키고 대개의 홍
수는 수해를 동반하기 때문에 나일강의 홍수는 7월에서 10월에 걸쳐 이
집트의 완만한 사막을 서서히 흘러가면서 온갖 수목이 자랄 수 있는 환
경(분지)을 만들어 많은 동물들이 서식할 수 있도록 해준다.

　또한 나일강은 이집트의 계절에도 영향을 미쳐서 홍수가 나서 델타
지역이 물에 잠기는 7월-10월간은 농한기, 물이 빠져나가는 11월-2월은
농번기, 그리고 3월-7월은 추수기의 3계절로 나뉜다. 이렇게 수천 년을
해마다 범람하는 나일강을 사람의 손으로 다스려 보려는 노력은 끊임없
이 계속되어서 19세기 초 케디브 모함만 알리는 이집트 현대화 작업을
시작하여 알렉산드리아에 나일강을 끌어들여 식수를 공급하고 댐도 건설
했다.

　끊임없는 인간의 집념은 결국 기자 언덕의 피라미드 공사와 버금가는
대역사를 시작하여 1971년에 아스완댐을 완성하였다. 그래서 매년 범람
하던 나일강은 인간의 지배를 받게 되었고 강변의 많은 땅들은 전천후의
농토가 되었으나 자연의 선물인 천연퇴비는 잃어버리게 되었다.

■ **수에즈 운하**(Suez Canal)

　수에즈 운하는 홍해와 지중해를 연결하는 수로이다. 최초의 운하는

기원전 2, 100년에 계획되어 수많은 희생자를 낸 후 중단하였고, 그후 기원전 500년경 다리우스 1세가 홍해와 대소태 호수(Great Bitter Lakes)를 거쳐 부바스티스(Bubastis)의 나일강과 연결하는데 성공하였다. 이 수로는 7세기에 아랍인들이 이집트 농산물을 실어 가는데 중요한 교통로가 되어 백 여년 동안 사용하다가 회교 내분으로 수로를 이용한 곡물 운반이 중단되자 운하는 폐기되었다. 그후 1600년대 동양으로 향하는 인도양의 희망봉 항로가 개척되면서 프랑스의 루이 14세를 위시한 많은 서구의 열강들과 아랍의 지도자들은 새로운 항로가 필요하게 되었고 그 결과 고대 이집트 왕들의 꿈이었던 지중해와 홍해를 연결하는 운하를 추진하게 되었다.

이 운하를 통과하는데는 약 15시간 정도 걸리고 운하 수면의 폭은 200m, 수심은 평균 20m인데 교통량이 점점 늘어남에 따라 꾸준한 확장을 계속하여 현재 운하의 길이는 173km에 달한다. 이 운하를 건너 시나이 반도로 들어가는 연결 지점은 4곳의 나루터와 한 개의 해저 터널이 있는데 이 터널은 진입로를 포함하여 4km이다.

육로로 이집트와 이스라엘을 갈 경우에는 수에즈 운하를 통과한다.

■ 시 내 산 (Mt. Sinai)

모세가 하나님께 십계명의 돌판을 받은 곳이다.

주후 3세기 중엽부터 수도사들이 산기슭에서 수도생활을 시작했다. 시내산 정상은 여름에도 기온이 낮으므로 시내산 등정을 하려면 따뜻한 옷을 준비한다. 시내산 밑에서 숙소를 정하고 새벽 2~3시경에 등정을 시작하여 정상에서 일출을 본다. 나무 한 그루 없는 사막 가운데 위치한 시내산 정상의 일출은 말로 표현할 수 없이 장엄한 광경이다.

■ 성캐서린 수도원 (St. Catherine's Monastery)

4세기에 순교한 성녀 캐서린의 이름을 딴 수도원으로 시내산 밑에 위치하고 있다.

이집트 여행할 때 주의할점!!

물은 꼭 병에든 미네랄 워터를 사서 마셔야 하고, 익히지 않은 음식은 절대 먹어서는 안된다. 이집트인은 어떤 음식에도 이미 적응(?)이 되어 있지만, 관광객은 쉽게 배탈이 날 수 있다. 상비약으로 지사제를 준비하는 것도 좋다.

요르단 가기

■ **요르단 비자 받기**
- 여리고의 알렌비 다리 (Allenby Bridge) 로 갈 경우에는 미리 비자를 받아야 한다.
- 비자비 : 약 US$ 20

■ **요르단 영사관** (Jordan Consulate)
  14 Aba Hillet St. Ramat Gan ☎ 03 - 751 - 7722
  여는시간 월 - 금 09 : 00 - 13 : 00

■ **출입국 관리소**
- 알렌비 다리 (Allenby Bridge) : ☎ 02 - 994 - 2141 /2626
  여리고 동쪽 약 10km 지점에 위치.
  여는시간 : 일-목 08 : 00 - 24 : 00 금 08 : 00-15 : 00
  음식물이나 내용을 확인할 수 없는 포장물은 반입할 수 없다.
- 아라바 터미널 (Arava Terminal) : ☎ 07 - 633 - 6812
  에일랏 북쪽 약 4km 지점에 위치.
  여는시간 : 일-목 06 : 30 - 22 : 00 금, 토 08 : 00 - 20 : 00
  에일랏 Central Bus Station에서 에게드 버스 16번이 매 1시간 간격으로 운행한다.
- 요르단강 터미널 (Jordan River Termian) : ☎ 06 - 658 - 6442/4
  벳산 동쪽 요르단강에 위치.
  요르단에서는 후세인 터미널 (Hussein Terminal) 이라 부른다.
  여는시간 : 일 - 목 06 : 30-22 : 00 금, 토 08 : 00 - 20 : 00

요르단

- **수도** : 암만
- **언어** : 아랍어
- **종교** : 이슬람교 (수니파) 90%, 기독교 10%
- **통화** : 디나르 (Dinar) : 1Dinar = 1000fil (필)
  US$ 1 = 0.71 JD (98년 현재)

지금의 요르단은 구약시대의 에돔 (사해남부), 모압 (사해동부), 암몬 (요단강 동편) 지역을 포함하고 있다. 나바틴 시대, 로마 시대를 거쳐 주후 7세기 이후 이슬람화되었다. 1946년 영국의 위임통치로부터 벗어나서 완전한 독립국이 되었다. 현재는 후세인 국왕이 통치하는 왕정체제를 갖추고 있다.

1994년 이스라엘의 이츠학 라빈 총리와 요르단의 후세인 국왕은 평화협정에 서명함으로써 양국은 적대관계를 청산하고 중동지역의 새로운 평화 유지에 협조관계를 유지하고 있다.

■ 암만의 대중교통

- Abdali Bus Station : King Hussein St. 에 위치.
  행선지 : 요르단 골짜기를 포함하여 북부, 북서지역, 알렌비 다리
- Hashemi Street Station : 로마식 야외극장 근처에 위치.
  행선지 :요르단의 북동쪽
- Wahdat Station : 암만 시내에서 떨어져 있다.
  행선지 : 요르단의 남쪽. 아카바, 페트라

■ 페트라 (Petra)

페트라는 헬라어로 '바위' 라는 뜻을 가지고 있다. 페트라 는 중동지역을 여행하는 여행 자라면 한 번쯤 방문해야 할 신 비하고 독특한 고대 도시이다. 이곳의 인류역사는 주전 8세기 로 거슬러 올라간다. 주전 6세 기경 유랑민족인 나바틴 (Nabatean)이 이곳으로 이주해 와 아라비아와 비옥한 초승달 지역을 연결하는 무역 중개를 통하여 도시를 발전시켰다. 이들은 붉은 빛이 감도는 바위를 깎아서 신 전과 도시를 만들었다.

주전 63년 나바틴의 아레타스왕은 로마의 폼페이 군대와 싸워 승리를 거두었다. 전성기에 페트라에는 3만 명까지 거주했을 것으로 여겨진다. 주후 106년 로마는 나바틴의 바위 도시인 페트라를 정복했다. 주후 363 년 지진으로 인해 무역로는 시리아의 팔미라로 옮겨가고, 747년의 지진 으로 페트라는 더욱 쇠퇴의 길로 접어들었다. 페트라는 비잔틴과 아랍의 통치를 받고, 십자군이 요새를 재건하려 했으나 점차 잊혀져 갔다. 이렇 게 7백년간 잊혀진 도시를 몇몇 탐험가들이 찾으려고 시도했으나 실패에 부딪혔다.

19세기 스위스의 탐험가인 Johann Burkhardt는 베드윈들이 '잃어버린 도시'에 대하여 이야기하는 것을 듣고 페트라를 찾기로 마음먹는다. 베드윈들은 페트라를 성스러운 도시로 여기고 외부인에게 페트라로 접근하는 길을 알려주지 않았다. J. Burkhardt가 고생 끝에 페트라를 발견한 이후 많은 탐험가들과 여행자들은 고대의 신비스런 바위 도시 페트라를 보기 위하여 오고 있다. 페트라는 인디아나 존스 영화의 배경이 되기도 했다.

암만에서 남쪽으로 282km 떨어져 있다.

입장료: 1일 JD 20, 2일 JD 25, 3일 JD 30

• **교통편**

암만에서 매일 출발하는 JETT 버스가 있다.

출발시간 : 06:30 소요시간은 약 3시간. 버스비는 JD 5.

미리 전화예약 (☎ 664-146) 을 해야하며, 봄 가을의

성수기에는 자리잡기가 힘들다. Petra Visitor's Center에서 내린다.

암만의 Wahdat 역에서 출발하는 버스는 약 5시간이 걸린다.

Musa Spring Hotel에서 내린다. 페트라까지는 약 5km로 개인택시

(JD 1) 를 탄다.

아카바(Aqaba) 에서는 미니버스(JD 2) 로 2시간 걸린다.

페트라에서 돌아올 때는 Musa Spring Hotel에서 암만이나 아카바로

가는 미니버스를 타면 된다. 출발시간 : 오전 6, 7, 8시. 오후 3:30)

■ 한국으로 전화걸기

• 고국교환원 직통전화 (Home Country Direct)

국가별로 지정된 직통전화번호를 누르면 한국 교환원이 우리말로 전화를 연결해주고 요금은 추후 수신자(한국)가 부담하는 국제전화 서비스이다.

	데이콤	한국통신
이 스 라 엘	177-822-2727	177-820-2727
이 집 트	3655-641	3655-082
터 어 키	00-800-82-8282	00-800-82-2277
그 리 스	00-800-82-11000	00-800-82-2111
이 태 리	172-1182	172-1082
스 위 스	155-1182	0800-55-7667
프 랑 스	19-00282	0800-990082
영 국	0800-890820	0800-89-0082
독 일	0130-80-0820	0130-80-0082

이스라엘에서는 공중전화에 카드를 넣지 않고 통화가 가능하다.

• I. S. D. (국제다이얼 통화)

본인 부담으로 직접 통화하는 방식이며 공중전화로도 가능하며 편리하다.

사용 방법 : 국제 전화 식별번호 + 국가 번호 (한국 : 82) + 지역번호
(각 지역번호앞의 0을 뺀 번호) + 해당 전화번호
한국의 서울로 전화할 경우 : 00 - 82 - 2 - 해당 전화번호

이 스 라 엘	0 1 2 + 8 2 + 지역번호 + 전화번호
이 집 트	0 0 + 8 2 + 지역번호 + 전화번호
터 어 키	0 0 + 8 2 + 지역번호 + 전화번호
그 리 스	0 0 + 8 2 + 지역번호 + 전화번호
이 태 리	0 0 + 8 2 + 지역번호 + 전화번호
스 위 스	0 0 + 8 2 + 지역번호 + 전화번호
프 랑 스	1 9 + 8 2 + 지역번호 + 전화번호
영 국	0 1 0 + 8 2 + 지역번호 + 전화번호

• 이스라엘 : 여러 전화 회사가 있지만 012가 가장 저렴하다.

■ 이스라엘 및 유럽지역 평균기온표

국 명	도시명	1월	2월	3월	4월	5월	6월	7월	8월	9월	10월	11월	12월
이스라엘	예루살렘	2.8	4.5	14.3	17.4	21.1	23.9	25.1	26.2	18.6	16.5	11.0	4.8
이집트	카이로	14.0	15.1	17.8	21.2	25.3	27.6	28.9	28.6	26.3	24.2	29.9	15.7
이집트	시내산	0.0	1.0	2.1	10.0	12.2	14.1	17.9	18.5	15.4	11.5	8.8	1.5
요르단	암 만	8.5	9.0	11.5	16.0	18.5	22.0	23.0	23.5	22.5	18.5	15.0	11.5
터어키	이스탄불	5.0	5.5	7.5	11.5	15.0	18.5	21.0	21.5	18.5	15.0	12.0	15.0
그리이스	아테네	9.0	10.0	11.5	14.5	19.5	22.5	25.5	25.5	22.5	21.0	14.0	11.0
이태리	로 마	8.0	9.0	10.9	13.7	17.5	21.6	24.4	24.2	21.5	17.2	12.7	9.5
스위스	취리히	2.0	4.5	6.0	8.5	13.5	17.0	19.0	18.0	15.0	10.0	6.0	3.0
영 국	런 던	3.8	4.3	5.5	8.4	11.8	15.1	16.6	11.4	14.0	10.1	6.4	4.6
프랑스	파 리	4.2	4.4	6.6	9.3	12.4	15.8	17.6	17.2	14.8	10.8	7.2	5.2

〈 여행할 때 꼭 알아야 할 정보 〉

■ 비행기를 갈아탈 때

• 통과 (Transit)

중간 기착지에서 비행기를 탄 채로 대기하거나 공항 휴게실로 나가서 대기한다. 공항 휴게실로 나갈 때는 승무원이 Transit Card를 나누어 준다. 여권, 지갑만 가지고 나가면 된다. 휴게실에는 커피숍, 면세점 등이 있으므로 잠시 쉬었다가 출발 20-30분 전까지 탑승구로 돌아온다. Transit Card를 주고 다시 비행기로 탑승한다.

• 환승(Transfer)

비행기를 갈아타는 것. 짐을 최종 목적지까지 부치면 환승할 때 짐을 찾을 필요가 없다. 환승할 때는 항공사 직원의 지시를 받아 바꿔 타는 항공사의 카운터로 가서 항공권을 주고 새로운 탑승권(Boarding Pass)을 받아야 한다.

• 스톱 오버(Stop Over)

중간 기착지에서 비행기를 갈아 탈 때 그곳에서 8시간 이상 기다리는 경우이다. 유럽여행을 목적으로 Stop Over할 수 있는 왕복항공권을 구입했을 때는 현지 항공사에 전화하여 귀국날짜를 예약 확인하는 것을 잊지 말아야 한다.

■ 입국절차

① 입국 카드 작성

목적지에 도착하기 전에 비행기 안에서 나누어주는 입국 카드를 미리 작성한다.

② 입국 심사

비행기에서 내리면 입국 심사대(Immigration 또는 Passport Control)로 간다. 입국 카드, 여권을 제출한다. 비자협정에 따라 사전 비자가 필요없는 국가의 경우 (이스라엘과 유럽) 입국 심사대에서 비자를 받는다. 이때 입국 목적, 숙박 예정지, 체류 기간을 묻기도 한다.

③ 수하물 찾기

수하물 찾는 곳에 출발지와 비행기 번호 (Flight No.) 가 표시되어 있다. 만일 수하물을 분실했으면 공항 내에 있는 신고소 (Lost & Found) 에 짐표(Claim tag) 를 제시하고 서류를 작성한다.

④ 세관 검사(Custom)

신고할 것이 없으면 No Declaration으로 통과하면 된다.

■ 항공권 예약 재확인 (Reconfirm)

귀국 날짜를 정하면 현지 항공사에 적어도 1~2주 전에 항공편을 예약한다. 여름 성수기에는 유럽경유 노선은 자리를 잡기 어려우므로 미리 예약을 하는 것이 좋다. 출발 72시간 전에 다시 현지 항공사에 예약 재확인을 한다.

■ 각국 통화와 환율

국가	화폐단위	보조통화단위	US$ 1 =
이스라엘	Shekel (NIS)	100 Agorot	
이 집 트	Pound (E£)	100 Piaster	
요 르 단	Dinar	1000 Fil	
터 키	Lira	100 Kurus	
그리이스	Drakma	100 Leptas	
영 국	Pound (£)	100 Pence	
프 랑 스	France (F)	100 Centimes	
독 일	Mark (DM)	100 Pfennig	
네델란드	Krone (DKr)	100 re	

■ 이스라엘 · 한국의 교역량($)

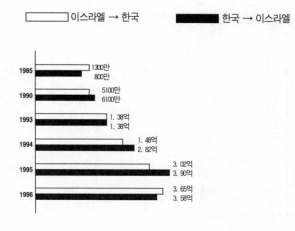

□ 이스라엘 → 한국   ■ 한국 → 이스라엘

1985	1300만 / 800만
1990	5100만 / 6100만
1993	1. 38억 / 1. 38억
1994	1. 48억 / 2. 82억
1995	3. 02억 / 3. 90억
1996	3. 65억 / 3. 58억

• 교역량 품목(1996년도)

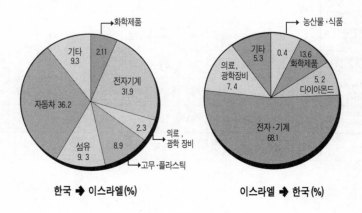

한국 ➡ 이스라엘(%)

이스라엘 ➡ 한국(%)

■ 이스라엘 도시간 거리(km)

	아코	아쉬켈론	브엘쉐바	베들레헴	에일랏	하이파	헤브론	여리고	예루살렘	공 항	나사렛	나타니야	텔아비브
Akko 아코													
Ashkelon 아쉬켈론	174												
Beer Sheva 브엘쉐바	231	63											
Bethlehem 베들레헴	191	145	76										
Eilat 에일랏	474	306	243	319									
Haifa 하이파	23	151	208	168	451								
Hebron 헤브론	218	117	48	26	291	168							
Jericho 여리고	161	115	119	43	364	146	67						
Jerusalem 예루살렘	181	75	83	10	326	158	37	35					
B.G. Airport 벤구리온공항	130	49	110	55	351	115	82	80	45				
Nazareth 나사렛	45	161	218	145	461	38	172	126	135	109			
Natanya 나타니야	86	88	145	105	388	63	132	122	95	44	73		
Tel Aviv 텔아비브	118	56	113	73	356	95	100	98	63	15	128	32	
Tiberias 티베리야	56	191	248	208	491	70	201	181	198	137	66	103	135

8장
성공적인 발런티어 생활을 위하여

• 항상 미소를

키부츠에서 만나는 사람들에게 '샬롬' 또는 '하이' 라고 말하며 웃으면서 인사하자. 무뚝뚝한 얼굴은 싫어! 가만히 있는 동양 사람의 얼굴 표정은 화가 난 것 같다. 자신이 최진실보다 예쁘다고 생각하는 사람(?)만 빼고 늘 표정에 신경을 쓰자.

• 상대방의 눈을 지긋이 쳐다보기

상대방을 똑바로 쳐다보면 건방지다고요? 천만의 말씀! 상대방의 눈길을 피하면 무엇인가 숨기는 것이 있거나 솔직하지 못하다고 오해받기 십상. 말을 하면서 상대의 눈을 쳐다보지 않고 다른 곳을 쳐다보면 실례. 사소한 것도 알면 힘이 된다.

• 분명한 Yes와 No

말을 잘 알아듣지 못한 채 Yes, No로 대답을 하지 말자. 알아듣지 못한채 안다고 대답을 했다가 문제가 점점 복잡하게 꼬일지도 모른다. 다시 한번 물어 보자.

영어로 어떤 질문을 받았든지 상관없이 부정은 No, 긍정은 Yes이다.

'점심 안 먹었니?' (Didn't you have lunch?)

'응. 안 먹었어.' (Yes, I didn't. ??!!) - 상대방은 그렇다는 얘긴지 아닌지 이해를 못할 것이다.

• 재산 목록

이스라엘에서 한 가정 정도는 친밀하게 계속 연락을 주고받을 수 있도록 사귀어 두자. 큰 재산이 될 것이다.

- **물 물 물 !!!**

땀이 나도 곧바로 증발할 정도로 건조한 날씨가 계속된다. 물을 충분히 마시지 않으면 머리가 아프다. 특히 여행을 할 때는 쉬지 말고 물을 마시자. 맹꽁이 배가 머리 아픈 것보다 낫다.

- **전세계에 나의 네트워크를!**

전세계에서 온 발런티어들을 그냥 보낼 수는 없다. Internet, E-Mail 등을 이용하여 한국에서도 그들과 계속 연락할 수 있도록 잘 사귀어 두자. 독일, 영국, 캐나다, 아르헨티나, 일본, 전세계에 나의 네트워크가 있다면 얼마나 신이 나겠는가.

- **생활은 검소하게**

이스라엘은 우리보다 소득은 두 배. 그러나 겉모습은 화려하지 않다. 특히 키부츠는 더 검소하다.

- **로마에서는 로마 사람이 되라**

키부츠에서는 키부츠멤버처럼 살아라. 손해볼 것이 없다.

- **이스라엘에서 한국에 대한 이미지는 나쁘지 않다. 위축될 필요가 없다**

대우, 현다이(현대), 가야(기아)의 자동차가 국산이라는 것, 앞으로 월드컵 축구를 개최하는 나라라고 말한다면 한국에 대하여 다시 생각하게 될 것이다. 우리가 아시아나 아프리카의 작은 나라 이름을 모르는 것처럼 그들도 한국을 잘 모를 수 있다. 그러니 흥분하지 말고 한국을 잘 홍보하는 기회로 삼자.

• 술 한잔?

이스라엘 사람들은 우리처럼 취하도록 마시지 않는다. 한국에서는 폭음과 술주정이 어느정도 용납되지만 밖에서는 미덕이 아니다. 이번 기회에 자신의 음주매너를 멋지게 바꾸어 보자.

• 한국인의 단결 과시

식당에서 일터에서 한국사람끼리만 어울린다면? 한국 발런티어가 있는 키부츠를 찾아서 우루루 몰려다니는 모습, 좋아 보이지 않는다.

• 이스라엘은 성경의 나라

한글 - 영어 성경을 가지고 가면 도움이 된다.

• 오후 시간을 잘 이용하자

피곤하다고 낮잠 자지 말고, 한국말은 꼭 참고, 유럽에서 온 발런티어와 수다를 …

• 자신의 계획을 수시로 점검하자.

언어의 진보를 위해 노력을 계속하고 있는가 등등 …

• 예약문화

예약없이 즉흥적으로 일을 추진하지 말아라. 키부츠를 옮기는 일, 여행을 가기 위해 비행기 티켓을 알아 보는 일. 일의 성격에 따라 2주 또는 1달 전에 예약해야 한다. 예약 없이 자기 주장만 하면 낭패보기 쉽다.

• 환상 버리기

발런티어 생활을 유럽여행 가는 정도로 생각한다면 환상을 버려라. 발런티어는 하루에 주어진 일을 하고 자유시간에만 자유롭게 움직일 수 있다. 작업은 대체적으로 힘들다. 키부츠멤버의 숙소는 최고의 시설을 갖추고 있지만 발런티어 숙소는 그렇지 않다. 단기로 체류하는 발런티어들이 물건을 아껴쓰지 않기 때문에 발런티어 하우스의 공공기물 상태는 좋지 않다. 전에 있던 발런티어가 남기고 간 낙서로 방은 지저분하고 룸메이트는 청소를 전혀 하지 않는 사람일 수도 있다.

안락한 것을 추구하거나 결벽증이 있는 사람은 좀더 돈을 들여서 시설이 좋은 미국여행을 가는 편이 좋다. 최악의 상황이라도 최고의 숙소로 바꾸는 한국의 발런티어들이 있다. 당신도 해낼 수 있다.

• 어려움에 부딪혔을 때

어려운 일이 생겼다고 쉽게 좌절하지 말아라. 이번 기회야말로 내가 문제를 해결할 수 있는 최고의 기회이다. 앞이 막히면 옆으로 돌아갈 수 있다. 한 가지 방법만 고수할 필요는 없다.

• 인내심

나에게 힘든 일이 주어졌을 때 좀 더 쉬운 일로 바꾸어 달라고 말하는 것은 잘한 일이다. 그러나 참고 견디는 것도 잘한 일이다. 세상에는 쉬운 일만 있는 것이 아니고 힘에 겨운 어려운 일도 있기 때문이다.

• 분명한 의사표현

자신의 의사를 분명하게 표현하지 못하고 뒤돌아서서 불평하는 것은 좋은 태도가 아니다. 두려워하지 말고 영어로 자신의 의사를 표현해보자. 만일 나의 영어실력이 부족하다는 것을 깨닫고 좀 더 분발하는 기회로 삼는다면 이보다 좋은 것은 없다.

• 행방을 감추지 말아라

키부츠를 떠날 때 옮겨가는 장소를 키부츠 매니저와 발런티어 친구들에게 알리고 가라. 가족과 친구들이 보낸 편지가 당신을 애타게 찾을 것이다.

• 키부츠는 안전하다

제2의 걸프전 위기가 닥쳤을 때 텔아비브의 키부츠운동본부에서는 모든 발런티어를 위한 가스마스크를 키부츠 경비로 구입했다. 유학생이나 여행자들은 본인이 가스마스크를 구입해야 한다. 만일의 경우에도 키부츠는 발런티어를 키부츠멤버와 동등하게 보호하지 무책임하게 방치하지는 않는다.

• 모든 문제는 발런티어 매니저와 의논하자

일을 바꾸고 싶다든지, 휴가 일정을 조정한다든지, 어디가 아프다든지 모든 문제는 매니저와 이야기하자.

- **건강은 무엇과도 바꿀 수 없다**

  혹시라도 병원비를 많이 내야 되지 않을까 걱정이 되어 참고 있다가는 더 큰 병이 난다. 의료보험은 이때를 위한 것이다. 돈보다는 건강이 먼저다.

- **이스라엘 사람들은 지나치게 참견을 많이 한다**

  혹시 예상치 않은 사고가 나도 걱정하지 말고 도움을 요청하라. 참견을 하지 않으면 견디지 못하는 사람들이 도와줄 것이다.

- **싫은 일도 견뎌보아라**

  내가 하고 싶은 대로 한다면 세상은 얼마나 뒤죽박죽이 될 것인가.

- **Pocket money**

  키부츠에서 받는 pocket money는 월급이 아니다. 일하는 시간도 휴가 조건도 키부츠마다 조금씩 다르다. 남과 비교하지 말아라. 비교는 나의 행복을 빼앗아간다.

- **키부츠에서는 돈이 사용되지 않는다**

  키부츠멤버와 발런티어는 키부츠 시설을 이용할 수 있지만 모두에게 열려있는 것은 아니다. 당신의 친구가 허락없이 와서 먹고 자고 빈둥거릴 수는 없다. 집에서도 친구를 데려오려면 부모님께 허락을 받고 데려오지 않는가. 키부츠는 키부츠멤버의 집이다.

• 왕복 항공권
잠시 이스라엘 밖으로 여행을 하려면 한국 - 이스라엘 왕복 티켓을 꼭
지참한다. 이스라엘 입국시 출국할 수 있는 티켓을 보여주지 않으면
입국하지 못하는 경우도 있다.

• 여행은 알뜰하게
유럽의 발런티어들을 지독한 구두쇠이다. 흥청대는 한국인은 소매치기
의 표적이 될 수 있다.

• 현금과 여권 보관
여권을 분실하면 경찰서와 대사관을 들락거리는 번거로움이 있다.
칠칠치 못한 사람이라는 눈치를 받을 필요는 없지 않을까.

• 여행을 많이 하자
눈이 침침하고 다리가 후들거릴 때 여행을 하면 즐겁지가 않다.

• 자, 새로운 세계를 향하여 도전하며 나아가자 !
젊어 고생은 사서도 한다고 하지 않던가. 조금은 외롭고 힘들고
어렵겠지만 미래를 위해 투자하는 값진 시간을 만들자.

• 동성끼리 손잡는 것이 이상해
동성끼리 손을 잡거나 팔짱을 끼고 다니면 동성연애자로 오해받기 쉽다.
동성끼리는 신체접촉을 삼가는 것이 좋다.

• 선물! 뇌물?

이스라엘 사람들은 큰 선물에 익숙하지 않다. 그들이 주고받는 선물은 초콜릿, 포도주, 꽃 등 작은 물품이다. 친해진 사람들에게 한국을 알린다고 비싸거나 비싸 보이는 선물을 주면 부담스러워 한다. 미래의 친구에게 줄 선물을 준비하고자 한다면 저렴한 가격의 한국적인 물건이 좋다. 1천원에서 5천원 선으로 남대문시장이나 이태원에서 한국적인 소품을 준비하면 어떨까.

• 힘 기르기

쉬운 길을 찾아내는 것도 좋지만 어려움을 이겨내는 힘을 기르는 것도 좋은 일이다. 쉬운 일은 지나고 나면 아무것도 기억나지 않지만 잘 극복한 어려운 일은 좋은 선생님이 될 것이다.

• 개방되어 있는 성을 조심하자

유럽 발런티어는 성적으로 개방되어 있다. 혹시라도 상대방의 오해를 살 만한 행동은 하지 않는 것이 좋다. 함께 있는 발런티어들의 개방된 행동에 물들기보다는(?) 나를 잘 지키는 것이 중요하지 않을까. 후회할 행동은 스스로 하지 말자.

• 벤구리온 (이스라엘 초대 수상)

"사막을 남겨두는 것은 인간의 수치이다"

벤구리온의 무덤을 방문해 보라.

방치된 당신의 사막을 되돌아 보게 될 것이다.

• **외로운 타향살이의 경험을 잊지 말아라**

세상에는 소외되고 어려운 사람들이 많이 있다.

외로움을 경험한 자만이 그들을 위로해 줄 수 있다.

• **청소**

고향 생각으로 우울해지면 청소를 해라.

청소를 하다보면 기분도 상쾌해지고

내가 있는 곳이 집처럼 여겨질 것이다.

• **알뜰한 여행계획을 세워라**

유스호스텔은 이십대에게 어울리고

별 다섯짜리 호텔은 사십대에게 어울린다.

• **수신자 부담 국제전화를 너무 자주하지 말아라**
  돈 들이지 않고 안부를 전하는 방법을 찾아 보아라.
  목소리가 녹음된 테이프를 보내는 것도 좋지 않을까.

• **외국인이기에 불공평한 대접을 받았다고 생각하는가?**
  한국의 외국인 노동자도 그런 대접을 받고 있다.
  인류는 한 형제라는 것을 잊지 말자.

• **가족들이 생일에 받을 수 있도록 미리 축하카드를 보내라**
  떨어져 있을 때 더 깊은 사랑을 나눌 수 있다.

• **가장 한국적인 것이 가장 세계적인 것이다**
  외국인 앞에서 팝송을 부르기보다는 한국의 전통노래를 부르라.

- **영자신문 'Jerusalem Post'를 가끔씩 보아라**

  영어도 늘고 세상 돌아가는 소식도 알게 될 것이다.

- **성경을 읽어보라**

  성경의 땅에서 성경을 읽어볼 기회를 누구나 누리는 것은 아니다.

- **함께 있는 한국 발런티어들과 '한국의 밤'을 개최해 보아라**

  외국에서는 누구나 민간 외교관이 될 수 있다.

- **일관성**

  자신의 서명(signature)을 하나로 통일시켜라. 여권과 비자 신청서류,
  수표에 각각 서명이 다르다면 동일인이 아니라고 생각할 수도 있다.

- **머피의 법칙**

  내가 기다리는 줄은 왜 이리 안 줄어들지! 머피의 법칙 때문에 짜증나
  지 않았던가.

  서양식 줄 서기는 여러 줄이 아니라 한줄로 서서 차례차례 순서를 기
  다린다. 화장실, 공중전화 등등. 한줄을 더 만들다가 새치기로 오해받
  지 말자.

- **땀흘리는 것을 겁내지 마라**

  샤워하고 나면 상쾌해 질 수 있다.

건강한 가치관을 배우기를 바라며

유 재 승 / 키부츠연합 한국대표부 소장

건장한 젊은이라도 모처럼 운동을 하면 며칠은 온몸이 뻐근해진다. 집에서는 손 하나 까딱하지 않다가, 키부츠에서 발런티어로 하루에 6시간 이상 일을 하면 힘든 것은 당연하다. 평생을 길들여져 왔던 한국 음식 대신 생소한 음식, 꼬린내 나는 치즈가 입에 맞지 않는 것은 당연하다. 몇몇 키부츠 발런티어들은 키부츠에 간지 일주일도 안되어 이런 전화를 한다.

"키부츠의 일도 고되고 음식도 입에 맞지 않아 도저히 안되겠어요. 저 집에 갈려고 하는데 비행기 자리가 있을까요?"

"일주일만 더 있어 보고 그래도 집에 돌아가야겠다고 생각되면 다시 연락해요"

그러나 아직까지 중도에서 그냥 돌아온 사람은 없었다. 그와는 반대로 부모님들로부터 이런 전화를 받기도 한다.

"우리 애가 귀국을 안하는데 그만 돌아오라고 키부츠에 연락 좀 해주세요"

모든 일에는 적응 할 시간이 필요하다. 키부츠 생활도 마찬가지이다. 2~3주 정도 적응기간이 지나고 나면 한국에서는 누리지 못했던 여유와 자유를 마음껏 누리느라 집에 가기 싫어질 정도가 된다.

새로운 문화와 환경에 대해 도전하는 자세를 가진다면 더 빨리 키부츠 생활에 적응하고 바라던 모든 것을 배울 수 있을 것이다.

발런티어 중에 미국인 마이클이 잘못하면 마이클 나쁜 놈이고, 영국인 찰스가 잘못하면 찰스 나쁜 놈이 되지만, 한국인 철수가 잘못하면 철수 나쁜 놈이 아니라 한국 사람이 도매급으로 욕을 먹게 된다. 그래서 한국 사람 한사람 한사람의 행동은 중요하고 해외에서는 개인이 민간 외교관이 되어야 한다.

우리는 어렸을 때부터 보이지 않게 자기중심적으로 교육받고 자라난다.

"너 크면 어떤 사람이 되고 싶니?"

이러한 질문에 대다수 어린이는 "대통령! 장군! 판사! 검사! 박사! 의사!"가 되겠다고 대답한다. 소방관, 목수가 꿈인 미국의 어린이나, 청소부가 되는 것이 꿈이고 소망대로 청소부가 되었다는 프랑스 파리 시장의 아들 이야기는 우리에게는 너무나 멀게만 느껴진다. 만일 한국의 아이들이 이러한 꿈을 갖고 있다고 대답한다면 어른들에게 머리가 벌집이 되도록 쥐어 박힐 것이다.

남과의 끊임없는 비교와 경쟁, 꼭 우두머리가 되어야 한다는 우리의 정서때문에 아이들은 재능과 특성을 무시당한 채 피아노, 컴퓨터, 속셈, 미술 학원으로 전전한다.

많은 젊은이들이 키부츠나 다른 해외 경험을 통해서 이러한 잘못된 가치관을 극복하고 성숙하고 멋진 사람이 되기를 바란다. 한국의 미래는 바로 젊은 여러분들의 손에 달려 있다는 것을 잊지 말자!

미래의 발런티어에게 주는 글

고 정원 / 키부츠연합 한국대표부 팀장

「 떠나라 그대
  일상생활의
  낡은 반복으로부터… 」

시내 중심의 어떤 빌딩에 붙어 있는 문구를 보면서 이것이 바로 우리 발런티어 지원자들에게 해당하는 말이구나 하는 것을 느꼈습니다. 기회를 만들어 꼭 한 번 실천해 보십시오. 낡은 생활로부터의 탈출을…

키부츠 발런티어와 함께 일한 지 벌써 일년이 지났습니다. 많은 발런티어 지원자들을 만나고 상담했습니다.

세계를 느끼고 싶어서, 세계 각국의 젊은이를 만나고 싶어서, 영어를 알차게 배우고 싶어서, 휴식이 필요해서 등등. 동기는 다르지만 모두가 부푼 꿈을 안고 배낭을 둘러메고 키부츠로 떠났습니다.

좌충우돌, 허둥지둥, 실수연발을 거치면서 노련한 발런티어가 되었습니다. 2개월, 3개월, 5개월, 6개월… 쌓여 가는 용돈과 축적되는 외국 생활에 대한 노하우(Know-How)로 알뜰하게 여행도 하고 그 나라 혹은 도시마다의 독특한 산물도 귀국선물로 준비하고 …

키부츠에서 사귄 남아공 출신 발런티어, 노르웨이에서 온 발런티어,

키부츠를 떠날 때 섭섭해서 울어 버린 소중한 내 독일 친구 등 모두와 함께 지닌 추억과 더불어 그들과 함께 찍은 사진. 또 그들의 주소. 내년에는 다시 한번 기회를 잡아 그리운 그들을 방문해 봐? 이제는 선글라스가 어색하지 않은 까무잡잡하게 잘 그을린 멋쟁이 한국인이 되었을 것입니다. 나 자신에 대한 불확실성과 세계에 대한 미련이 더 이상 마음속의 앙금으로 남지 않고 두렵기는 하지만 미래에 대한 반짝이는 예감으로 자신감 넘치는 생활을 할 수 있으리라 확신합니다.

이러한 선배 발런티어에게도 아쉽고 안타까운 점이 있었으니 그것은 바로 '영어로 하는 의사소통'의 어려움입니다. 키부츠로 가면 당연히 영어가 되겠지, 영어만 쓰고 사는 데 그거 늘지 않을라고? 한국에서는 바쁘니까 키부츠 가면 영어공부를 해야지 등 이러한 생각을 가지고 영어에 대한 노력 없이 키부츠로 떠난 발런티어들은 참 외로왔다고 합니다. 가까스로 인터뷰에 통과하여 그 기쁜 마음에 영어책은 들여다보지 않고 그냥 키부츠로 떠난 것이 잘못이었지요.

키부츠에 도착한 첫날 발런티어 매니저가 데리고 다니면서 세탁물 맡기는 방법에서부터 식사시간, 금요일 광란(?)의 밤에 이르기까지 모든 것을 설명해 주나 이거 원 알아들을 수가 없으니 참 낭패일세! 외국 발런티어들은 CNN이라든지 M-TV를 보고 토론하고 얘기하는데 한국 발런티어들은 알아들을 수가 없으니 함께 어울리기도 힘들고, 이럴 줄 알았으면 열심히 영어공부를 하고 올 것을 하는 후회를 많이 했다고 합니다.

사랑하는 미래의 키부츠 발런티어 지원자 여러분!
영어공부를 많이 하십시오. 영어는 지구촌 시대의 필수언어입니다. 이것은 키부츠 인터뷰에 합격하려고 하라는 것이 아닙니다. 여러분 자신을 위해서 열심히 공부하라는 것입니다. 왜냐고요? 키부츠에 가서 살 사람들은 바로 여러분이기 때문입니다. 키부츠에 가면 많은 외국 발런티어들을 만날 수 있고 평화롭고 목가적인 전원생활을 만끽할 수 있습니다. 문제는 '의사소통'이지요. 외국 발런티어가 많아도 서로의 의사를 교환하고 토론할 수 없으므로 친하게 지낼 수 없습니다. 함께 살기는 해도 여전히 외국인이 두려워지는 것이지요.

저는 우리 지원자들이 그러한 어려움에서 벗어나서 최대한 키부츠 생활을 즐기기를 진정으로 바랍니다. 부지런히 읽고, 듣고, 쓰고, 말하기를 반복하십시오. 물론 영어는 우리 모국어와 다른 언어이기 때문에 쉽게 되지 않습니다. 그러나 쉽게 되지 않는다고 해서 노력하지 않으면 정말 아무것도 되지 않습니다.

키부츠에 가서 외국 친구도 많이 사귀고 싶고 경험도 많이 쌓고 싶지요? 그렇다면 미래의 키부츠 발런티어들이여, 끊임없이 노력하는 모습을 보여주십시오. 준비된 자만이 적절한 기회가 왔을 때 기쁘게 그 기회를 잡을 수 있는 것입니다.

저는 여러분의 준비된 모습을 보고 싶습니다. 그 자신감에 차 있는 건강한 모습을…

9장
Q & A

Q : 키부츠 발런티어와 워킹 홀리데이는 어떻게 다른가요?

A : 워킹 홀리데이는 현지에서 본인이 숙소와 일자리를 찾아야 하지만 키부츠 발런티어는 출국 전에 가야 할 키부츠를 미리 배정 받는 것이 다릅니다.

외국에 가면 우선적으로 숙소를 구하고 매끼 식사를 준비하는 아주 사소한 일로 대부분의 시간과 정력을 사용하게 된다. 아파트를 구한다 해도 침대, 냉장고 등을 구입해야 하는데 유학처럼 장기가 아니라 단기로 체류할 경우에는 물품을 구입한다는 것은 낭비가 아닐 수 없다. 그러나 키부츠 발런티어는 키부츠에서 숙소와 식사를 제공하기 때문에 물품을 구입하거나 요리를 할 필요가 없다. 외국에서 경력도 없이 일자리를 얻기는 쉽지 않다. 발런티어는 키부츠에서 일을 하기 때문에 일자리를 찾는 수고를 덜 수 있다.

Q : 결혼을 했는데 부부가 함께 키부츠에 갈 수 있나요?

A : 기혼자도 키부츠 발런티어가 되는데는 아무런 문제가 없습니다.

물론 아이가 없는 부부여야 하고, 기혼자는 부부가 함께 방을 사용하도록 배려하고 있다.

Q : 키부츠에서 지키는 종교적 행사에 참여해야만 하나요?

A : 키부츠는 발런티어에게 강압적으로 요구하는 것이 없습니다.

키부츠의 행사는 종교적인 색깔을 갖고 있지 않다. 키부츠의 다양한 명절과 행사에 참석한다면 이스라엘을 이해하는데 도움이 될 것이다.

Q: 유치원 교사입니다. 발런티어가 되면 키부츠 유치원에서 일할 수 있을까요?

A: 미리 신청을 하면 가능합니다.

발런티어는 다양한 곳에서 일하도록 배정 받는다. 그러나 특별한 기술을 가지고 있거나 관심 분야가 있는 발런티어는 그 분야에서 일할 수 있다. 이 경우 한국대표부를 통하여 미리 이스라엘 키부츠 본부에 요청을 하여 특별히 키부츠를 배정 받아야 한다. 일반 발런티어와 달리 최소 체류기간은 3-6개월이다.

Q: 신문이나 TV에서 팔레스타인 아랍인이 돌을 던지며 시위하는 소식을 가끔 접합니다. 위험하지는 않습니까?

A: 일반인이 생활하면서 아랍의 테러를 직접 느끼기는 어렵습니다.

팔레스타인 아랍인의 시위는 점령지역에서 일어나는 일이다. 일반적으로 도시나 키부츠에서는 위험을 느끼기 어렵다. 한국의 대학생이 데모를 하면 외신으로 크게 보도가 되는 것과 마찬가지로 외신을 통해서는 극단적인 것만 보도되는 일이 많다. 이스라엘은 한국보다 치안이 잘 되어 있어 안전하다.

Q: 친구가 키부츠 발런티어로 있습니다. 친구가 있는 키부츠로 배정 받을 수 있나요?

A: 친구가 있는 키부츠로 가는 것이 가능합니다.

사전에 키부츠본부를 통해서 가고자 하는 키부츠에서 발런티어를 더 받을 수 있는지를 확인해야 한다. 특별한 경우가 아니면 원하는 곳으로 가는데 문제가 없다.

Q: 키부츠에서 발런티어는 종교의 자유가 있습니까?

A: 유대인은 기독교를 믿지 않지만 외국인의 신앙에는 간섭하지 않습니다.

발런티어는 키부츠에서 자유롭게 예배를 드릴 수 있다. 그러나 나와 친밀한 관계가 형성되지 않은 유대인에게 전도하려고 시도를 하면 상대방은 더 이상 교제를 하지 않으려 할지도 모른다. 자신의 종교를 주장하지 말고 상대방을 존중해 주는 것이 좋다.

Q: 이스라엘로 유학을 가려고 하는데 발런티어 생활을 한다면 도움이 되겠습니까?

A: 이스라엘에 적응하는 기간을 키부츠에서 보낸다는 것도 바람직한 방법 중에 하나입니다.

키부츠에 머물면서 이스라엘 사회와 언어를 배운다면 앞으로 공부를 하는데도 도움이 될 것이다. 만일 키부츠에 있는 사람과 친밀한 교제를 형성한다면 유학 중에도 수시로 방문할 수 있고 힘이 되어 줄 것이다.

Q: 키부츠에서 히브리어를 배울 수 있나요?

A: 히브리어를 가장 잘 배울 수 있는 곳은 이스라엘입니다.

키부츠에는 히브리어를 가르치는 울판 (Ulpan) 프로그램이 있다. 키부츠에서 일하면서 히브리어를 배우므로 수업료는 매우 저렴하다. 한국대표부에 문의하면 원하는 시기에 개설되는 울판 정보를 얻을 수 있다.

Q: 축산에 관심이 있습니다. 이스라엘은 축산이 발달되어 있다고 하는데 키부츠에서 축산에 대하여 일하며 배울 수 있습니까?

A: 특별한 분야에서 일하는 것이 가능합니다.

키부츠에서는 유아교육, 축산, 양계, 양어, 노인 돌보기 등의 분야에서 일하고자 하는 사람들에게는 그 분야에서 일하며 배울 수 있도록 기회를 제공한다. 어느 정도 숙련된 기술을 익혀서 함께 일하기 위하여 최소 3-6개월간 체류해야 한다.

Q: 키부츠와 모샤브의 차이점은 무엇인가요?

A: 키부츠는 공동생산과 분배의 원칙하에 사유재산이 없지만, 모샤브는 사유재산을 인정하면서 모샤브 멤버들이 협력하여 생산과 판매를 관리합니다.

키부츠에서는 힘든 일이든 쉬운 일이든 모든 회원과 발런티어가 똑 같이 돌아가면서 일을 한다. 모샤브의 발런티어는 주로 농장에서 힘든 일을 하며 모샤브에서 정해주는 일을 하며, 모샤브에는 공동식당과 같은 서비스 계통의 일은 없다. 또한 일이 힘들다고 바꾸어 달라는 요청을 할 수 없다.

키부츠 발런티어는 노동자가 아니기 때문에 임금이 아닌 매월 70-100 달러의 용돈을 받으며, 숙소와 식사를 제공받는다. 모샤브에서는 발런티어에게 숙소만 제공하고 식사는 본인이 준비해야 한다. 모샤브 발런티어는 매월 300-350달러의 임금을 받으며, 주로 태국, 방글라데시, 중국에서 온 노동자들이 저임금을 받으며 열악한 환경에서 일하고 있다.

■ 이스라엘 도시간 거리(km)

	아코	아쉬켈론	브엘쉐바	베들레헴	에일랏	하이파	헤브론	여리고	예루살렘	공항	나사렛	나타니야	텔아비브
Akko 아코													
Ashkelon 아쉬켈론	174												
Beer Sheva 브엘쉐바	231	63											
Bethlehem 베들레헴	191	145	76										
Eilat 에일랏	474	306	243	319									
Haifa 하이파	23	151	208	168	451								
Hebron 헤브론	218	117	48	26	291	168							
Jericho 여리고	161	115	119	43	364	146	67						
Jerusalem 예루살렘	181	75	83	10	326	158	37	35					
B.G. Airport 벤구리온공항	130	49	110	55	351	115	82	80	45				
Nazareth 나사렛	45	161	218	145	461	38	172	126	135	109			
Natanya 나타니야	86	88	145	105	388	63	132	122	95	44	73		
Tel Aviv 텔아비브	118	56	113	73	356	95	100	98	63	15	128	32	
Tiberias 티베리야	56	191	248	208	491	70	201	181	198	137	66	103	135

10 장
이럴 땐 영어로 어떻게 말하지요?

아플 때

1. 열이 나고 머리가 아픕니다. : I have headache.

2. 몸이 떨리고 춥습니다. : I have chills.

3. 기침이 나고 목이 아픕니다. : I have sore throat and I'm coughing.

4. 배가 쿡쿡 찌르듯이 아픕니다. : I have sharp pain in my stomach.

5. 설사가 납니다. : I have diarrhea.

6. 현기증이 납니다. : I feel dizzy.

7. 팔목을 삔 것 같습니다. : I think I got sprained ankle.

8. 치통이 심합니다. : I get severe tooth pain.

9. 혓바늘이 심하게 돋았습니다. : I have lash on my tongue.

생활할 때

1. Roomate와 사이가 좋지 않습니다. 방을 바꾸거나 Roomate 없이 혼자 방을 쓸 수 있을까요?

   I can't get along well with my roommate. Can I change my room or use my room without roommate?

2. 밤에 잘 때 너무 춥습니다. 담요 1장을 더 얻을 수 있습니까?

   I feel too cold at night. Can I get extra blanket?

3. 어떤 생필품이 제공됩니까?

   What kinds of necessities are provided?

4. 이 키부츠의 최소 체류기간은 몇 개월입니까?

   How long do I have to stay in this Kibbutz at minimum?

   What is the minimum stay period here?

5. 이 키부츠에는 예치금이 있습니까?

   Do you get(accept, need) deposit money?

6. 한 달을 일하면 며칠의 휴가가 나오나요?

How many days can I get for vacation in one month?

7. 한 달에 얼마의 용돈을 받을 수 있고 언제 받습니까?

How much pocket money can I get in one month and when can I get it?

일할 때

1. 이번 1주일의 근무시간과 일정을 알려주세요.

Please inform me the schedule and work time of this week.

2. 몇 시까지 작업장에 가야 합니까?

Until what time do I have to be in my work place?

3. 점심은 몇 시에 먹습니까?

When the lunch time starts?

4. 휴식 시간은 얼마나 됩니까?

How long does the break last?

5. 학교에서 전공이 축산학(원예학, 유아교육, 전자공학…)이었습니다.

목장(식물원, 유치원, 전자공장…)에서 일할 수 있겠습니까?

I majored in Stockbreeding (Flowering / Children Education /

Electronics…) Can I work in Stockfarm (Botanic Garden / Children's

house / Electric Factory…)

6. 이번 주 내내 식당에서 일했습니다. 다음 주부터 다른 일을 할 수

있겠습니까?

I've worked in the dining's room whole this week. Can I work in another

place from next week?

휴가 신청할 때

1. 일주일 후에 3일 동안 휴가를 쓰겠습니다.

   I'll use my 3 day vacation after one week.

2. 이번 주에는 토요일에 일하고 다음 주중에 한 번 쉬겠습니다.

   I'll work this Saturday and will take one day off in middle of next week.

키부츠를 옮길 때

Kibbutz Program Center에 전화하여…

1. 2주일 후에 키부츠를 옮기고 싶습니다.

   가능한 키부츠를 배정해 주세요.

   I would like transfer Kibbutz two weeks after. Please arrange available
   Kibbutz for me.

2. 그곳으로 찾아가고 싶은데, 어떻게 가야 합니까? 정확한 주소와 전화
   번호를 알려주세요.

   I would like to visit there. Please tell me the direction with exact address
   and telephone number.

3. VISA가 곧 만료됩니다. 어떻게 연장해야 합니까?

   My visa will be expired soon. How can I make it extended?

4. 키부츠 발런티어로서 2달을 생활했습니다. 이집트와 요르단을 여행하고
   다시 발런티어 생활을 하고 싶은데 키부츠를 배정해 줄 수 있습니까?

   I finished my volunteer job for 2 month. I would like to travel to Egypt
   and Jordan and back to Kibbutz and live as a volunteer again. Would you
   arrange one Kibbutz for me?